献给新老市民和各级政府的书

多途径城市化

北京大学"多途径城市化"研究小组 著

中国建筑工业出版社

图书在版编目（CIP）数据

多途径城市化/北京大学"多途径城市化"研究小组著．—北京：中国建筑工业出版社，2012.12
ISBN 978-7-112-15022-9

Ⅰ.①多… Ⅱ.①北… Ⅲ.①城市化—研究—中国 Ⅳ.①F299.21

中国版本图书馆CIP数据核字（2012）第318054号

本书从城市化历史发展过程、科技发展与城市化的关系、劳动过剩后休闲社会的形成等新视角、大背景，来构建解读中国目前大规模、高速度城市化的现象的理论体系，提出必须摆脱唯工业化为单一城市化路径依赖，走多途径城市化道路的观点，分别探讨了商业驱动、物流驱动、文化创意驱动、旅游驱动等多途径城市化的特征和发展模式，此外也指出城市化绝不意味着消灭乡村，在乡村地区建议引入多途径现代化而非全域城市化理念。该书是一本对中国城市化发展道路进行探索的理论和实践相结合的著作。适合城市各级政府相关部门的行政管理人员、城市发展问题的研究者、受到城市化过程影响的广大农民及市民等阅读。

责任编辑：焦　扬
责任设计：董建平
责任校对：刘梦然　刘　钰

多途径城市化
北京大学"多途径城市化"研究小组　著

*

中国建筑工业出版社出版、发行（北京西郊百万庄）
各地新华书店、建筑书店经销
北京京点设计公司制版
北京云浩印刷有限责任公司印刷

*

开本：787×960毫米　1/16　印张：17¼　字数：328千字
2013年1月第一版　2013年1月第一次印刷
定价：48.00元
ISBN 978-7-112-15022-9
（23045）

版权所有　翻印必究
如有印装质量问题，可寄本社退换
（邮政编码　100037）

北京大学"多途径城市化"研究小组

组　　长：吴必虎（北京大学城市与环境学院教授）

主执笔人：吴必虎、丛丽

各章执笔人：

第一章：舒华

第二章：丛丽

第三章：旺姆、乔莹、桂颖、李梦娇

第四章：吴颖

第五章：高明捷

第六章：沈晔、吴必虎

第七章：李白露

第八章：吴必虎、舒华、谢若龄

第九章：徐婉倩

第十章：刘社军、吴必虎

第十一章：张敏、吴必虎

第十二章：聂淼、吴必虎

第十三章：马世罕

第十四章：董晓莉、吴必虎

第十五章：朴志娜、肖金玉、吴必虎

第十六章：吴必虎、徐婉倩、沈晔、聂淼

前　言

虽然身为北京大学城市与环境学院的教员，但自己对城市化的研究其实并不专业。从1996年在上海华东师范大学资源与环境学院获得地理学方面的博士学位以来，特别是1998年年底从北京大学博士后出站留在北大从事区域旅游发展与城市旅游规划研究以来，不知不觉中逐渐向着城市发展中的一个较为狭窄的领域纵深发展，而对城市规划与城市管理研究很少关注。面对国内外名家辈出的城市规划、城市地理研究的权威学者，恐怕我连入门的资格都还未达到。为什么要动手组织编写事关城市化这个涉及面很广、牵涉理论争论很激烈的领域的一本书呢？完全是从一个学者的良心、对国家与民族发展未来的期待、对中国城市化高速发展的焦虑出发，来写作这本算不上很学术，但我认为很重要的论著。

首先，城市化牵涉几乎所有的国民，其中既包括由于种种原因没有获得城市户口但在城市中谋生的农民工、来自乡镇进入城市读大学的一二年级新生、刚刚在城市找到工作但工资不高没车没房甚至没户口的栖身蜗居的蚁族男女，不好意思我可否称呼你们为城市的新市民；也包括已经在城市站稳脚跟有车有房有户口的第一代城市移民、父辈或祖辈进入城市发展但在老家还有家族成员时常回老家看看的二代或三代移民，以及祖辈在1949年之前就在城市居住并在历次社会变迁中幸运地没有被城市拒绝、在乡村地区没有任何社会联系的老资格城市居民，我想称呼你们是老市民；另外，在中国13.7亿人口中约有一半仍住在乡村地区的人们，在未来的15到20年内将还会有3亿多人口迁入城市，并且可以预见剩下的3亿多生活在乡村地区的人口将会受到比今天更多的城市化的影响。

第二，这么多人受到冲击或影响的城市化，正以我们没有准备好的高速度在迅猛发展。速度太快，造成很多方面的准备不足：产业支撑不足、技术技能不足、心理准备不足、社会治理经验不足，特别是城市提供给进城的新市民的社会保障与公共服务能力不足。准备不足为什么还要那么快？一是因为土地财政超高利益驱使刺激了各地政府的圈地卖地冲动；二是因为每届政府短短五年任期内巨大的GDP考核压力（土地买卖已成为地方财政快速增长的捷径）。

第三，城市化的动力似乎仍然依靠传统的工业化来推动，而工业化需要依靠消耗大量的能源、占用大量的土地、严重破坏当地的大气与水体质量及生态系统平衡，如果按照美国走过的工业化与城市化模式，地球上有限的资源根本不够中国人按照目前水平和效率来使用；而在工业化途径之外，我们似乎不知道还有什么别的办法能让城市得到经济发展的推动力。

第四，作为执政党的中国共产党、作为控制国家最主要资源、能源、财源和人力资源的各级政府，在领导国民进行现代化和城市化的过程中，执行的战略方针仍然是30多年前改革开放初期制定的"以经济建设为中心"的路线，考核官员绩效的主要指标仍然是经济增长的速度和规模，GDP数字的增长仍然是各级政府及其官员行政绩效的主要追求目标，所有人都被经济指标所牵制，到处都在要求官员工作必须"五加二"、"白加黑"。其实我们真的需要那么快、那么急么？政府工作重点应该从经济中心转移到"以社会建设为中心"上来。

最后，从更高层面上来看，无论是各级政府的执政理念，各个地区的发展哲学，还是工业革命以来流行于欧洲和北美的那种大量占用、消耗地球资源与能源的工业化模式在全球的可复制性与可持续性，人们对经济发展的最终目标、工业化驱动的无边际物质消费主义倾向的合理性、城市化的最佳水平、经济发展与生活质量及幸福感的关系，往往缺少深度思考，或者语焉不详，不知为何前行。城市化率越高越好吗？城市和乡村哪里更适合未来人类的生活品质提高？工业化与城市化一定要以大城市剥夺中小城市，城市地区剥夺乡村地区为代价吗？通过城市化积累的社会财富如何在社会成员之间重新分配以减少社会冲突的发生，并保障社会公正和谐稳定地发展？

要回答这些问题，并非易事。退一步讲，即使我们知道解决这些问题的技术上的途径，也会因为种种政治体制或既得利益集团的重重阻力而难以实施。但是想到了这些问题，也预见到如果不认真思考或解决这些重大问题，就是我们对这个国家的不负责任，对中华民族的不负责任。我们做不到视而不见、见而不思、思而不言、言而不行。至于有多少人愿意听取，多少人愿意接受，多少人愿意改变，我们到底能改变多少，那就不是我们所能控制的了。

基于上面的思考，我在这里概括地阐述如下几个基本观点，这些基本陈述将会贯穿在整本书的不同章节之中。如果您没有时间看完整本书，就恳请您看完这几点基本信条，不管您同意与否或接受与否，我们都会对您表示由衷的敬意。如果您准备进一步了解为什么会有这些基本陈述，以及这些信条的支持性数据与更多的解释，我们诚挚邀请您读完这本书的相关章节或其余段落。

其一，西方走过的工业化道路和模式，表现为人均消耗的自然资源和能源过多，中国走不通，不必模仿，模仿不了，不能照搬，仿其必死。西方城市化模式在中国的模仿与复制，因受地球资源不足限制，中国是否能够大面积、高速度城市化，仍然是一个理论与实践都没有定论的未解之谜。这样来看，中国工业化主导的城市化模式也需重新思考，另起炉灶。中国传统的道法自然、天人合一、中正和谐、阴阳平衡的原则，将会重新发挥出其对中国工业化、城市化的哲学指导作用。

其二，过去200年左右的时间内工业化、科技革命、信息技术和医疗保健事业的长足发展，造成了一个基本的社会状态：总人口中只需一小部分人从事物质产品，如食品、日用品、耐用品，资源与能源的生产与开发，就能满足人类基本生存与体面的生活需要，甚至出现供给过剩。越来越多的人将会成为找不到工作、不需要工作、退休离开工作而形成的数量庞大的休闲人群，中国将会步美国等发达国家后尘而很快进入休闲社会。

其三，工业化是对经济发展拉动最快最直接的方式，但是对当地环境破坏代价太大。市长们明知其缺陷，但现在执政官员的考核指标主要是看GDP增长。这种考核经济指标的指挥棒不改变，中国增长模式就很难改变，各级组织部门和人事部门确实需要深刻认识并尽可能迅速修改干部考核机制了。除了工业化，必须根据系统研究与整体设计，确定不同的城市多样化的发展途径，特别是关注第三产业的发展推动，也就是多途径城市化方式。

其四，在干部任免制度不够完善和人大、舆论与社会监督尚不到位的情况下，官员五年任期制是一个存在很大缺陷的体制。在此机制下所有地方政府几乎都可能会犯缺乏长远目标、只顾眼前发展、拼命消耗资源、不顾社会压力和破坏环境的错误，以图短期之内做出明显的政绩而得到升迁。在当前的政治体制下，解决的有效途径就是政府官员与人大代表分离机制，人大代表官员化必须改革，用人大来监督政府，保障城市经济与社会的健康、稳定发展。

其五，城市化速度太快不是好事。首先，要改变劳动创造价值的观念，在现代科技高度发达、人类消耗资源速度和强度大大提高的前提下，不加控制的劳动可能会破坏我们赖以生存的价值。各级政府越来越流行的"五加二、白加黑"的工作模式，追求速度、忽视质量和品质的工作方式和发展速度，实际上对当地社会经济的长期发展有害无益。慢一点，各位行政官员！

其六，中国现代化与城市化依靠占用农村劳动力与土地资源，以及城乡二元分离发展的做法不能再继续下去了。50%的城市化率中存在接近四分之一的半城市化现象，常住城市务工但没获得城市户口的农民工达到1.73亿人。必须尽快为这些职业已经城市化但身份尚未城市化的农民工解决入户、社保、医疗、子女就学等问题。如不妥善解决进城农民户口问题，无异于在城市里埋下定时炸弹。公民迁徙权、加入城市户口权、获得平等就医、养老保障权，政府应该尽快着手解决。

其七，城市化在中国的覆盖范围应该有多大，是一个需要认真研究的问题。乡村地区是与城市化地区相辅相成、不可或缺的重要地表景观，在城市化汹涌浪潮中，保护相当大面积的乡村，十分必要。对未进城的农村和农民，需要从立法与土地制度的高度加以保护。为此必须保障农民的土地使用权，任何人、任何地方政府不得随意占夺。促进农民土地资源资本化，增强其流动性，用土地将一部分农民挽留在农村。通过农业现代化、乡村三产化，提高农民的生活质量。

各位！如果您已经相信这里陈述的七大论点，其实您已经没有必要再去读本书其余的章节。不过我相信，如果您有时间和耐心继续阅读下去，无论您是新老市民，还是某一级别的政府官员，您的发展价值观和对生活品质的理解，就会出现一丝微妙的变化：原来我们可以走得慢一点，更多留意途中的风景。

2012 年 8 月 6 日
于北京风林绿洲寓所

目 录

前言

第一编 城市化理论解构

第一章 科技发现的利与害 2
1.1 科技进步还是科技发现？ 2
1.2 科技的力量：从乡村到城市 3
1.3 科技的异化 6
1.4 从科技发现中重新获得解放 8

第二章 休闲文化社会的形成与治理 11
2.1 休闲的含义和发展历史 11
2.2 休闲文化社会的形成 14
2.3 休闲文化社会的治理 18
2.4 城市化高峰期的中国休闲社会发展 21

第三章 城市化途径与多途径城市化 25
3.1 城市化的基本概念 25
3.2 城市化的进程及推动要素 27
3.3 城市化途径类型 32
3.4 多途径城市化 35

第二编 工业城市化模式反思

第四章 工业型城市化机制 48
4.1 工业型城市化的时代背景 48

4.2　工业型城市化表征 50
　4.3　工业型城市化机制 56

第五章　工业型城市化战略与政策评估 60
　5.1　我国城市化政策回顾 60
　5.2　工业型城市化政策评估 63
　5.3　工业型城市化背景下的剥夺与隔离 68

第六章　工业型城市化面临的挑战 73
　6.1　生态环境危机 74
　6.2　资源短缺危机 81
　6.3　社会进步危机 83

第七章　工业型城市化的转型与更新 90
　7.1　转型与更新的表征 90
　7.2　转型与更新路径 93
　7.3　转型与更新的问题与建议 103

第三编　多途径城市化策略

第八章　多途径城市化机制 108
　8.1　多途径城市化基础 108
　8.2　多途径城市化推动发展模式转变 113

第九章　商业驱动型城市化 120
　9.1　商业与城市发展的历史关系 120
　9.2　商业驱动型城市特征指标与发展环境 122
　9.3　商业型城市化主要模式 125

第十章　物流驱动型城市化 130
　10.1　物流驱动型城市化 130
　10.2　物流驱动型城市化的特征和衡量标准 132
　10.3　政策导向 135
　10.4　分类及案例研究 138

第十一章 文化创意驱动型城市化 ... 144
11.1 文化创意型城市化研究综述 ... 144
11.2 创意城市的特征 ... 147
11.3 创意城市类型 ... 152

第十二章 旅游驱动型城市化 ... 158
12.1 旅游驱动型城市化解读 ... 158
12.2 旅游驱动型城市化的政策要点 ... 162
12.3 旅游驱动型城市化类型 ... 169

第十三章 城市游憩与旅游功能组织 ... 173
13.1 城市的游憩与旅游功能 ... 173
13.2 城市的游憩与旅游空间 ... 176
13.3 城市游憩与旅游功能的法规保障 ... 179

第四编 多途径乡村现代化

第十四章 城乡关系概论 ... 184
14.1 城乡矛盾及其根源 ... 184
14.2 乡村城市化的反思 ... 187
14.3 城乡关系新论 ... 193

第十五章 多途径乡村现代化 ... 197
15.1 乡村现代化与传统继承 ... 197
15.2 现代农业与乡村旅游：案例分析 ... 204
15.3 高尔夫驱动型乡村现代化 ... 213

第十六章 环城市乡村发展模式 ... 221
16.1 环城市乡村概述 ... 221
16.2 中心城市对周边乡村地区的影响 ... 224
16.3 环城市乡村发展规划 ... 228
16.4 环城乡村旅游发展模式 ... 238

参考文献 ... 243

第一编　城市化理论解构

　　从城市化历史发展过程、科技发展与城市化的关系、劳动过剩后休闲社会的形成等新视角、大背景，来构建解读中国目前大规模、高速度的城市化现象的理论体系，提醒与城市化息息相关的每一个国人必须摆脱唯工业化的单一城市化路径依赖，做好走向多途径城市化的思想和行动准备。

第一章 科技发现的利与害

1.1 科技进步还是科技发现？

2011年10月31日凌晨,在菲律宾首都马尼拉一家医院,一个名为丹妮卡·卡马乔(Danica Camacho)的女婴在媒体聚光灯的环绕下降生,她幸运地成为全球范围内几名被宣布成为象征性的世界第70亿人口的婴儿之一。自此,世界人口计数进入"70亿时代"。

人类这个物种,凭借自身智力上的优势,无可争议地享受着"地球霸主"的地位。他们凭借着科学技术的力量逃离了原始蛮荒的自然,建立了高度繁荣的人类城市。当作为人类文明象征的城市在地球上毫无节制地蔓延时,战争冲突、环境污染、能源危机、道德危机、信仰危机、两极分化、核危机等种种问题也随之而来。步入"70亿时代"的人类有必要重新反思人类的存在状态,正如联合国人口基金会发布的《2011年世界人口年度报告》所说的那样"70亿人口这个里程碑同时标志着成就、挫折和困惑"。[1]

城市化与科技发展密切相关。但所有的科学研究都能推动人类的进步吗?答案是:有些是,有些不是。科学和技术这两个曾经被人类当作宗教一样被信仰的词汇,已逐渐从神坛上退下,越来越多的人认识到它们的两面性。有些科学技术的进展,不仅不会推动人类的社会进步,反而会给人类带来灾难。因此,我们更愿意称科学研究的结果为科技发现。这些发现,有的有益,有的有害。科技不一定意味着进步,科技也可能阻碍人类的发展,失控的科技甚至可以导致文明的毁灭(如核战争)。然而,人们是如此习惯地将"科技"与"进步"联系在一起:"科学技术是第一生产力"、"科技兴国"、"科技强国"。从这些耳熟能详的口号中,我们看到的是科技光辉的一面被无限放大,而其阴暗面在现实的宣传中则极少被提及。鉴于此,本书作者认为:"科技进步"的说法不够严谨,"科技发现"则更为客观合理。本章将以时间为线索,探讨科技发现是如何在深刻改变人类居住环境的同时推进城市化的发展,分析科技发现带来的利与害及其对城市和人类的影响。

---

[1] UNFPA (United Nations Population Fund), 2011. State of the World's Population. http://foweb.unfpa.org/SWP2011/reports/EN-SWOP2011-FINAL.pdf.

1.2 科技的力量：从乡村到城市

1.2.1 科技发现推动下的城市起源

人类社会的每一次变革都伴随着科技的大发展，可以说没有科技的发展就一定不会有城市的出现。城市是人类科技文明最集中的体现，考察科技发现与城市起源和发展对理解科技在人类文明史上扮演的角色十分重要。早从旧石器时代起，人类就开始掌握了一定数量的工具和技能。他们发明了形形色色的打制石器，用于日常生活和狩猎，大大提高了食物获取的效率（梅森，中译本 1977：1-2）。火的使用使旧石器时代的人类从"茹毛饮血"进步到熟食烹饪，大大扩大了食物谱的种类和范围。

从大约始于一万五千年前的中石器时代起，人类第一次开始获得较为充足、稳定的食物来源，部落居民点开始出现。到了距今一万到一万两千年前的新石器时代，人类有了稳定的食物来源，过上了以村落定居为主的生活。这一切与"农业革命"是分不开的：早期的人类发现种植植物和蓄养动物的方法后，开始从食物采集者变为食物生产者，农业开始出现。这个时期的技术进步速度远远超过了此前的旧石器时代。耕作驯养、建造房屋、制作陶器、纺织印染等技术的发展使新石器时代的人们获得了更为丰富的生活资料，但由于生产技术水平仍很低下，农业劳动生产率很低，遇到自然灾害，饥荒便成常事。卫生医疗水平不足，传染病流行，婴儿死亡率极高，人类寿命非常短（斯塔夫里阿诺斯，中译本 2005：30）。由于交通工具和体能限制，早期村落中的人过着十分封闭的生活，一生的活动范围都很小。

村庄在不断成长过程中孕育了早期城市的胚胎，一些发展得较好的村落开始扩展演变成城市。公元前 3000 年的一个世纪左右的时间里，在底格里斯河、幼发拉底河以及尼罗河流域就出现了最早的一些城市文明。由此起源，衍生出了代表西方城市遗产的典型城市：乌尔、阿卡德、巴比伦、尼尼微、孟菲斯、克诺索斯以及推罗（科特金，中译本 2006：60）。此外，在埃及、印度河峡谷、中国北方黄河流域等地也出现了早期的城市雏形。

城市的起源与许多因素的共同作用有关，科技发现就是其中至关重要的原因之一。公元前 3000 年左右，是一个技术大爆发的年代，许多对人类发展具有重大贡献的技术都是在这个时期出现的：谷物的栽培、犁的发明使用、制陶转轮、帆船、纺织机、炼铜术、抽象数学、天文观测、历法、文字记载等。技术的进步导致生产水平的提高，农产品产生剩余，人口增加，人类开始定居生活，贸易需求、防卫需求、宗教需求等城市产生的基本动因也由此而生。

早期的城市曾繁荣一时，但大多数只留下残存的遗址。不过从欧洲的古典城市典范——古希腊和古罗马中可以看到古典城市的辉煌。急剧增加的人口，不断扩展的城市建成区规模，气势恢宏的神庙，充满人气的广场、浴室、斗兽场、市场，空前繁荣的商业，不断丰富的文化艺术，不同种群部落的交流融合……城市第一次将人类如此集中地汇聚于同一个区域，将人类的创造力发展到极致。至此，人类开始逃离出充满危险的自然环境，得以在城市这样一个相对独立的区域建立充满安全感的人工环境。

1.2.2 科技革命推动下的城市化

工业革命之前的城市发展比较平稳，在13世纪后期，即中世纪末期，欧洲大约有3000个城市，容纳了大约420万人口，占当时总人口的15%～20%。这时的城市规模较小，除巴黎、威尼斯、佛罗伦萨等大城市外，人口一般不超过2000人（诺克斯，2009中译本：46）。在14世纪中期到17世纪中期的文艺复兴和宗教改革运动中，人类在人文艺术、科学技术方面取得了巨大成就，为西方城市的发展奠定了基础。指南针、造船技术的高度发展促成了15～17世纪的航海大发现，打开了欧洲海外殖民扩张的道路，西班牙、葡萄牙这类国家凭借技术的优势，在世界的"边缘地区"建立了殖民城市体系，欧洲殖民者从殖民地掠夺来的资源促进了国内城市的发展，许多港口城市的规模开始扩大，到1700年时，伦敦人口发展到了50万人，里斯本和阿姆斯特丹都达到了17.5万人。这一时期城市的扩展主要集中在少数港口城市，欧洲大陆和地中海城市的增长速度相对较慢。

真正使城市人口产生爆炸性增长的时期始于工业革命（诺克斯，2009中译本：50）。从图1-1可以看出：从1700年左右开始，城市人口呈指数形式上升。城市在机器的发明和大规模工业生产的刺激下，开始迅速扩张，工业化第一次显现出与城市化的密切关系。工业化带来了劳动生产率的提高，吸纳了大量农业劳动力，城市中更高的工资、更好的就业机会和资源条件吸引了大量农村人口。加之食物供应的丰富和医疗水平的提高，死亡率大大下降，城乡的人口都开始迅速增长。在1800年，9.8亿世界人口中只有不到5%居住在城市，到1850年，城市人口已迅速占到世界人口的16%，并且有900多个10万人口及以上的城市。

工业革命创造了巨大的物质财富，诚如1848年《共产党宣言》中所说的那样："资产阶级在它的不到一百年的阶级统治中所创造的生产力，比过去一切世代创造的全部生产力还要多，还要大。自然力的征服，机器的采用，化学在工业和农业中的应用，轮船的行驶，铁路的通行，电报的使用，整个大陆的开垦，河川的通航，仿佛用法术从地下呼唤出来的大量人口，过去哪一个世纪料想到在社会劳动里蕴藏有这样的生产力呢？"（马克思、恩格斯，1997中译本：1）从工业革命开始，科技的地位一跃而上，它为西方城市带来巨大的资本利润。此后的第二次、第三次科技革命创造的社会财富也是空前的。它们共同证明了科技的伟力以及科技对城市化的巨大贡献。

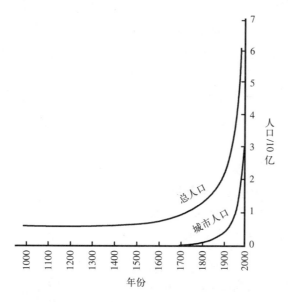

图 1-1　历史上的世界城市人口增长（据诺克斯，2009 中译本 :51）

城市化在西方工业化的强劲推动下迅速发展，城市化区域也逐步由欧洲、北美通过被动的殖民地活动或主动的改革开放推广到世界其他大陆和国家。最开始的城市化总是伴随着工业化开始的，这种西方发达国家的城市化模式被奉为经典，不断地被后来的第三世界发展中国家所推崇，学习西方搞工业、走城市化道路成为 20 世纪全球政治、经济格局的主旋律。

毋庸置疑，今天的世界是一个物质财富极度丰富，科学技术飞速发展，知识信息爆炸，人类活动足迹无所不至，城市化、全球化大力推进的世界。曾经湮没在乡村和自然的海洋中的城市，如今已遍布地球，从卫星照片上可以清晰地看到大片大片蔓延的城市建成区。根据联合国人居环境署的估计，到 2030 年，世界的城市人口将超过乡村人口[1]，大多数人将居住在城市。当代的大都市是一个由科技构建的物质天堂，不过这样的城市并非所有人的天堂。在城市繁荣的外表下，城市的问题和城市的成就一样引人注目。这种以消费为终极目的建立起来的物质天堂，真的是你所期待的理想居住空间吗？

---

[1] UN-HABITAT (The United Nations Human Settlements Programme), 2010. State of the World's Cities .2010/2011: Bridging the Urban Divide. http://www.unhabitat.org/pmss/listItemDetails.aspx?PublicationID=2917.

1.3 科技的异化

为什么人类辛辛苦苦建立起来的城市,会变成物质天堂和精神牢狱并存的境况呢?冷静地观察和思考之后,我们不难发现:科技异化是城市化伴生而来的一系列问题的根源之一。何谓科技异化?它指的是科技作为人的创造物,本应由人驾驭、为人服务和造福于人,却反过来奴役人、控制人、威胁人和危害人的现象(陈翠芳,2007)。

1.3.1 科技发现与全球问题

"全球问题"是20世纪60年代由罗马俱乐部提出的,这些问题某种程度上在一切社会中都出现了。这些问题包含了技术的、社会的、经济的和政治的因素,最重要的是它们相互作用。全球问题包括人口爆炸、粮食短缺、环境污染、工业过度增长、资源枯竭、能源危机(米都斯等,中译本1997:5)。从某种程度上说,是科技发现的负面影响带来了这些全球问题。

人类的众多技术被用于满足永无止境的消费主义,大量没有必要的过剩产品被生产出来,工业过度发展,只为创造经济价值和资本利益,很少虑及人类未来和人类幸福。工业化一方面提高了资源利用速率以供人类消费,另一方面促进医疗卫生事业发展,使得人均寿命大大提高。农业工业化发展使得食物供应增多,足以养活更多的人口。世界人口每增加10亿所用的时间越来越短(图1-2)。

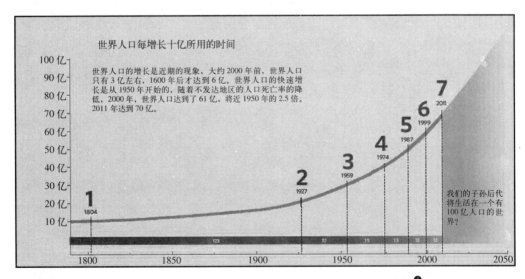

图1-2 世界城市人口增长趋势图(据联合国人口基金会)❶

---

❶ UNFPA (United Nations Population Fund), 2011. State of the World's Population. http://foweb.unfpa.org/SWP2011/reports/EN-SWOP2011-FINAL.pdf.

环境问题在早期人类社会中就已存在，但那时人类的破坏力与地球自净能力和生态自动修复能力相比，尚不足以形成严重后果。直到工业革命以后，人类改变自然的能力大大增强，大规模的工业化生产带来了一系列环境问题：森林锐减、生物多样性破坏、土地荒漠化、水体污染、温室效应、空气污染……最严重的核威胁足以将地球文明毁于一旦。工业化之后，越来越多的资源被人类不知节制地开发利用，而地球的承载力和资源都是有限的，以物质消费为目的的城市化迅速地消耗着有限的资源。

科技发现这把双刃剑带来的一系列问题并不能由科技来解决，如果人类再不控制自己创造出来的这把利剑，就会使两个多世纪的工业化、城市化努力毁于一旦、付之东流。是给工业化、城市化利剑带上保护性刀鞘的时候了，而这个刀鞘就是人类的反思：有控制现代化、有极限工业化、多途径城市化也许是一种解决方案。

1.3.2 科技对人的奴役

我们需要冷静思考一下科技对人类的危害。科学技术的发展带来了劳动生产率的提高，却没有带来人的解放，人反而被自己创造的科技所奴役，这是两个多世纪以来人类社会形成的一个关于科技的悖论。科技对人的奴役主要体现在两个方面：一是对人身体的奴役，二是对人精神的奴役。

对人身体的奴役最典型的例子便是机器对工人的奴役。在现代工业化大机器生产条件下，工人从事着机械化的工作，劳动者异化为机器的奴隶。生产效率提高之后，劳动时间并未减少，因为企业进行生产不是为了满足社会生活需求，而是为了追求利润，某些情况下势必造成人力物力资源的浪费。今天工人们的工作环境、基本工作时间已得到法律的保障和保护，但其被机器奴役的本质并未改变。

科技对人身体的奴役还体现在人对科技的过分依赖上，虽然现代人的平均寿命远比古代人类长，但其健康状况以及对自然环境的适应能力可能远不如古代人类。现代人被科技保护得太好了，他们已经不知道如何在远离现代文明的自然环境中生存。大量有缺陷的婴儿存活下来，许多人身体的健康需要靠药物来维持，自然选择已经难以发挥其作用。人类身体已经无法离开现代科技创造的一切。

科技对人的精神奴役表现为盲目的科技崇拜，以为人定胜天，相信科技足以解决一切问题，盲目地接受一切科技。人的主体性、创造性逐步丧失，沦为技术、物质、消费的奴隶而不自知。人被科技社会驯化、操纵，却看不到自己不幸的一面：只能依照电视、广播、报纸、网络、移动手机、商业广告的刺激性宣传，来追求社会强加给自己的"虚假需要"的满足。人们往往为了消费而工作，一切追求变得极端物质化，很少有人去考虑更深层次的问题。网络技术带来信息爆炸，更容易使人失去独立思考的能力。人云亦云、被动接受信息、让自己的头脑退化为他人思想的跑马场，已经成为现代社会的一个潜在危机。

1.3.3 失控的科技与不可持续的城市化

著名的历史学家斯塔夫里阿诺斯（2005 中译本：6）认为"社会变革滞后于技术变革一直是人类许多灾难的根源"。著名的人文学者芒福德（2005 中译本：36）也在其《城市发展史》中指出："现今的城市时代是一个产生了大量技术进步的时代，这些技术进步未经社会的引导，除与科学、技术的发展进步相关外，与其他目的并不相关"。可见一味推动科技发展而不顾其后果的政策和观念，是现今众多城市问题的根源之一。中国虽然一遍遍地重申绝不走发达国家先破坏后治理的老路，但事实是：我们早就义无反顾地走上了这条老路，并且在某种程度上走得比发达国家还远。

当代的中国正处在飞速迈向城市化的时代，城市化的速度成为政府追逐的目标、官员考核的指挥棒。2001 年诺贝尔经济学奖获得者斯蒂格利茨（Stieglitz）曾经说过："中国的城市化和以美国为首的新技术革命将成为深刻影响 21 世纪人类进程的两大关键因素"（顾朝林、于涛方等，2008）。这段话被中国人广为引用，被用来证明中国城市化的伟大意义。其实，正如新技术革命不一定带来人类进步一样，城市化的结果也不一定如我们想象的那样美好。失控的城市化和失控的科技一样，也可能带来人类社会的倒退和灾难。正如联合国人居中心秘书长恩道所言："在我们即将迈入新的千年之际，世界真正处在了一个历史的十字路口。城市化既可能是无可比拟的未来光明前景之所在，也可能是前所未有的灾难之凶兆"（联合国人居中心，1999：序）。

城市化并不总是意味着进步和发展，它只是人居环境格局改变的一个过程。过度的城市化有害无益，城市化和科技一样都是中性词，不是褒义词。我们已经看到失控的科技带来的种种问题，便不难想象失控的城市化将带来什么厄运。警惕科技失控和警惕不可持续的城市化一样，都不意味着反对科技发现和反对城市化。正像罗马俱乐部（Club of Rome）所宣称的那样"不要盲目地反对进步，但是反对盲目的进步"（米都斯等，中译本 1997：116）。同样，我们可以说：不要盲目地反对推进工业城市化，但是反对盲目地推进工业城市化。

1.4 从科技发现中重新获得解放

1.4.1 西方道路的终结

人类如何从科技奴役中重新获得解放？要回答这个问题，需要从审视、检讨西方走过的工业化、城市化道路入手，看看我们是否可以照抄照搬西方的城市化模式，如果不能，那又当选择何种道路？

马克思主义者认为，资本主义的终极目的就是追逐利益，科技只是他们获取利益的手段，科学技术解放的那部分劳动力被用来增加资本，以便获取更多的利益。近百年来苏联模式的社会主义改革的实验在世界范围内的普遍失败，使人们只好一再地容忍资本主义制度的缺陷，因为找不出更好的替代制度。于是，老牌资本主义国家走过的道路被视为理所当然，在世界范围内被不断地模仿。

工业化，特别是欧洲和北美为代表的工业化基础上的城市化模式，由于历史背景、权力结构、全球市场和政治地图的巨大变化，那种资源掠夺、劳力迁移、市场占有和金融控制的条件已经不可能再度重现，美国人对资源环境的人均高消费水平也不可能在全球普遍维持，世界其他地区包括中国在内的城市化途径，就很难模仿或重走西方发达国家走过的道路。现在的世界已经不是100年前的世界，较早完成城市化进程的发达国家，是在资源环境压力相对很小，将对国民的压榨转移到殖民地国家，人口压力较小等现在不可能拥有的条件下完成的。因此，西方发达国家走过的完全以工业化推动城市化的道路在今天的中国是难以复制的。可是，我们现在学习的一切理论，都是西方经典城市化模式的延伸，如果我们不加思考地"拿来"，机械套用西方经典模式，中国的城市化带来的问题就有可能导致灾难和不幸。

1978年以来，中国经过30多年的改革开放，经济发展已经成为仅次于美国的全球第二大经济体。从就业领域而非户口成分来看，中国的城市人口也即将超过农村人口。但是应该看到，这些变化有相当一部分是以大多数国人、特别是农民的利益牺牲为条件的，牺牲农村促进城市是30多年中国经济增长的主要方式。然而，以数字增长为目的、盲目追求速度的发展模式带来的社会冲突等众多问题已经无法回避。我们面临的一个艰巨任务，就是如何从过去关注数字的增长转变为关注人的发展。上文亦已阐明，西方增长模式和城市化道路并不符合中国未来发展的途径要求。

1.4.2 发展科技和城市化的最终目的

如果说发展科技的最终目的是人类社会的发展，那么人类社会发展的终极目标又是什么呢？建立一个人人平等，没有压迫和剥削，没有贫困和饥饿，所有人共同劳动，共同发展的社会？人类这个单纯美好的愿望在新石器时代曾经部分地实现过，但在后来的城市中反而难觅踪影，从托马斯莫尔的"乌托邦"到欧文的"协和新村"，从巴黎公社的失败到东欧剧变，科技并没有带来人类期望的结果。

城市化的最终目的又是什么？为了人类文明的传承，为了实现人的全面发展？

抑或只是为既得利益者服务？当"占领华尔街"的人们走上街头，愤怒地发出99%对1%的怒吼时，我们不禁怀疑：以人的欲望为导向，用科学技术建立起来的城市，是否沦为了巩固1%的特权阶级的地位，控制那些为他们服务的99%的人口的工具？如果这个假设是真的，那么这样一种结构是极其不稳定的，逐步积累压力的结果要么是社会革命、要么是社会崩溃，不管是哪一种结果，都不是所有人所愿意看到的结局。当发展城市本身成为目的，而城市中的人的发展被遗忘，城市化的任何行动还有什么积极意义，城市化还能达到它试图实现的目标吗？

理论上讲，当今的世界，物质财富之丰富完全可以解决世界贫困问题；生产技术之先进完全可以使劳动者获得更多的闲暇时间；劳动产品之多样也远超过人们基本生活所需求。越来越多的人有足够的休闲时间来认识自我、发展自我。前提是所有人需要走出为了物质而消耗资源、为了物质消费而过度工作和劳动过剩的怪圈。此外，实现这种转变还需要特权阶层愿意向社会让渡一定的权力与利益。

从科技奴役中获得解放的解决之道，首先需要调整发展的目标：不再聚焦于物质消费，而在于构建文化生活。科技发现的直接结果就是只需一部分社会成员的劳动即可满足多数长寿人群的基本物质生活。如果仍然按照西方模式盲目前行，被技术解放的劳动力还在被持续用于消耗地球资源、追逐经济利益；如果人们因科技进步而获得越来越多的闲暇时间还在被黑洞般的消费主义所吸走；如果既得利益者还是不知餍足地消耗人力、物力资源以图控制更大范围的社会权力，那么最严重的危机终将出现，人类文明打造的缓冲器总会有不堪重压而垮掉的一天。也许现有条件下，定义物质界限、重构休闲社会、打造文化生活，才是人类应该考虑的未来。这种未来也许是一种奢侈的乌托邦梦想，但我们至少可以朝着这个方向努力：这个未来就是休闲文化社会。

休闲社会是一个人的个性得到发展、社会矛盾缓和的社会。实现这样的社会需要的不是多么先进的技术，而是发展观念的转变和发展理论的支持。未来中国的城市化道路，面对资源相当不足、人口基数庞大、发展速度过快、社会矛盾激化、技术路径混乱的严峻挑战。可持续的城市化途径在哪里？让我们一起来寻找这个问题的答案。

（舒华 执笔）

第二章　休闲文化社会的形成与治理

经济全球化、知识经济、科学技术新发现，使人们的生活方式发生了巨大变化，在提高工作效率的同时，人们有了更多的闲暇时间去从事自己想做和喜欢做的事情（马惠娣，2004：2）。随着个人拥有的物质财富和自由时间的增多，人们对精神生活方面的需求显得尤为迫切（马惠娣、刘耳，2001），休闲文化成为后工业社会的主要现象。凡勃伦（中译本 2004：32）为此专门撰文论述休闲在社会经济中的重要影响。著名未来学家莫利托指出：到 2015 年，人类将走过信息时代的高峰期进入休闲时代（Molitor，1999）。从 20 世纪开始，无论是在发达国家还是在发展中国家，"休闲"都以各种形式不断地增加。在现代社会，除了工作，休闲已经成为人们生存的第二要素。

2.1　休闲的含义和发展历史

2.1.1　休闲的含义

休闲的学术含义非常宽泛，学者的定义视角多有不同。"休闲"的现代英语表达是"leisure"。从词源学看，英语单词"leisure"的起源与古希腊表示休闲的词语"scole"或者拉丁语"scola"有关，scole 表示宁静、和平、休闲、自由时间等意义（孙海植、安永冕等，中译本 2005：3）。在中国汉字词源中，"休"与"闲"是两个独立的词。《说文解字》分析，"休"，人倚木而息。是指"人干活累了，靠在树上休息一会儿"。"闲"，房中存木谓之闲。是指"有剩余时间、闲置等含义"（李仲广、卢昌崇，2004：2）。休息需要时间，所以叫休闲。"休闲"最早作为一个词语出现的时候，指的是农田在一年或一季里不事耕作以恢复土地生产力的措施。

马克思和恩格斯认为休闲是"非劳动时间"和"不被生产劳动所吸收的时间"，他们将"休闲"和"劳动"作为对立的两个对象。"闲暇时间"有时也称为"自由时间"，是指劳动（包括有酬劳动和无酬劳动，后者如女性的家庭劳动）、生活事务、睡眠和其他基本需求得到满足以后可以自由利用的时间（古德尔、戈比，中译本 2000：70）。马惠娣（2001）认为：休闲是指已完成社会必要劳动之外的时间，它以缩短劳动工时为前提，对劳动产生更有益的影响。

休闲也是人生命状态的一种形式,是一种现实存在,是一种文化,是一种人类文明程度的标尺,一个意义世界(马惠娣,1998;谢洪恩、孙林等,2005);休闲状态下,人们可以选择自己喜欢的方式,从事文化创造、文化欣赏、文化建构等,实现身心愉悦、精神满足、自我实现和发展(张广瑞、宋瑞,2001)。哲学家亚里士多德认为休闲是"不需要考虑生存问题的心无羁绊的状态"(苗力田,2009:152)。皮普尔在其《休闲:文化的基础》一书中认为休闲是人的一种思想和精神的态度(Pieper,1952:54)。

休闲还被认为是在闲暇时间内的活动或体验,王雅林(2000)认为休闲是"人们在可以自由支配的时间中用于满足精神生活之需要所从事的各种活动";"休闲同人们每天所占有的可自由支配的时间有极大的相关性,人们在这样一种相对自由的时间中能够从事自己所喜爱的、有助于满足心理的、文化的需要的活动,并本能地感到从事这些活动是有价值的"。还有学者认为"休闲是工作、学习活动之外的一种以文化为主的综合性的社会经济活动"(邬丽丽,2010)。

从更高角度来看,休闲涉及社会制度安排。可以从与工作、婚姻、教育、政治和经济等社会制度和价值观之间的关系来界定"休闲"(李仲广、卢昌崇,2004:85),休闲是一种权利和义务(方青,1993),"即以体制法规为核心的社会状态,如双休日,年度带薪休假周,工会会员轮流异地休闲疗养"(庄志民,1995)。从2009年中国休闲与社会进步学术年会的召开,可以看到休闲的社会进步意义已经受到国家文化部门和学术界的高度重视(图2-1)。

图2-1 中国休闲与社会进步学术年会❶

---

❶ 图片由吴必虎提供。

虽然对什么是"休闲"学者们并没有达成共识，但是可以归纳出一些共性，即休闲的界定必须具备以下几个要素：一是休闲要有自由时间或闲暇时间；二是休闲乃个人自由意志的产物，在这种状态下，人们可以自己安排时间从事自己喜欢的活动；三是休闲要带给人以愉悦、舒畅的体验。

2.1.2 休闲的历史实现形式

休闲是在社会生产力发展的基础上，人们的物质生活得到基本满足，摆脱了各种外在条件限制的情况下的一种相对自由的生活，现代意义的休闲是以1899年凡勃伦发表《有闲阶级论》为标志，但休闲自古就有，只是存在形式、范围、内涵等方面有所差异（表2-1）。

休闲文化的社会变迁过程 表2-1

社会阶段	社会生活	劳动	自由时间
氏族社会	小规模，孤立性，同质性，维持高度的凝聚力，严格的社会结构，社会流动性低	为获得食物的劳动，劳动力流动低下，没有食物过剩现象，自给自足经济	传统生活方式神圣，赞美神，休闲只是生活的一部分
封建社会	农业社会，人口增加，少数贵族存在各种阶层、组织，知识分子的社会性参与活动	出现多种职业，商业贸易增加，手工业专业化，订货生产方式	统治阶级在仪式、节日、集会、婚礼等活动中追求休闲
产业社会	工业社会，人口剧增，流动性社会结构，文盲减少，契约生活	职业专业化，劳动、职业的分化，机器生产自动化，高度技术，大批量生产	大众休闲，休闲是另一种时间，通过劳动获得的休闲，社会公认的休闲
后工业社会	基于多元化的协作关系，物质基础上的意识决定，高度发达的技术、信息社会	富裕的经济，高度科学技术化，生活质量优于数量，社会导向型生产结构	作为基本权利的休闲，体现个性和价值观，满足个人欲望，灵活使用选择的机会

资料来源：Murphy，1981：56.

在原始社会，还没有现代意义上的休闲。人们把婚礼、洗礼仪式、生日庆贺等仪式视为日常生活的一部分而非独立的休闲活动（孙海植、安永冕等，中译本2005：19）。在原始文化中，人们从事经济活动的时候已经具有消遣娱乐的性质，在某些社会里专门被用于休闲的时间可能相当丰富（吴承忠，2009）。在原始社会工作与休闲之间，没有严格的界限；而且休闲没有形成独立的社会形态。

在以农耕畜牧为主的时代，人类由攫取性经济过渡到生产经济，加之私有制的产生，社会分裂为两个阶级：封建主阶级和农民阶级。封建主阶级控制国家的经济和政治权力，统治者有更多的文化休闲的权利。在生产力不发达的农业社会，大部分时间用来生产维持生存基本需要的物质财富，大约只有10%的时间用于休闲（谢秀华，2008）。亚里士多德认为休闲是工作要达到的目标，是人生所要达到的目的（苗力田，2009：264）。从中世纪到北美被殖民以前，休闲被认为是闲散和浪费时间，它维持了"宗教—个人"中心型的休闲形式，休闲是罪恶这种观念一直持续到了20世纪。

以工业革命为界，工作与休闲走向了两极（章海荣、方起东，2005：8）。争取缩短劳动时间的工人运动最终导致标准工作日制度的形成，工人的休闲问题终于成为社会性问题。产业革命使生产等经济活动迅速社会化，并确立了各种与生产相关的行为相应的社会价值。工业社会的休闲既是现代工业社会物质生产和经济结构的内在产物和重要组成部分；另外工业社会的休闲是大工业发展的结果，是为了物质的生产和消费，为了经济的发展而不是为了人的发展而存在的。对人的发展来说，现代工业社会的休闲也可说是一把"双刃剑"。

工业化完成后，人类进入信息社会。在工作的创造性、技能型和自由性等因素的作用下，工作在大多数人的眼中已不再是一种苦役，而变得越来越休闲了。随着社会的发展，电子化、自动化设备已经能执行以往靠人工操作的重复劳动以及危险性的工作，工作与休闲已经开始以不同的方式结为一体（章海荣、方起东，2005：9）。20世纪以来，劳动时间的逐渐缩短，工资收入的显著提高，通信和交通技术的改进等，都为大众娱乐的发展带来了较大的选择余地，休闲文化不再是富有阶层的专利，真正意义的大众文化时代开始了（孙海植、安永冕等，中译本 2005：23）。休闲已成为数百万劳动者生活中的重要因素，它直接关系到劳动、家庭、政治、社会等问题，因此，必须从新的角度看待劳动与休闲的问题（迪马泽迪埃，中译本1986）。现代社会是伴随着大批量生产和大批量消费的大众休闲时代。

后工业时代，精神的富裕比物质的富裕更有价值。为了克服产业革命和城市化引起的人的完整性丧失，大众休闲活动应运而生，形成了在休闲而不是在劳动中寻找人生意义的倾向，引入了旨在提高人类生活品质的休闲文化生活方式。

2.2 休闲文化社会的形成

2.2.1 休闲文化社会的含义

帕克（Parker）等指出，我们正进入一个具有新的闲暇伦理观和娱乐道德观的闲暇时代（楼嘉军、徐爱萍，2009）。18世纪的产业革命所导致的休闲现象被学者们称为第二次休闲革命（Chubb & Chubb，1981：15），也有学者将现代以时间增加为特征的休闲现象称为时间财富革命（Faught，1969：156）。美国的发展，经历了三次大革命：第一次是18世纪美国独立的政治革命；第二次是20世纪前后的大批量生产革命；第三次是 20 世纪 50 年代以后的休闲革命（Levy，1966：70-71）。彭蒂（Pendy）提出，后工业国家是休闲国家（李仲广、卢昌崇，2004：268）。路特津（Lutzin）指出，到 2020 年工作时间将只有日常生活时间的 6%，剩余的时间是休息和休闲的时间，因此 21 世纪政府的主要职能是制定与国民休闲相关的政策和措施（孙海植、安永冕，中译本 2005：138）。

中国休闲研究创始人于光远先生在 1996 年就提出"普遍有闲的社会"的概念（于光远，2005：2）。而休闲革命则是从根本上改变人类价值体系及生活方式的契机。休闲社会的衡量标准主要包括两个方面：首先从休闲时间来看，人们用于休闲的时间应该占到全部活动时间的 50%；从休闲支出来看，人们用于休闲活动的消费支出也应占到日常消费总支出的 50% 以上（马勇、周青，2008：264）。在休闲社会里人们的生活轴心将由工作为主要生活方式转变为以休闲为中心的生活方式。休闲时代是一个国家或地区人均 GDP 进入 3000～5000 美元阶段以后，在居民生活方式、城市功能和产业结构等方面相继形成休闲化特点的一个发展时期（楼嘉军、徐爱萍，2009）。

上述休闲社会理论的研究进展，为我们揭示了这样一个图景：在休闲社会中社会生产效率很高，物质财富非常充裕，人人占有闲暇资源，自由追求个人精神生活满足成为衡量生活质量的主要取向。休闲社会的理论研究，事关休闲时代城市社会的治理，对中国城市化发展方向具有重要指导意义。作为人类社会发展的一种高级社会形态，休闲社会的城市发展途径必然不同于以往的以劳动和物质生产为主要目标的城市化价值观。

2.2.2 休闲文化社会形成的必要条件

可支配收入的增加是决定人们进行旅游休闲的决定因素之一，当地经济的发展决定了可支配收入水平。自从工业革命以后，发达国家经过数百年的发展才得以逐步迈入休闲时代。1960 年代社会经济快速发展，欧美发达国家相继步入人均 GDP3000～5000 美元的发展阶段，也正是基于对这一时代特点的判断，法国社会学家迪马泽迪埃（中译本 1986）在 1960 年代就迫不及待地宣告休闲社会即将来临。

休闲的发展受到休闲时间的影响和制约，工作日的缩短、自由时间的增加是建立自由王国的根本条件（马克思，中译本 1985：12）。社会学家预言：在未来社会，虽然工作已经主导人类数千年，然而现代科技、经济生产和销售，已经不再需要大量劳动力，70% 的人将赋闲；人生中将有 50% 的时间通过休闲活动度过（马勇、周青，2008：254）。马克思曾指出：整个人类的发展，就其超出对人的自然存在直接需要的发展来说，无非是对这种自由时间的运用，并且整个人类发展的前提就是把这种自由时间运用作为必要的基础（马克思，中译本1985：13）。统计显示，目前美国人有1/3的时间用于休闲，有2/3的收入用于休闲，有1/3的土地面积用于休闲；1990年休闲产业直接从业人员占美国全部就业机会的1/4，间接就业人员占1/2，休闲业成为美国第一位的经济活动产业（戈比，中译本2000：312）。从中国的情况来看，国民的休闲时间也在不断增加，改革开放以来的节假日制度改善延长，对社会走向休闲化、对人们时间消费结构的影响，同样显示出巨大的改变。

城市化水平也是休闲发展的条件之一。城市化的一个重要特点就是人口和经济的聚集，其结果之一就是以旅游、餐饮、文化娱乐、健体美容等形式的休闲服务业的迅速发展。休闲服务业要形成一定的产业规模，有赖于相应规模的消费需求能力的持续支持，而只有城市才能产生如此强大而持续的消费聚集功能。通过对发达国家城市化水平与休闲服务业发展水平历史变动的考察，也发现两者呈现出很强的相关性，一个国家的城市化水平越高，休闲服务业就越发达（卿前龙，2006）。

2.2.3　休闲文化社会的特征

人一生用于休闲的时间最多。马克思（中译本1980：221-222）曾经指出："在未来社会，财富的尺度绝不再是劳动时间，而是可以自由支配的时间"。在休闲社会，人一生用于休闲的时间是最多的，其次是学习，最后才是劳动。随着人类劳动剩余现象的出现，一年时间中约有一半左右是节假日时间；寿命的延长也使退休后的人们增加了更多的自由支配时间。根据有关研究资料，原始人的一生中的劳动时间占33%，闲暇时间占16.6%；传统农业社会的人一生中劳动时间占28%，闲暇时间占22.9%；现代工业社会中人的一生劳动时间占10.4%，而闲暇时间则达到38.6%（戈比，中译本2000：46）。工业时代早期，城镇居民每星期的平均工作时间为70小时；到1980年代，这个数字下降到38.1小时；到2010年，闲暇时间在人生的各种活动中除去睡眠时间就占一半以上（Molitor，1999）。

就业机会减少，创造就业机会成本提高。在休闲社会里，因为劳动效率大幅提高而致使就业机会减少。一方面，随着高新技术的发展，传统产业中释放出大量劳动力。在20世纪初，大多数发达国家的农业人员是最大的劳动群体，而目前其农业人口还不到总人口的3%；到2020年，发达国家的制造业产值至少将翻番，而就业人数却将缩减至总劳动人口的10%~12%（戈比，中译本2000：102）。另一方面，科技发展创造了新的产业部门，知识经济需要新的知识型人才，传统产业将会产生结构性失业。此外，医疗技术的发展和人类寿命的延长，相对增加了人们的工作年限，这也会增加就业机会的紧缺性。同时由于劳动力成本大幅提升，使得政府创造就业机会代价更大，以中国为例，以7%年增长率为临界点，政府需要拉动400万个工作岗位，才可以让GDP增长1个百分点（刘望、宋丽丽，2003）。基于上述因素的考虑，政府的理性选择之一就是延长假期、提供更多公共休闲度假机会，以缓解就业机会压力、降低创造就业机会的投入。

休闲成为每个公民最基本的权利。联合国《世界人权宣言》中曾经指出：人人都有休息和休闲的权利。法国于1936年通过了《马提翁协议》，规定了40小时的工作制；1999年法国又出台了35小时的周工作制的新法案。1976年国际休闲会议在发表的《休闲宪章》中指出：无论在城市和乡村，休闲都是重要的（楼嘉军，2005：105）。休闲权利涉及每个公民，参与各种休闲活动的公民的阶级和身份地位界限越来越淡化。在美国，个人和家庭的地位与他们休闲活动的次数和强度之间仍然呈正相关，但这种相关比过去低很多，而且继续下降。美国蓝领工人现在也打高尔夫球、滑雪和出席交响音乐会，尽管次数比白领劳动者少（刘红，1996：51）。经过多年发展，欧美发达国家逐渐形成了多层次的休假制度：居民拥有全年1/3左右的休假时间，由周末休息、法定假日、带薪休假三部分内容构成，为居民从事各种形式的休闲娱乐活动提供了必要的时间保障；在时间使用上，进一步凸现了居民自主安排、自由活动和自我发展的休闲权利。

休闲和工作界限逐渐模糊。许多未来学家都认为，在未来的经济中只有极少部分人口从事"生产"。后工业社会一个最明显的特点是大多数劳动力不再从事农业或制造业，而是从事服务业，如贸易、金融、运输、保健、娱乐、研究、教育和管理（Coates & Jarrett，1989：16）。科学技术特别是信息技术的发展，使得人们有条件实现在家中办公，即在传统休闲空间场所中也可以工作。人们已不是为了生存而工作，而是为了兴趣而工作，乐趣所在的工作可能变成一种休闲活动。随着社会潮流的发展，休闲与工作的区别在于个人对这种活动的态度以及这种活动对个人的意义。把某个人活动的社会组织形式了解清楚之前，我们很难判断这个活动是工作还是休闲。有很多学者预测，工作与休闲之间的界限在不久的将来会再次消失（Drucker，1993：89）。

休闲设施呈现高科技化。科技发展为人类的休闲活动带来了更大的便捷和更丰富的体验。首先是交通工具的发展对休闲发生了跨时代的影响，尤其是汽车和飞机的发展极大地方便了空间移动、提高了安全性、节省了时间、降低了成本，既促进了休闲的大众化，也扩大了休闲生活的时空半径，使人类休闲的足迹伸展到太空、海底、荒漠、极地等一切不适合人类生存的地方。借助于电脑网络，人们构筑了一个无穷大的休闲娱乐活动空间，在这完全以高科技手段虚拟构成的第四度空间里，人们获得了比以往现实社会更大和更多的娱乐快慰，使人类世界沿袭了数千年的具象化的休闲娱乐活动理念和活动方式发生了革命性的变化。随着机器人水平不断提高，简单的机械家务劳动都可通过机器人来完成，从而大大增加了人们的休闲时间（刘嘉龙、郑胜华，2008：243-244）。

休闲产业贡献最大化。随着休闲市场规模的不断扩大和休闲消费需求的不断增加，休闲产业已经成为许多发达国家重要的支柱产业，对休闲文化社会的发展起到了至关重要的推动与稳定作用。欧美居民用于休闲或与休闲相关的消费在增长的同时，休闲产业对社会经济的影响力也与日俱增，约占 GDP 的 50% 或甚至已逾 60%。专家们预测，在 21 世纪五大推动全球经济增长的动力中，休闲产业位居第一（Molitor，1999）。据统计，美国的休闲产业年产值达 1 万亿美元，年税收达 6000 亿美元，创造 2500 万个工作岗位，占全美国就业职位的 1/4，仅旅行和旅游业雇佣的职员就有 900 万人之多（厉新建等，2009：202）。在英国，休闲产业年产值达 1360 亿英镑，超过汽车业和食品业，并以 30% 左右的速度增长，创造五分之一的全英就业岗位，平均每户家庭休闲开支占家庭总支出的 20% 左右。

2.3 休闲文化社会的治理

治理或者管治（Governance），是指各类公共或私人机构和个人共同参与社会公共事务管理的诸多方式的总和，是使相互冲突的利益得以调和并采取联合行动的持续过程，通常涉及政府等公共部门"自上而下"的权力运作，社会群体或公众"自下而上"的行为方式。社会休闲的发展涉及政府公权力对结构制约因素的干预，个体和特定群体间关系的自发协调两个方面的共同努力（吴必虎、徐小波，2011）。

休闲社会人们有大量的休闲时间。如何利用安排增加的休闲时间是各国、各级政府面临的一个越发重要的社会问题。闲暇时间可被积极利用，如进行强身健体的体育休闲，读书看报的学习休闲，增进和睦的家庭休闲等；也可以被消极利用，如炫耀性消费、轻文化消费、俗文化消费甚至有害性利用如吸毒、放纵等，并由此引起一系列的社会问题。因此要加强对休闲社会的治理。社会治理既有政府的、非政府的组织在起作用，同时又有个人意识的综合作用。休闲社会可以通过政策规范、市场引导、意识培养等多种手段引导其得以健康发展。

休闲社会的治理存在三个尺度的问题：第一，宏观尺度加强对国民休闲活动制度设计与公共设施供给；第二，中观层次上制定休闲产业发展政策与质量管理标准，保障其健康发展；第三，微观尺度上要关注国民休闲价值取向、休闲行为模式等问题。要综合三个尺度，运用行政和非行政的多种手段，实现综合调控。

2.3.1 休闲活动制度设计

一个国家在休闲时间管治上的制度安排，凸显了一个国家及其政府的科学执政能力。以人为本的政府关于公民法定假日制度的安排，出发点是让公民充分享受休息与度假的权利，以利于公民调整社会生活的节奏，推进社会的和谐进步。理想状态下，一个国家假日制度的设计既要体现国家的主导意志，又要彰显地方优秀文化的多元性。应创造条件逐步将公民度假安排的决策权让与地方政府和企事业单位，形成一种既有国家统一意志，又有地方共鸣个性选择的度假生活局面。

闲暇时间及其利用已成为休闲文化社会里社会和个人财富的另一种表现形式，闲暇活动的丰富程度以及闲暇设施的满足程度是衡量生活质量的新尺度（Molitor，1999）。如何通过闲暇时间的合理调控达到对休闲设施的合理配置，还需要将社会发展放到生活时间的综合调控上。生活时间分配是人们的时间资源在各项生活活动的配置。生活时间分配有助于研究不同群体和个人生活时间分配的活动规律、活动方式以及这些活动方式与社会经济因素、个人因素之间的关系。

合理调控国民生活时间是城市人性化管理的重要手段。如果城市能够将工作时间结构与学生群的学习时间结构很好地对接、协调考虑，让家长能很好地接送学生、辅导学生的学习，关心他们的生活，并适度开展亲子教育和亲子休闲活动，对构建和谐休闲社会是非常必要的。再者，如果老年人的休闲时间与年轻人的假日休闲时间能够协调一致，青年人则可以很好地陪同年老的父母休闲活动，增进了解，缓解老年人的寂寞。但是年龄层休闲时间的总量并不相同（见表2-2），需要在总量的控制上做好结构系统设计。

北京居民不同年龄段休息日闲暇时间分配（单位：min）　　表2-2

年龄组	学习文化科学知识	阅读书报	看电视	游园散步	体育锻炼	教育子女	探亲访友
15-19	186	43	197	9	5	0	0
20-24	111	36	118	39	12	0	22
25-29	105	35	121	28	6	2	39
30-39	102	34	130	47	13	29	59
40-49	64	34	168	52	22	21	55
50-59	66	36	142	69	25	0	12
60岁以上	90	81	153	37	43	7	17

资料来源：王琪延，1997.

2.3.2 休闲产业政策支持

休闲产业是指与人的休闲生活、休闲行为、休闲需求（物质的与精神的）密切相关的产业领域，特别是以旅游业、娱乐业、服务业和文化产业为龙头的经济形态和产业系统。在世界范围内，不但休闲产业每年创造3万亿美元以上的产值，而且"为休闲而进行的各类生产活动和服务活动正在日益成为经济繁荣的重要因素，特别是在大中城市中，各类休闲活动已成为经济活动得以运行的基本条件"（马惠娣、刘耳，2001）。

休闲产业的发展与城市布局密切相关，以休闲产业的思路来进行城市规划，有利于城市发展的人性化和合理化。首先，城市中心地带应考虑改变以往建筑过于密集的形态，适当拉开空间，以城市公众休闲的思维改造城市，特别是对于主要交通干道和主要商业区地段，应适当发展城市公共游憩空间，提升城市环境品质。在城市主要居住区，应发展如社区健身中心、社区文化中心、社区读书中心等多种休闲场所，为社区居民提供参与公共活动、进行公众交流的场所。

其次，城郊地带应注重对于绿色休闲产业的发展，为了有利于引导其健康发展，政府应当将休闲管理体系纳入其职能范围，设立专门的部门加以管理，并给予一定的财政拨款用于休闲设施的建设。休闲产业系统的建立必须和国家正在实施的产业结构调整相结合，使其成为经济产业和社会产业。例如，结合农业的退耕还林和农业产业结构调整，可以大力发展休闲农业，建设市民农园、观光农园、农业公园、教育农园、休闲农场，将旅游、考察、休闲、学习、疗养有机地结合起来，培育能满足人们精神和物质享受的新型农业产业。这样，不仅发展了休闲产业，同时也配合了农业产业结构调整，解决了部分农村劳动力的就业问题。

休闲还可以使第一产业向第三产业延伸，形成以旅游业、娱乐业、服务业和文化产业为龙头的产业系统，带动银行、保险、环保产业的进一步发展，促进产业格局的调整，使休闲产业吸纳劳动力的比重不断增加。政府可以根据国民需求制定相应政策，鼓励企业、民间资本和外资介入休闲产业的发展。作为公共休闲服务的直接提供者，政府可以将公共休闲服务的运行与管理作为政府职能的一部分。政府在培育、规划和扶持发展休闲产业的过程中，必须充分考虑社会各阶层、各种职业消费者的消费能力和需求。例如，将教育和休闲相结合，使儿童和青少年能够在寓教于乐中健康成长；使劳动者能够在工作与休闲的相互结合中更加注重人的全面发展和精神享受；使老年人的夕阳时光充满快乐，将健身与休闲活动相结合，充实、愉快地走好自己的人生旅途。

2.3.3 休闲价值观与行为模式

社会发展是追求和达成更宏伟的社会理想目标的过程,涉及人的自由、人的尊严、社会公平等内容。休闲价值观随着社会发展的进程而表现出不断的变化。后工业化时代,人们对成功与幸福的理解将转向对于休闲价值的更多的重视,而非此前的物质财富的创造与积累。人们的休闲行为模式涉及个人发展、心灵疗救、强健体魄、自我塑造等过程,并通过人与人的交互关系而触及社会文化、经济活动等层面。一以贯之,休闲内涵推动个人发展,进而促进社会发展;居民的休闲作为人的内在"需求"是一种客观存在,那么迎合这种需求的"供给"不仅具有当然的生命力,并且具有实现社会发展的正义性。换言之,休闲是一种合乎社会发展内涵的治理"工器"。世界休闲组织秘书长埃廷顿等指出,休闲能推动社会、文化、经济三大层面的转变,最终实现个体、社区、社会系统的优化发展。这一方面肯定了休闲具有社会治理的功能,同时也揭示出休闲治理的复杂性和综合性。应充分调动并协调政府、社区(或其他社会组织)和个体要素,在充分了解居民休闲行为模式的基础上,做好市场引导和政策管理(Edginton,Jordan et al,1995:32)。

2.4 城市化高峰期的中国休闲社会发展

中国改革开放 30 多年来,城市化进程明显加快,迎来了休闲社会的发展。我国目前大多数人一年中有 1/3 的时间是闲暇时间,而有近 3 亿的老年人几乎每天都处于自由时间之中。休闲将成为未来中国城市化与社会发展过程中一个不可回避的话题。

2.4.1 经济发展提高了居民可支配收入

我国经济的全面增长是休闲产业供给增长和国民休闲需求增长的核心基础。据世界银行统计,1978 年中国的国内生产总值(GDP)为 1473 亿美元,只有美国的 6%。到了 2007 年,我国 GDP 总量达到 32801 亿美元,接近美国的 25%。30 年来,在 GDP 保持增长的国家中,中国的 GDP 年均增幅最高(图 2-2)。1978～2010 年的 33 年间,中国的人均 GDP 从 381 元增长到 29940 元,增长了 79 倍。从经济发展水平来看,总体上中国仍处于中低发展阶段,在区域结构上,经济发展又呈现出高度不平衡的态势。其中,位于东部沿海地区的长三角、珠三角以及环渤海地区的大部分城市,人均 GDP 已步入 5000～7000 美元的发展阶段。上海、北京和深圳等大城市更是跨入了 8000～10000 美元的发展阶段。与此同时,处在中西部地区的不少大中城市，人均 GDP 则刚刚步入 3000～5000 美元的发展时期。

可自由支配收入是居民休闲消费潜力的主要影响因素。经济发展势必引起居民的消费行为和居民的消费结构发生相应的变化。2000～2010 年十年间，我国居民收入连年增长，城镇居民人均可支配收入从 2000 年的 6280 元增长到 2010 年的 19109 元，增长了 2.04 倍；农民人均纯收入从 2000 年的 2253 元增长到 2010 年的 5919 元，增长了 1.63 倍。中国休闲产业所形成的直接与间接经济总量，保守估计达到 2000～4000 亿美元。而当中国在 2003 年人均 GDP 突破 1000 美元，恩格尔系数降到现在的 45%（发达地区在 35%～40%）左右之时，其数量可观的大众休闲资本刺激着中国的休闲消费，从而催生了中国的休闲经济和休闲产业，并不断壮大（游碧竹、郑宪春，2007；李磊，2002）。2001～2010 年间，我国城市居民家庭恩格尔系数大致处在 36%～40% 之间，总体上处于不断下降之中；我国农村居民家庭恩格尔系数大致处在 41%～48% 之间，不仅在总体上处于不断下降之中，而且这种下降的趋势相当显著。居民收入翻番、恩格尔系数的下降，有利于居民休闲消费需求的显著增长。

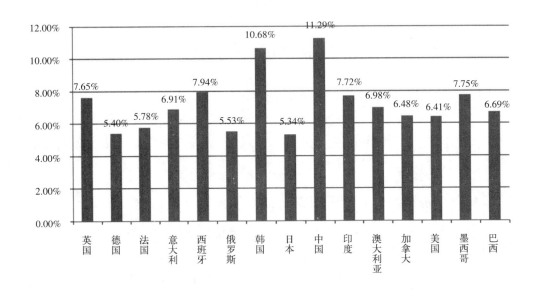

图 2-2 世界部分国家 GDP 年均增幅值（数据来源于《中国统计年鉴》）

从 2000 年到 2010 年，随着城乡居民收入的变化，城乡居民消费结构也出现了明显的升级与优化，一是由量向质转变，二是由温饱向享受转变，三是由吃、穿向住、行方面发展。从而使住房、医疗、旅游、教育，以及享受型的汽车、家电、家居建材、电子产品等消费热点频现，成为拉动社会消费品总额快速增长的重要因素。正是居民消费出现的这些变化，2010年，我国城镇居民人均消费性支出已经达到了13471元，比2005年增长了69.6%，年均增长11.1%；农村居民人均生活消费支出达到了4382元，比2005年增长了71.5%，年均增长11.4%（刘德谦、高舜礼等，2011：32）。

2.4.2 节假日增加了居民的休闲时间

世界各国的法定节假日大致分为三类：一是政治性节假日，如国庆纪念日、战争纪念日等；二是宗教性节假日，如圣诞节、感恩节等；三是传统节假日，或称民俗节日，如春节、中秋节等。我国对节假日制度有几次重要的成功实践。第一次是在1992年"五一"节开始，开始实行五天工作制，各类生活时间和闲暇时间发生了重大变化。1997年由国家统计局等机构联合对全国29省71城市14977位职工进行了"中国职工生活进步调查"，得到当年全国城市职工周平均时间的分配情况（表2-3）。对比历史数据，居民的工作时间总体减少，闲暇时间总体增加是一个大趋势，其中，双休日制度和社会生产力发展双向并推，综合作用明显。

中国城市职工生活周平均时间分配情况一览表（单位：min）　表2-3

	制度内工时	制度外工时	学习阅读时	文体娱乐时	家务劳动时	路途往返时	睡眠时	聊天休息时	辅导教育时	其他时
平均	316	21	55	97	144	39	461	81	42	117
男性	350	24	63	98	103	40	457	81	40	114
女性	286	19	47	96	183	38	466	81	43	121
男女差	64	5	16	2	−80	2	−9	0	−3	7

资料来源：王琪延，1998.

我国第二次全民节假日调控是在1999年，国务院修订、颁发《全国年节及纪念日放假办法》，形成春节、五一节、国庆节三个假日"黄金周"，在很大程度上改变了居民的休闲模式，从而对我国休闲产品的整合起到了推动作用，特别是对我国旅游业发展起到了较大的促进作用（见表2-4）。我国目前每年共有115天假日和5至15天的带薪休假，整体上已达到世界上中等发达国家的平均水平。抽样调查结果显示：我国城市居民平均每天闲暇时间为6小时6分，其与工作、个人生活必需、家务劳动等四类活动时间分别约占总时间的21%、44%、10%和25%；从终生时间分配来看，工作时间仅占人生的十分之一，生活必需时间几乎占到一半，闲暇时间约占三分之一，休闲正成为中国人生活中越来越重要的元素（王琪延，2000）。

1999～2011年国庆黄金周全国国内旅游人数与旅游收入一览表　　表2-4

国庆黄金周	旅游人数（万）	旅游收入（亿元）
1999年	2800	141
2000年	5980	230
2001年	6397	250
2002年	8071	306
2003年	8999	346
2004年	10100	397
2005年	11100	463
2006年	12300	599
2007年	14600	642
2008年	17800	796
2009年	22800	1007
2010年	25400	1166
2011年	30200	1458

资料来源：中国统计年鉴。

2.4.3　中国居民休闲行为模式

关于我国国民的休假和假日消费状况，一项针对北京市城八区居民的抽样调查结果表明：人们在不同的假日会根据假日时间的长短、季节、文化、习惯等特点选择不同的休假活动（王琪延、侯鹏，2011），其中回家探亲是各种假日期间居民最为青睐的休假活动，这与中国传统文化中的"家"文化有着极为密切的关系。其次是购物，在各个大小假日中，购物都入选居民最热衷的活动选项，这充分证明了节假日对促进居民消费起到了积极作用。再次为外出就餐，居民在双休日、元旦、端午、中秋与春节多选择外出就餐。可以看到，这些假日大多为传统节日，中国自古以来就有将美食与节气、节日联系起来的传统，外出就餐成为大众青睐的休闲活动。

从整体情况来看，居民在闲暇时间参加的休闲活动丰富多彩，不同的节假日，休闲活动也有较大的差异。随着收入和闲暇这两个条件的不断成熟，人们对休闲生活的要求也越来越高，休闲活动也越来越多样，其中国内旅游、出境旅游都成为很多普通市民乃至于农民的新的生活方式，其规模、覆盖面都是十分惊人的。数据显示：2010年我国国内旅游人数已经超过21亿人次，国内旅游市场规模居全球第一位。公民出境旅游5700万人次，旅游业总收入达到1.5万亿元。

从休闲行为模式上看，居民已经具有了一定的休闲意识，休闲正在逐步成为人们的一种生活常态。借鉴国际经验可知，以上海、北京和深圳为代表的东部城市开始陆续跨入休闲时代，并由此揭开了我国休闲时代的发展序幕，但是距离发达国家的休闲时代还有一定的差距。

（丛丽　执笔）

第三章 城市化途径与多途径城市化

当世界已经逐步进入后工业的休闲社会，当人类不再以占有金钱的多少而以幸福感高低来衡量社会文明水平时；当世界不再以消耗大量宝贵的能源、资源和水源获得短暂的物质丰富但却付出昂贵的环境质量和社会成本时，我们到了需要慎重考虑城市化途径的时候：我们大多数地方目前仍在继续着以工业化、发展经济为首要目标的快速城市化模式。除了工业化，是否还有别的途径来实现现代化、保持城市化的健康发展？

3.1 城市化的基本概念

3.1.1 城市化的涵义

城市化是"人类生产和生活方式由乡村型向城市型转化的历史过程，表现为乡村人口向城市人口转化以及城市不断发展和完善的过程"[1]。城市化的实质是生产力变革引起的劳动力和生产要素从农村向城市转变的过程（顾朝林、吴莉娅，2008）。人们有时也使用城镇化这一概念，城镇化是随着非农业活动的比重逐步上升及城镇人口比重的上升，居民点的物质面貌和人们的生活方式逐渐向城镇形状转化及强化的过程（周一星，1995：64）。事实上，城市化（城镇化）的概念在不同的学科研究范畴下，在内涵外延方面都有着不同的界定，其定义在国内外学术界目前也并没有形成统一的理解，并且许多学者认为，随着国内外不同阶段城市化的发展，城市化的内容也在不断延伸与丰富，而其中不仅包括人口规模、城镇规模、空间结构以及产业结构的发展，同时也体现了现代文明、城市生活方式，以及在精神意识层面的扩散与渗透过程。

从已有研究中普遍认同的城市化的概念出发，城市化的涵义包含如下四个要点：第一，人口的城市化，即农业人口向非农人口转化，并且向城市地域集中；第二，空间的城市化，随着人口以及生产要素越来越多地集中于城市，城市的空间规模不断扩大，部分农业用地向城市用地转化；第三，乡村地区的城市化或现代化，即乡

---

[1] 引自1998年发布的国家标准《城市规划基本术语标准》GB/T 50280—98。

村地区通过合理发展第二、第三产业，人口及生产方式部分向非农化转换而实现乡村就地现代化的过程；第四，城市地区的优化发展，即城市化地区的城市功能不断强化，经济效益、社会效益、文化效益和环境效益等各方面实现提高及优化的过程。

城市化的定义从性质上可以分为农村的非农化，以及城市的再发展两个方面，前者更多体现规模的扩张，即重在"量"，而后者则体现了"质"的提高。本书也强调，人口、地域、经济结构等方面的非农化，不过是城市化的一个步骤，并非城市化的唯一目的或结果，盲目的规模性扩张往往引致更多的城市问题。从城市化的概念角度，突出城市化质量的优化，促进城市化地区的再发展也同样重要。而这也是本书对多途径城市化问题研究中的基本立足点。

3.1.2 城市化水平的衡量

城市化的内涵包含人口规模、土地利用、产业结构等多个层面的内容，因此，城市化水平的测量也相应分为单一指标法及复合指标法两种。

单一指标中目前国内外应用最为普遍的为人口指标，即城市化水平为城市人口占总人口的比重。1955年城镇人口的统计标准为设有建制的市和镇辖区的总人口（非农业人口和农业人口）以及城镇型居民区的人口；1964年"二普"时期的城市人口的统计口径为市区和郊区的非农业人口，不再包括农业人口；而随着大量的农村剩余劳动力开始向城镇和非农产业转移，城镇中包含了大量从事二、三产业的流动人口和暂住人口，因此，之前的统计口径明显偏小，于是在1982年第三次人口普查时重新采用了以市、镇辖区的总人口为城镇人口的方法；1990年"四普"后规定城镇人口由市人口和镇人口两部分组成，市人口是指设区的市所辖的区人口和不设区的市所辖的街道人口，镇人口是指不设区的市所辖镇的居民委员会人口和县辖镇的居民委员会人口。

人口指标方法的优点是便于计算及比较，但是如上所述也存在一系列问题，包括对于城镇人口的界定不够清晰，统计对象目前并未形成统一的标准；以及市镇的建制标准多次发生变动，由于市镇人口的多少与市镇的设置标准密切相关，不断地调整市镇的设置标准必然会导致同一地区设市（镇）前后城镇人口的统计出现差异，从而不能如实地反映出该地区城市化水平的变化。

为了解决人口指标法中存在的种种不足，学者们提出了一些调整型的人口指标方法，如：利用国民经济中从业人员的就业比重推算总人口中城市化人口比重（李文溥、陈永杰，2001）；采用非农业人口比重指标，即某一地区的非农业人口占总人口的比重作为城市化水平评价指标，这一指标体现了人口在经济活动上的结构关系，较准确把握了城市化的经济意义和内在动因，但由于存在大量在城市从事各种各样工作的非农业人口，使该指标与实际也有很大偏离（徐秋艳，2007）；赵安顺（2005）提出理论城市化率概念，即以特定区域的人口规模、人口密度以及非农经济就业人口所占比重大于某给定数值（一般大于50%）的特定人口占总人口的比例，但我国目前的定义对非农经济从业人数的限定不够明确，同时对乡村流向城市的流动人口部分，没有纳入城市人口的范畴，因而存在低估城市化的倾向。

其他单一指标法如土地利用指标，从土地性质和地域范围上来反映城市化水平，测度方法主要是统计一定时期内由非城镇用地转变成城镇用地的比率。

很多学者认为城市化的内涵十分丰富，人口规模的变化仅仅反映其一个侧面，而其内容更多地体现了地区的经济水平、产业结构、社会生活质量等方面，仅采用城市人口比重的方法衡量一个地区的城市化水平存在一定局限性。

复合指标法衡量城市化水平的基本思路模式为：首先选取一组反映某地区城镇化各方面的指标，包括人口、经济、产业、社会生活方式、土地利用等方面，然后通过各指标的评价，最终计算得到一项综合值即为该地区的城市化水平。但是对于该复合指标体系，目前并没有也很难形成统一的测算方法，不同的学者，针对不同的研究地域，以及指标获取难易程度的不同，计算方法也是多种多样。尽管目前在城市化的研究中，越来越多的学者开始通过复合指标法评价地区的城市化水平，但是仅能反映特定研究地域的城市化发展，缺乏通用性及可比性。

3.2 城市化的进程及推动要素

3.2.1 城市化进程的特征规律

纵观全球城市化演化进程，世界城市化经历了三次浪潮（仇保兴，2007）：第一次是英国及欧洲的工业城市化，开始于1750年，历时将近200年；第二次是美国等北美国家的城市化，开始于1861年，历时近100年；第三次是拉美及发展中国家的城市化，1950年代后，很多国家取得民族独立，开始发展本国工业，经济的迅速增长加快了城市化的速度。

城市首先由工业化的发展拉动，发展到一定时期推动第三产业的协调发展，最后过渡到第三产业的发展和成熟，这是世界城市化的一般模式。但并不是所有的城市化都是按照工业化的发展模式，对于某些地域可以依托自身的资源直接发展第三产业城市化。很多区域优势明显的区域，例如以交通优势发展商贸、依托自然和人文资源发展旅游业等实现城市化。

美国著名学者诺瑟姆把一个国家和地区的城镇人口占总人口比重的变化过程概括为一条稍被拉平的S形曲线，并把城市化过程分成3个阶段，即城市化水平较低、发展较慢的初期阶段，人口向城市迅速聚集的中期加速阶段和进入高度城市化以后城镇人口比重的增长又趋缓慢甚至停滞的后期阶段（Northam，1979）。诺瑟姆认为，城市化水平达到10%就表明城市化进程开始启动，该阶段城市人口占区域总人口的比重低于25%，城市发展缓慢，经历的时间长，区域处于传统农业社会状态；当城市人口占区域总人口的30%以上时，表明进入加速阶段，农村人口开始大量进入城市，城市人口快速增加，城市规模扩大，城市人口占区域总人口的比重达到60%～70%，工业在区域经济和社会生活中占主导地位；当城市人口占区域总人口的60%以上后，即表明进入成熟阶段，城市人口增长速度下降，处于稳定的发展时期（图3-1）。

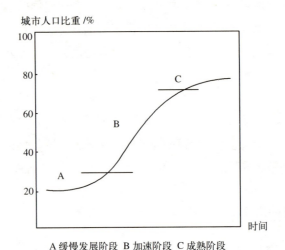

A 缓慢发展阶段　B 加速阶段　C 成熟阶段

图 3-1　城市化过程 S 曲线图（Northam，1979）

城市化的速度在初始阶段和稳定阶段时都相对较慢，在城市化的加速阶段，是城市人口增长最快的阶段。在初始阶段，由于工业基础不强、经济发展水平较低，城市化的速度较慢，往往需要一个较长的过渡期；在稳定时期，城市和农村的人口基本上达到一种均衡，城市化的速度也较慢，有些地区还出现逆城市化。

目前欧美发达国家城市化水平基本都在70%以上，联合国城市研究机构2005年的统计数据显示，英国的城市化率为90%，美国为81%，加拿大为80%，德国73%，意大利68%[1]。中国城市化率2011年已经达到50%，速度之快举世罕见。对此，一些专家认为这个数字存在被高估、虚报的可能[2]。可能的情况是，一部分进城务

---

[1] 2005年世界各国城市化率排名. 宜居城市网，2010-2-151. http://www.elivecity.cn/html/yijuyanjiu/yijuyanjiu1/393.html
[2] 刘勘. 新浪微博. http://weibo.com/u/1647171520.

工的农民并未获得所在城市的户口、并未与当地社区实现融合；另外一些乡镇附近的农民"被城市化"，通过土地流转被迫迁入城镇但仍然从事农业或没有其他产业支撑。在城市化率不断提高的过程中，我们也需要反思城市化途径之得失，城市化速度和比率，需要有个合适的度，并非越快越好、越高越好。

在发达国家城市化过程中，从1920年代开始发生了一次又一次从城市中心推向郊区的浪潮，称为郊区化。除郊区化外，还出现人口从大城市和主要的大都市区向小城市区甚至非都市区迁移的分散的逆城镇化现象。这是由于人们开始对城市拥挤嘈杂的环境发生厌烦，为享受更好的生活环境和居住环境，迁向郊区和周边小城镇便是他们离开城市中心区的明智选择，汽车的普及使远距离的交通变成可能。

第二次世界大战后西方城市化出现的另一个趋势就是大都市带，这一概念首先由法国地理学家戈特曼在研究美国东北部大西洋沿岸的城市群后提出的（Gottmann，1957）。大都市带特征包括：区域内有较为密集的城市，有一个与周边密切联系具有相当规模的核心城市，区域内交通联系较好。在我国，也以上海为中心形成了一个城市密集的大都市带。

从单个城市发展到城市区域集群发展，城市与城市之间过渡的边缘变小或者消失，城市开始区域协同发展。大都市带在观念、文化、风俗等方面的一致性，有利于降低圈内各城市之间的交易成本，建立统一开放的区域大市场。在这种文化的熏陶下培育出的"地缘经济"，一旦形成特色，组团发展，就将产生出较大的规模经济效益和抗风险能力，文化上的优势最终将转化为经济社会发展的优势（余泽忠，2004）。

3.2.2 推动城市化进程的主要因素

一个国家或地区的城市化发生、发展的水平，受到许多因素的综合影响，其中工业化（传统制造业）、新兴产业、第三产业、政府能力、个体及社会的发展需求等，则是其中最为活跃的因素。

以传统制造业为核心的工业化。在发达国家城市发展的初期，工业的发展需要大量的廉价劳动力，城市的发展主要依靠劳动密集型工业扩大再生产所吸引的人口和资本的集聚，工业的发展对于城市化的作用十分显著。1800年，欧洲10万人口以上的城市只有21个，到1900年时增长至148个，占当时世界10万人口以上城市总数的一半（李曙强，2005）。工业化形成的城市在发展中，往往会伴随出现一些问题。如何调整产业结构、进行产业升级，是工业城市可持续发展面临的严峻挑战。

新兴产业。从工业革命开始，不断兴起的技术革命对于城市经济的增长起积极促进作用。各种新兴产业的崛起和发展，改变世界原来的经济结构。发达国家依托高技术产业领先于世界，实现对于高端产业的控制，通过向其他国家实行技术输出和高端产品销售，达到竞争优势目标。与传统工业化依托于劳动力、原材料、能源和市场等特征不同，高新技术产业主要依托于高素质的人力资源和技术进步。一般地，高技术产业部门分为高科技制造业和高科技服务业两个大的部门。高技术制造业包括制药、计算机和办公设备、通信设备、电子元器件、飞机及部件、制导导弹、航天器等部门；高技术服务业包括电信、计算机及数据处理服务、电影技术与服务、建筑工程服务、研发及测试服务等部门。新兴产业促进城市化最典型的案例就是美国硅谷。临近美国著名的斯坦福大学，由于高新技术产业的迅速发展，硅谷仅在1992～1999年期间就增加了25万个就业岗位，大部分来自软件业和计算机通信行业（韩宇，2009：131）。中国政府也已认识到新兴产业对于城市化发展的重要性和迫切性。2010年国务院发布32号文件，即《国务院关于加快培育和发展战略性新兴产业的决定》，提出节能环保、新一代信息技术、生物、高端装备制造、新能源、新材料以及新能源汽车等七大产业为战略性新兴产业❶。但正如一些学者指出的，这些被国家重点支持的新兴产业，仍然集中于高科技制造业，对于高科技服务业则明显表现出不足❷。

　　第三产业。在城市化发展到比较高的阶段，城市的主要产业不再以制造业为支柱，而以为周边区域提供相应的现代服务业为支柱。随着城市化发展的阶段不断前推，第三产业在城市化中所产生的作用显得越来越重要。一方面，第三产业建立在城市发展的基础上，人口不断增加和工业的发展，需要第三产业提供相应的配套服务功能。另一方面，第三产业提供大量的就业岗位，其中的金融业、商业服务、旅游业、国际贸易等属于人才密集型的高产出行业。大城市中第三产业正逐渐取代制造业成为城市的核心产业。第三产业对城市发挥重要作用的最好例子是香港。2008年，香港生产性服务业的增加值占到了当年GDP的92%，在全港有34%以上的人从事生产性服务业相关的工作，生产性服务业已经成为香港经济发展的重要推动力量。

　　政府能力。政府的行政力对于推动城市化起一定的影响作用。政府的城市发展战略、分配制度、人口迁移政策和社会资源布局（主要指机会和福利等）以及采用的一系列的制度、政策和策略，对于城市的发展影响深远。城市化进程中，政府的行政力既可以起正面的作用，也可能成为城市化阻碍的力量。在国家层面上的宏观战略对于城市的影响较大，在我国最先实行的优先发展沿海地区，到近期的"西部

---

❶ 国务院办公厅.国务院关于加快培育和发展战略性新兴产业的决定.中国政府网，2010-10-18.http://www.gov.cn/zwgk/2010-10/18/content_1724848.htm.

❷ 杨培芳.新浪微博.http://weibo.com/u/1414883002.

大开发",国家组织调动资金、人力、物力投入当地的发展建设,大大推进了地区的城市化进程。地方政府出于对当地城市发展的综合考虑,对城市发展制定具体的实施计划,以促进城市的经济增长、保持社会的和谐稳定。在国内,不少地方政府出台优惠的税收和土地政策吸引投资,以带动地区经济发展和社会就业;在很多发达国家,政府直接投资于教育和研发中心,将知识成果转化为产业能力,实现由技术带动产业发展的格局。

改革开放以前,中国很长时间实行的是计划经济政策,政府的行政力是推动城市化的唯一动力;改革开放后,市场经济逐步发展,制度不断改革,极大地推动了城市化的速度。不过,至今也有很多制度阻碍城市化进一步发展,比如:城乡户籍制度已经很不适合现代城市发展和社会管理需要。大城市为什么膨胀?中国现有的政治体制对特大城市的形成起到了推波助澜的作用❶。如果大城市与其他城市各种资源均等、放开户籍制度、培育多种业态,大城市的无限制蔓延就会得到很大改善。

个体与社会发展需求。人类的发展需求是更深层次的城市化的内在动力。马斯洛需求层次理论指出,需求分为五种:生理上的需求,安全上的需求,情感和归属的需求,尊重的需求,自我实现的需求(Maslow,1943)。五种需求像阶梯一样从低到高,按层次逐级递升(图3-2)。在人类最初的原始社会,人的需求仅限于最基本、最初级的生理需求和安全需求,生存是首要问题,因此,农业是人类当时的主要活

图 3-2 马斯洛需求层次(Maslow,1943)

---

❶ 吴必虎.新浪微博.http://weibo.com/wubihu.

动。而当人类的生理需求得到满足，便开始追求更高层次的社交需求、尊重需求甚至是自我实现的需求，正是对这些需求的渴望，不断地促使人类进行各种创新、发明，通过不同层次的科技发展，不断地推动着人类社会文明的进步。这一过程表现为人类社会制度的更替、人类文化的交流，工业型城市化便属于这一历史过程。所以，人类需求的转变推动了人类社会的转型，引发了城市化的进程，是城市化最深层次的内在动力机制。

人对更高一级的社会生活方式的不断追求，是人类逐渐城市化的基本动力。由于需求的发展，个体对于城市化有积极的推进作用。个体人迁移至城市有两方面的原因：第一是经济原因，城乡收入之间存在差别，为了摆脱贫困提高收入，城市提供更多工作机会或者为了发财致富取得事业的成功，人们从乡村不断地迁至城市；第二是社会原因，人们受向往城市的生活方式的心理驱使而移向城市，因为城市相比乡村，拥有更便捷的交通、更高质量的教育和文化设施、更多样的购物和娱乐场所，更完善的生活服务机构，人们相信在城市可以实现更多的社会理想。人口的城乡间流动、职业间流动以及由其引起的社会结构宏观层面和微观层面（家庭、阶级、群体、行为方式、价值观念等）的社会分化，是社会学意义上的城市化现象。在发达国家城市化稳定时候，这种社会分化和城乡社会特征的差异比发展中国家要小得多，人向城市迁移的动力会慢慢减小。

3.3 城市化途径类型

纵观世界各地城市化的发展，在不同的发展阶段，城市生长与竞争的优势能力都有所不同，从一开始的工业和商业两种主要途径，逐渐分化为更加丰富多样的发展动力类型，有的前后相继，有的并行互补，构成了城市化进程的多种动力机制。在工业革命之后，城市地区的发展动力可以划分为工业驱动型、商业驱动型、交通物流型、文化创意型、旅游驱动型等城市发展模式；在乡村现代化和城镇化过程中，也相应出现了多途径的发展格局。

3.3.1 工业型城市化

工业化拉动城市发展已成为世界上多数地区城市化进程的一般模式，工业化与城市化一直以来相互促进并行发展，已经成为推动地方城市化进程的主流动力，并且在政策与实践中都得到了大量支持与响应。工业型城市化的主要表征包括：①第二产业长期处于地方经济的主导地位；②工业吸纳了大量劳动力以及集中了大量资源、资本；③工业土地需求量不断增加，城市建设用地不断扩张。

工业型城市化模式的优势在于：工业化强调标准化、模式化、高效化，能够快速集中劳动力与资本，并且对于吸纳劳动力的门槛较低，随着现代工业的转型与技术水平的提高，工业仍然是城市经济快速发展的主要贡献力量，因此，对于快速有效促进城市化发展的作用显著，尤其是对于工业资源依托型的城市而言，工业化往往是推进城市化发展的最有效途径。

但是，随着越来越多的老工业城市纷纷寻求转型途径以实现可持续发展目标，工业型城市化模式的弊端也逐渐显现：工业化发展所带来的城市生态环境问题、土地资源短缺以及就业、贫富差距等社会问题也愈加突显。同时，随着传统工业的衰退，过度依赖于工业的城市也面临着更为严峻的困境与危机。因此，在我国目前的城市化发展进程中，调整唯工业化途径的模式显得越来越重要。

3.3.2 商业驱动型城市化

商业驱动型城市化模式，主要是指以商业贸易活动为核心驱动力而促使资源向城市集聚，并促进城市的再发展，其中商业既包括传统型商贸活动，也包括现代商业服务业，如商贸、金融、生产性服务业等。商业驱动型城市化的主要特征包括：①商贸活动在城市产业结构中占据重要地位；②拥有发达的商业资本市场和活跃的商业文化氛围，使商业经济获得持续的发展动力；③以多元、齐全的商贸活动相关产业部门和配套服务为依托；④具有相对的完备的商贸功能区和便捷的商业交通；⑤一定规模和专业技能的商业人力资源。

商业驱动型模式的优点在于：在后工业化时期，商业能够集聚城市优势产业的发展，带动产业结构的升级，通过多个产业部门的协同合作，完善城市商业体系，形成多元化稳定发展的格局。商业不仅直接促进经济的快速增长，同时对于城市社会生活也有积极效应，提升了城市整体活力。但是商业驱动型城市化模式对于城市商业体系、资本市场，以及人才素质等方面要求都较高，并且需要较大的市场范围及容量，以保持城市足够的商业活力，而对于需求市场较小，商业模式相对单一，商业服务水平还在成长阶段的城市来说，通过商业驱动城市化较为困难。

3.3.3 交通物流型城市化

交通物流型城市化通常是指由于区位优势、通过交通物流的枢纽作用，带动人口、资源、产业等在腹地内聚集而逐渐促进城市化的一种发展模式。其主要原动力在于交通便捷带动商贸往来，一般港口城市的城市化模式就是较为典型的交通物流驱动型城市化。交通物流型城市化的主要特征包括：①依托于一定的区位优势，如水路或陆路交通的枢纽中心或物流运输线路上的重要节点；②便捷的交通运输条件及良好的通达性；③具有一定规模的腹地；④具有繁荣的商业贸易往来。

交通物流型城市化模式的优势包括：由于交通条件的便利，为周边更为广阔的腹地区域城市化提供了持久的动力，并且带动了腹地基础设施的建设，促进了生产要素与产业资源的集聚，发达的交通物流网络，促进了区域城市的联动发展。但是，交通物流驱动模式对于城市自然区位以及交通运输条件依赖性很强，在区域内枢纽作用的变化直接影响着城市的兴衰，而改善交通条件，完善基础设施建设通常投资成本较高，其作用效应也有一定滞后性。

3.3.4 文化创意驱动型城市化

文化创意驱动型城市化主要指基于城市创意产业的基础与环境，以及特色的地方文化要素，推动文化经济与知识经济，结合旅游业等相关产业，成为城市化发展的动力，通过塑造与延伸城市的个性来促进城市的发展。文化创意型城市化的主要特征及条件包括：①具有鲜明的城市个性与文化特色；②具有较发达的创意产业，创新成为城市发展的核心理念；③城市本身具有良好的经济基础与技术条件，以支撑创意理念的实践；④重视创意产业相关人才的储备与培养；⑤良好的文化发展氛围与环境。

文化创意型城市化模式的优势包括：推进城市特色文化的保护、活化及创新，培育城市个性，促进创意经济的发展以及城市文化的多元化，同时也为传统工业的转型提供了有效的路径；然而，创意产业以创新尝试为本而具有一定不确定性，因此，对城市文化个性的引导可能存在一定风险，并且由于文化创意相关产业对人才以及技术等方面要求颇高，而目前我国多数城市可能不具备足够的条件与市场环境，通过文化创意驱动城市化存在较大困难。

3.3.5 旅游驱动型城市化

旅游驱动型城市化主要是通过吸引旅游客流以及刺激现代服务业，特别是交通、商业、房地产、休闲娱乐、餐饮以及其他相关配套产业为目的地城市提供更多就业机会，从而使人流、资源、资本向城市集中，促进城市化的发展。旅游驱动型城市化的主要特征包括：①具有一定区域范围影响力的旅游吸引物，包括自然文化遗产资源以及人工吸引物等；②旅游产业链完整，在地方经济中占据主导地位并带动了相关配套产业的发展；③旅游及相关产业提供的就业机会吸纳了大量劳动力；④形成以旅游资源或旅游区为核心的城市空间发展增长趋势；⑤旅游服务体系完备，整体服务水平较高。

旅游型城市化模式的优点在于能够有效利用资源，提高城市品牌影响力，改善生态环境和人居环境，提高城市精神文化内涵，达到建设可持续发展的宜游、宜居城市的目标；但是，过多客流的季节性集聚，也威胁着旅游资源及生态环境的可持续发展，同时对旅游地原真文化的保护与延续带来了严峻考验。

3.3.6 乡村现代化的途径

本书一个重要观点就是城市化需要以一定比例的乡村文化景观的保护为必要条件，反对全域城市化。乡村现代化途径不一定通过城镇化和工业化来实现，完全可以通过现代农业与第三产业的结合推动乡村现代化进程，实现乡村就地现代化。现代农业发展是乡村现代化的基础，通过科学技术、市场机制的引入，乡村服务体系的建立，以及现代管理方法、社会化服务体系的引入与构建，使农业在形态上成为具有先进水平的现代农业，同时基于农业资源，结合相关服务产业，促进乡村经济的多元化发展。多途径乡村现代化的主要特征包括：①先进的科学技术对农业的支撑；②现代农业经营向产业化、专业化、市场化、效益化方向发展；③乡村职能由传统的生产职能，向生产、服务、管理等多元职能演化发展；④通过现代农业生产服务的发展，促进农村剩余劳动力的就地就业。

上述乡村和农业现代化的模式有利于增加农民收入，改善乡村居民生活状况；通过多元经济的发展，实现乡村可持续发展；合理有效利用资源，改善生态环境；一定程度上缓解了过度城市化的问题，实现城乡协调发展。然而，传统农业模式在中国发展已久，要引入现代的生产要素、技术以及管理制度与理念，在乡村硬软件支持不足、吸引技术与管理人才较为困难的情况下，将面临诸多问题与挑战。

3.4 多途径城市化

3.4.1 多途径城市化的概念

所谓多途径城市化，重点在于"多途径"，即根据不同城市发展的自身特征与需求，借助多种途径，结合多种要素推动城市化的发展，而不同于以工业化为唯一导向的传统城市化发展路径。其中，"多途径"包括工业、设施农业、商业、交通、物流、旅游、文化产业、创意产业等多个方面。多途径的理念强调了中国城市多元化发展的需求，重视城市自身的可持续发展，反映了对生态环境、社会文化、城乡协调等问题的关注，体现了城市化理论与实践由重视"量"的发展转向关注"质"的提升。

多途径城市化的内涵包括以下三个要点：首先，"多途径城市化"强调的是一种城市化发展的理念与模式，相对于"唯工业化"发展模式，体现出整体城市化发展中实践"多途径"的思路；其次，对于某个具体城市而言，城市化途径的选择是基于城市自身资源禀赋、职能定位以及发展需求而确定的一种或多种要素的组合；最后，"多途径城市化"旨在促进城市多元、综合、可持续的发展以及城乡的统筹协调，而并非以加快城市化进程及城市化水平的提高为最终目标，重在城市发展的"过程"而非"结果"。

3.4.2 多途径城市化思想：第三条道路

全球城市化的历史证明，西方城市化模式具有其自身独特的背景和条件，其他国家在设计发展道路时不可一味模仿和照抄照搬。西方城市化的经典模式如下：早期的"商业城市化"——工业革命推动下的快速的"工业城市化"——汽车时代的中心城衰败而出现"郊区化"——当代的"中心城的振兴"、"工业城市的转型"以及追求"可持续城市化"。这一经典模式可以看作一出正剧，它为西方发达国家在全球化时代创造了绝对的优势地位和绝对的话语权。这一模式影响力如此之大，以至于被认为是世界各个国家城市化必然经历的模式。

但是不幸的是，拉美国家走过的城市化历程已经告诉我们，这一经典模式在拉美地区遭遇了失效：盲目工业化带来的"过度城市化"（over-urbanization），大城市无序蔓延、城市贫民窟、城市犯罪、两极分化等问题严重。可以说，正是对西方经典模式的盲目模仿，导致了这出过度城市化历史闹剧的上演。拉美一些国家和地区在城市化率的数字上，追上甚至超过了某些西方发达国家，但是城市中的大多数居民并没有享受到城市化所带来的福利。历史际遇的不同，地理环境的千差万别，社会文化的巨大差异注定两种迥异的历史结局。

从我国的情况来看：城镇化进程似乎也十分符合代表西方经典城市化模式的"诺瑟姆过程曲线"，当前中国的城镇化正处在"加速发展阶段"，未来可能步入城市化率高达70%至80%的"成熟阶段"。这一经典模式被视为如此的理所当然，以至于我们无视时空的差异性，义无反顾地朝着这条西方人走过的"S"形曲线前行（参见前述图3-1和图3-2）。我们还有没有可能成功复制这条道路？这条道路的尽头是什么？在中国有没有必要达到高达百分之七八十的城市化率？现在我们这样高歌猛进地发展城市难道就是为了追求这个高城市化率的数字？发展城市的终极目标到底是什么？带着这些思考，本书提出了"多途径城市化"的思想，下面将从几个方面具体分析在中国提出这一思想的重要意义。

依附理论不可再用。从人类城市化的发展历史来看，无论是发达国家还是发展中国家，都走过一条以牺牲部分国家和地区的利益来促进其他地区发展，以牺牲大部分人的利益来实现小部分人的利益的道路。西方发达国家在工业革命时期，利用科技上的优势，大力推进殖民主义政治，依靠剥夺世界其他地区的资源来换取工业化和城市化的成就；而后进的发展中国家，在现有政治环境条件下，只能通过牺牲自己国家内部部分地区和部分人的利益来换取少部分地区和少部分人的发展。

富兰克的"依附理论"是对一部分利益集团牺牲另一部分集团实现城市化的现象的最好注解。依附理论认为，发达和不发达是全球进程的两个对立方面，独立发达是不可能的，因为一个地方的发达就需要另外一个地方的不发达来支撑（Frank，1967：3）。这种依附的发展方式是伴随着全球工业化出现的，它以追求利益最大化为目的，提倡消费主义，不知节制地掠取其他地区的资源。无论从自然资源的有限性，还是从社会的稳定性来看，这都是一条不可持续的道路。对发达国家如此，对发展中国家更是如此。

改革开放 30 多年来，在经济发展的推动下，中国的城市化取得了惊人的成就。然而，这种"让少数地区和少数人先富起来"的发展其实是以牺牲了大部分内陆地区的资源和人力来支持的，我们的城市化成就也是不可避免地牺牲了部分农民和工人的利益。这种依附型发展模式，形成了习以为常的对区域不平等现象的默许和依赖。资源丰富、经济不发达的区域已习惯牺牲资源，用工业化来换取经济发展；全国人民也踊跃地为北京、深圳这样的巨型都市无偿输血并引以为傲。若不破除这种依赖型发展模式，任由其惯性下去，中国的可持续发展只能是一句空话！

逆城市化对过度城市化的反动。从发达国家在城镇化后期出现的"逆城市化"现象来看，城市化的最终结果并不是"全域城市化"或者"大部分地区城市化"，而是依据国家的地理环境、人文特征达到城乡格局的动态平衡。发展中国家有可能打破"诺瑟姆过程曲线"的限制，在城市化率达到 50%～60% 的时候提早进入城镇化的稳定阶段。对于中国这样地理环境极为复杂的大国而言，更加不能以追求高城市化率为目标，不顾差异、简单地在全国范围内盲目推进平均覆盖、平均速度的城市化是不行的，尤其是推进对资源消耗巨大、对环境破坏严重的工业型城市化更是必须阻止。以西南部资源丰富、生态脆弱，城市化率较低的地区为例，它们更应该作为中国的自然生态保育区，而非无限制的资源提供者。在适合的地方以适合的方式，实现适当水平的城镇化正是多途径城市化所提倡的模式，提出这样的观点在这个"破坏性发展"的年代至关重要。

城市的希望在乡村。中国自古就是一个独立的人口大国，地理环境相对封闭，农耕文明发达，众多自然人文因素决定了中国乡村的重要地位。历史上中国拥有一种十分和谐的城乡阴阳平衡的发展模式，这种模式是我们珍贵的历史遗产，对于突破西方那种依附式的发展模式、走出一条中国式的可持续城市化模式意义重大。然而，这种城乡平衡逐渐在汹涌澎湃的城市化浪潮中被冲垮：乡村凋敝、氏族社会瓦解、农民被迫"半城市化"、城乡平衡被打破。面对城市化的重重问题，不能习惯性地"头痛医头，脚痛医脚"，以牺牲乡村利益为代价的城镇化带来的可能是城乡的"双输"。诚如芒福德（2005中译本：16）所言："城市的希望在乡村"。中国国情的独特性决定了必须坚守十八亿亩耕地红线，保证合理的城乡格局，重新构建新时期中国城乡阴阳平衡的发展模式。

人的发展才是终极目标。从城市发展的终极目标来看，城市是为传承人类文明而存在，城市的发展也因保障和实现人的全面发展而有价值。将城市化放在这样的前提下检验，数量变得无关紧要，质量才是最重要的。当今世界，要实现高质量的健康城市化并不是一件易事，今天发展中国家的城市化面临着人口爆炸、粮食短缺、环境污染、工业过度增长、资源枯竭、能源危机等众多"全球性问题"的压力，这些问题是前工业化国家在其快速城市化时期没有遇到过的，城市化的经典理论开始失效。另外，发达国家的城市也并没有实现城市发展的终极目标，即使被奉为世界城市的伦敦、巴黎、东京，也只是一座座被资本绑架的城市，这些以消费为终极目的建立起来的物质天堂，并不是人类的理想居住空间。可持续的城市化道路没有经典模式可以依赖，发达国家和发展中国家一样处于探索阶段，从某种角度而言，发展中国家拥有更多的创新机会。多途径城市化思想的提出就是这样的一种尝试，它利用国家的理性力量对城市化进行统筹协调，试图改变以工业型城市化为代表的"市场万能"、"资本万岁"的发展逻辑。

第三条道路的角度。多途径城市化的提出不仅为处在发展转型期的中国，也为世界城市的发展提供了值得尝试的"第三条道路"。面对第一条不城市化，第二条无限城市化的两条道路，我们有理由认为：多途径城市化、有限城市化，是一条更为健康、更为可靠的第三条道路。相比工业型城市化，多途径城市化关注主体开始由物转向人，注重人的需求和利益，同时倡导资源的多途径利用，在此基础上城市的发展路径呈现多元化趋势，工业、商务、旅游、物流等更多的行业都成为城市化的动力来源。这样就有利于促进经济发展从传统的刚性生产方式转向以弹性需求为导向的生产方式。第三条道路的选择，可以分别从经济、环境和社会三个角度加以分析。

首先是经济的角度。一个有良好产业结构的城市，各产业之间相互协调，有较好的市场适应力，人口就业较充分，能够获得最大的经济效益。我国现在很多城市都面临着产业结构优化升级的问题，从原来传统的单功能城市，向综合性城市发展。当单一产业受到市场经济影响时，城市总体的经济效益不会受到太大牵连，人口就业也可以向其他部门转换。多途径城市化的目的就是转换原来简单的工业发展模式，在现今科技革新的时代，城市发展的道路和方式有很多种，发达国家以前工业化发展的道路并不是唯一途径。深加工、高附加值的产业越来越成为核心产业追逐的焦点。城市的发展可以通过三产比例的提升,提高产业各部门的优化组合,逐渐提升城市的综合竞争力,实现城市经济的持续发展。

其次是环境的角度。城市的工业化发展带来日益严重的环境问题,发达国家在老工业污染治理上花费巨大。全球化的趋势下,经济链的底端制造业和高污染产业向发展中国家转移,环境污染也同时向发展中国家转移。我国是全球制造业大国,环境污染危机已经迫在眉睫,城市发展必须同时考虑发展途径和环境保护的关系。可持续发展要求我们同时兼顾以后的发展,考虑当前的发展对后世带来的利弊。过度的发展超出城市的承载力,自然就会对我们进行报复性反馈。多途径城市化引导城市服务业、旅游业等无污染、轻冲击产业的发展,在产生好的经济效益的同时减少发展带来的污染。每个城市应审视自己的资源条件,有区别发扬单个城市具有的特色和长处,创造城市化的特色模式,避免城市化过程的千篇一律,构筑宜居、宜业、宜游的新城市环境。

最后是社会的角度。城市问题日益严峻的当今,唯有健康的生活才能使人身心再生,才能使人类社会有组织秩序地良好运行。城市作为人类文明的综合体,展现出来的是人和自然的和谐共处。生产是城市的主要功能,但不是城市的唯一功能,城市发展的本质是人类的发展,城市要满足人不断提高的物质需求和精神需求。多途径城市化的发展,有利于提供多样的、良好的生活环境,有利于提供适合不同价值观的社会群体的和谐生活空间,最终实现城市社会的可持续发展。

3.4.3 多途径城市化理念更新与立法问题解析

城市化进程是中国正在并将长时间经历的过程。随着我国城市化进程的加快,社会生活发生了许多重大而深刻的变化,法治建设过程中的新状况、新问题不断涌现。1949年以后,我国就城乡规划及相关资源开发利用、保护、治理、管理等方面制定了一系列相关的法律法规,初步形成了具有中国特色的立法体系。然而,这一体系中的大部分法律法规是以追求经济的高速增长为目标,以城乡二元经济结构为基础的制度安排,基本上反映的是计划经济体制下的静态管理关系和管理制度,忽视了资源的动态配置规则,过分关注资源自身或规划中的资产价值而忽略了其本该负载的生态价值,片面注重城乡的二分格局,而无视城乡经济一体化的必然趋势(栾爽,2011)。随着市场经济的纵深发展、城市化进程的推进、可持续发展战略的确定,城乡二元结构冲突愈发复杂化。现行《城乡规划法》、"规划管理规范"与城乡统筹发展趋势、经济建设与生态保护、私益与公益的矛盾与冲突日益严峻,城市化在法律制度层面上面临着前所未有的困境与挑战(见表3-1)。

现有相关法律法规中存在的一些问题　　　　　　表3-1

存在问题	法律法规	条款
片面区分城乡二分格局	土地管理法	第47条
	中华人民共和国户口登记条例	第10条
重护轻用、单一保护	文物保护法	第9条、第22条、第24条
	自然保护区条例	第28条
	历史文化名城名镇名村保护条例	第2条
	无居民海岛保护与利用管理规定	第17条
重物轻人，轻视居民利益	土地管理法	第47条
	文物保护法	第6条
	野生动物保护法	第14条
	自然保护区条例	第27条
	历史文化名城名镇名村保护条例	第16条、第29条、第33条
政府立法：多头保护，缺乏协调	土地管理法	第47条
	海洋保护法	第5条
	自然保护区条例	第8条、第23条
	海洋环境保护法	第5条、第6条、第55条
	宗教活动场所管理条例	第12条
	历史文化名城名镇名村保护条例	第5条、第9条、第10条、第11条、第20条

片面区分城乡二分格局。中国的城乡二元结构表现为以现代工业为代表的现代部门与以农业为代表的传统部门之间的二元经济结构，以及城市社会与农村社会长期分割的二元社会结构（王国敏，2004）。我们可以从土地制度、户籍制度、教育制度、就业制度、社会保障制度、卫生制度、资源分配制度等多方面对城乡二元结构的制度缺陷进行剖析（华中煜，2010）。而与之对应的相关法律和制度，已成为制约城乡一体化发展的瓶颈，主要包括土地管理法规、户籍管理制度和农村金融体制。

长期以来，我国城乡二元土地制度的基本格局得到了宪法、土地管理法与其他法律制度的共同维系与支撑。《宪法》规定"城市的土地属于国家所有；农村和城市郊区的土地，除由法律规定属于国家所有的以外，属于集体所有，宅基地和自留地、自留山也属于集体所有"。《土地管理法》规定"国家为了公共利益的需要，可以依法对土地实行征收或者征用并给予补偿"。国家作为所有国土的主权所有者，具有土地的最终支配权，农村土地集体所有权与城市土地国家所有权在法律和事实上存在不平等（何立胜，2011）。虽然按照《土地管理法》规定农村土地属于集体所有，但事实上是国家和集体双重所有，政府在土地上的权利扩大了，而农村、农民的土地权利却缺失了。

现行户籍制度不利于城乡一体化发展。二元户籍制度的实行造成城乡隔离，农民的自由迁徙权受到限制，反之亦然。农民务工进入城市，享受不到同城同待遇，造成受教育、就业、享受福利机会的不平等。城乡二元户籍制度主要是通过1958年的《中华人民共和国户口登记条例》以法律形式固化下来的。现行宪法立法对户籍制度没有明确说明，但是根据宪法第三十三条"法律面前人人平等"的规定，二元户籍制度把人按职业和户籍地分为农业户口和非农业户口，从根本上说是违反宪法宗旨的，剥夺了公民的平等权（王娜，2010）。许多进城打工的农民，已经为城市经济社会发展作了多年的贡献，有些人甚至成功地创办公司，创造了就业机会、交了企业所得和个人所得税，但在为子女办理就近入学时却常常被拒之门外，出现了所谓的"职业城市化了、人没城市化"的怪现象❶。一方面进城农民工子女在城市就地入学、就地参加高考的权利被剥夺，另一方面，留守在农村的青少年往往读了初中就不再读书而外出打工，受计划生育政策影响，农村儿童数量减少，大量乡村学校撤并，这在很大程度上挫伤了农民子弟入学读书的积极性❷。"在家不读书、外出无书读"的局面长此以往，势必影响未来中华民族的整体素质和国家竞争力的提升。虽然广东、河南等省已经认识到"农民工"社会矛盾的严重性，积极探索促进农民工融入当地城市社会的制度设计❸，但是可以预见，这条道路还将漫长而曲折。其实，称谓并不重要，重要的是给进城农民与市民同等的社会待遇，包括医疗、教育、就业、购置房产、车辆上牌等权利。

我国农村金融方面的法律法规也存在缺陷，表现为金融政策法规向工业和城市倾斜，对农村信贷的支持严重不足，农村资金大量流入城市，造成金融供给"向城不向乡、向工不向农、向富不向贫"现象愈演愈烈（尹珊珊，2010）。其中，在农村金融中起主导作用的合作金融也没有专门立法，其运行规范主要依照《商业银行法》第九条"城市信用合作社、农村信用合作社办理存款，贷款和结算等业务，适

---

❶ 参见中国教育研究网官方微博，http://weibo.com/hantopedu．
❷ 参见方家评说，新浪微博．http://weibo.com/234541376．
❸ 参见吴其伦，新浪微博．http://weibo.com/dsmn．

用本法的规定"。在国家大力促进城乡统筹的背景下，一个适应、促进农村经济发展的农村金融环境需要法制建设的保证与护航。

重护轻用、单一保护。资源的保护和利用是一对辩证关系，有效保护是为了持续利用，而持续利用的前提是有效保护，绝对的保护和肆意的开发都不是最好的选择。现有立法中各种关于资源的条款，多谈保护，避谈利用。比如《海岛保护法》详细规定了对有居民海岛生态系统、无居民海岛、特殊用途海岛的保护体系，《历史文化名城名镇名村保护条例》总则第二条规定，"历史文化名城、名镇、名村的申报、批准、规划、保护，适用本条例"，对如何利用只字未提。即使有关于开发利用的条文，也只是从限制的角度加以陈述，缺乏必要的合理利用的引导性条文。《自然保护区条例》第二十八条"禁止在自然保护区的缓冲区开展旅游和生产经营活动"。但实际上我们观察到，自然保护区的缓冲区是户外教育、环境解说、生态旅游最主要的开展地。法律规定的实际中普遍无法执行，这样的法律条文一定存在不足之处。《文物保护法》第二十四条规定："建立博物馆、保管所或者辟为参观游览场所的国有文物保护单位，不得作为企业资产经营"。实际上，文物保护单位开辟适当的经营场所不仅有必要，而且有可能。任何大型文物遗址在为公众提供公益性游览、展示、教育功能时，伴随而来的日常服务如餐饮、休息、如厕、购物等需求，如果没有适当经营机构介入，则是不可想象的。

"一刀切"的管理是中国文物管理中的通病。大量文物建筑因为常年空关失修而日渐湮没。作为某种形式的租赁利用，如研究机构、培训机构、文化创意机构、私人会所等，并不妨碍文物的保护和展示，一旦改变空关闲置纳入某种形式的利用，通过租金的收入，进一步提高了文物的保护能力。我们需要在保护和利用之间找到一个平衡点，保护应该是既针对资源原真性的保护，又强调利用过程中的保护；既有关注物质层面的保护，也有物质背后文化、精神层面的保护，只有保护和利用联动，才能使资源发挥最大的社会、经济和文化效益。实际上，正是由于缺乏对历史遗产保护中的合理利用，不少地方政府为了追求城市开发、提高地方财政收入，在深感文物保护的压力和包袱时，往往对城市历史街区、历史地段采取放任自流、"保护性"拆毁的办法来对付被动、消极的文化保护政策。其结果，必然像陈丹青所说的："城市景观，全毁了"；"没有一个古老的都城像咱们的北京这样持续毁容，面目全非"。❶

重物轻人、轻视当地居民利益。工业型城市化的发展建立在资源开发和消耗的

---

❶ 资料来源于老课本新阅读，新浪微博 .http://weibo.com/u/2112014795.

基础上，在此思维下形成的资源法规条文常常见物不见人，较少关注当地居民利益，即使法规涉及资源的管理者和使用者，也往往强调其保护资源的角色，而不是关注人本身的权益和需求。

从现有法律上看，当地居民的权益可以体现在两个方面：公民参与和利益分享。公民参与是指本身既非政府组织，又非专业人士的社会大众，对一些有关他们生活质量的公共政策及机构的决定做出影响的活动和行为（杨文涛，2010）。但中国多数法规只对公民的参与权利做原则性规定，程序性规范少，缺乏具体的可操作的法律依据。《历史文化名城名镇名村保护条例》第十六条"保护规划报送审批前，保护规划的组织编制机关应当广泛征求有关部门、专家和公众的意见；必要时，可以举行听证。"在这里，举行听证只是成为"必要时"才采取的方式，而不是规划过程的必经程序，现实中公民参与规划的权利被削弱，甚至被架空。

由于我国法律制度尚存在缺陷，居民利益容易被忽视。首先是补偿机制不完善。根据《自然保护区条例》关于核心保护区居民迁出的规定，由地方人民政府"予以妥善安置"，弹性过大又缺乏定量规定，安置过程中容易出现不公平现象。其次是私人所有权保护问题。《历史文化名城名镇名村保护条例》第三十三条"历史建筑的所有权人应当按照保护规划的要求，负责历史建筑的维护和修缮"。历史建筑是属于历史文化名城、名村、名镇的一部分，按规定由国家建设部门、文物部门共同监督管理。那么，针对公民继承下来的私有的历史建筑如何保护私人权利？《文物保护法》第五条"中华人民共和国境内地下、内水和领海中遗存的一切文物，属于国家所有"，结合第六条"属于集体所有和私人所有的纪念建筑物、古建筑和祖传文物以及依法取得的其他文物，其所有权受法律保护"，拿私人埋藏在自己住宅地下的文物来说，按照第六条规定，应该是属于私人所有的，但是在现实中，所有权往往难以界定。

政府立法部门：多头保护、缺少协调。长久以来，各部门、地方为争夺资源的开发利用权利形成多头管理保护，由于在法律规定上权责不清，导致资源的不合理配置和低效率的开发利用。我国自然保护区包括森林、湿地、荒漠、野生动物、野生植物、草原、海洋、自然遗迹、古生物遗迹9大类型，实行综合管理与分部门管理相结合的管理体制，前5种属林业部门主管，草原归属农业部，海洋归属海洋局，而自然遗迹、古生物遗迹的行政管理权则属于地矿（国土资源）部门。各个行政部门根据各自的法律法规来管理保护区时难免会出现交叉，造成有利可图时的权利争夺与无利可图时的相互推诿现象。

部门间缺乏协调，权利或交叉或排斥，法律依据错综复杂，而且带有强烈的部门利益色彩。《海洋环境保护法》第五条"国务院环境保护行政主管部门作为对全国环境保护工作统一监督管理的部门,对全国海洋环境保护工作实施指导、协调和监督";"国家海洋行政主管部门负责海洋环境的监督管理",在同一个条款中,环境保护部门和海洋行政部门同有监督管理职责,如何明晰?一些法律条文则用词模糊,难以辨别部门彼此的责任范围。《文物保护法》第五条"国务院建设主管部门会同国务院文物主管部门负责全国历史文化名城、名镇、名村的保护和监督管理工作。"第九、第十、第十一、第二十条也多次出现"国务院建设主管部门会同国务院文物主管部门","会同"二字含义模糊,若从部门先后顺序上看,建设部门似乎处于主导地位,文物部门处于从属或被动处境,但实际上二者在管理上是平级单位。这就需要明确两部门的职能分工和各自责任权限,才能解决文物保护管理体制的弊端,加强对历史文化名城、名镇、名村的保护、监督、利用、服务和管理。

3.4.4 多途径城市化的立法指引

多途径城市化的实质,就是不搞"一刀切"、而是因地制宜、因城制宜选择不同的发展路径,处理好每个城市的"人—城"关系。选择最适合城市发展的不同路径,是多途径城市化思想的关键。在多途径城市化背景下的城市立法,应把乡村和城市放在平等的位置,而不是仅仅把乡村看成是一个"从动轮";要打破城乡二元化的发展结构,使之互动起来,流动起来,让资源和产品得到更为广泛的利用和分配,以推动整个社会的全面进步(吴建厂、詹敬秋,2007)。同时关注资源护用结合、关注人文活动、关注第三产业,关注城市与人的动态关系,更新政府理念,加强立法更新、强化不同执法部门之间的相互协调,使城市与乡村在城市化过程中,实现立法公平和空间正义。

(1) 多途径城市化为立法公平提供有效路径选择

城市化是人口结构、经济结构和地理结构的综合变化过程,更是人类社会的整合过程,是城乡文化相互渗透、农村居民物质和精神生活逐步提高、城乡差别逐步缩小的过程。如果在城市化过程中,以社会公共利益的名义,牺牲一部分人的利益,剥夺一部分人的权利,使城市化的增益并不在人与人之间公平地分享(段娟、鲁奇,2005),整个城市化没有实现每个人得其应得,那么这种城市化的方式是不健康的,就应加以改变。

多途径城市化是符合空间正义原则的城市化,城市选择适合自身发展的途径(工业、商务、旅游、物流)来带动城市化进程,强调所有人均不得被剥夺取得城市生活必要条件的权利,可以分享城市化带来的增益,能够公平地占有通过生产而扩大了的生存空间,主要是社会空间,包括适当的住房,清洁的环境,必要的保健、教育和营养,合适的就业以及公共安全福利的享受(钱振明,2007)。然而,今天的城市化却产生和强化着社会排斥，使穷人、妇女、外地人以及其他边缘化群体得不到城市生活的惠益。例如，外地进城务工的农民并不享受与本地下岗工人同等的待遇；在城市找到一份工作的农民，因为其农民、临时工身份，与具有城市居民身份的所谓固定工不能做到同工同酬，不能享受与城市居民同等的社会地位和福利保障。由此引起的行业之间和社会成员之间的收入差距和城市贫困，使社会和谐失去了必要的基础。

法律作为强制性社会规范，承载着厚重的价值目标，其公平性应渗透到生活的方方面面。对个人权利的尊重和维护，实现分配正义是立法的前提。多途径城市化所倡导的确保每个社会成员公平地获得空间资源、均等地占有生活空间的权利，改变了立法中一些固化的条款和模式，同时也是立法改革的必然趋势。例如，多途径城市化要求城市发展从第二产业物质本体的视角转移到第三产业服务的视角，从生产刚性驱动转型到服务软性全面带动，这势必需要法律来增加人本关怀，将人与物互动起来，关注资源和服务相互转化，为立法的公平性提供更多的有效路径选择。

(2) 立法为多途径城市化走向空间正义提供保障

多途径城市化概念的渗透，应该且必须透过相关立法条款与之相对，并协调现有立法所存在的问题，使政府管理和居民行为拥有前瞻性和规范性的导向。同时立法对实现多途径城市化做出的制度性引导，是多途径城市化健康发展，走向空间正义的有力保障。

《城乡规划法》是多途径城市化实现的基础。《城乡规划法》对城乡统筹中带有基础性的问题进行了深入论证，涉及城乡规划的基本范畴、基本特点和基本内涵等，对于城市化的具体实践路径具有奠基性的作用。《城乡规划法》关于城乡规划管理的阐释，对于城乡规划制定制度的解析，城乡规划实施与修改制度的解读以及城乡规划保障与救济制度的分析，等等，都需要多途径城市化理论的渗透，从这些基本方向给予制度性引导，可以加速多途径城市化的推进。

资源立法是多途径城市化实现的导纲。从法律层面完成对资源的护用结合，对外来人群及当地居民的全面关注，是多途径城市化的具体体现。关注管理者的管理规范、使用者的使用规范、当地居民的利益最大化及合理化规范，才是当代资源立法的趋势所在。在法律为资源保护服务的同时，尝试在资源利益最大化方向做出具体规范，指引资源的合理有效使用。立法中对资源的约束和鼓励同时进行，才是多途径城市化的最好实现途径。

更新立法观念是多途径城市化实现的助推器。多途径城市化要求城市发展过程中，找寻适合城市自身发展的城市化道路，不仅要重视刚性驱动的生产，更要重视软性服务的提供。政府应更新立法观念，制定相关的政策法规，找寻契合自身发展的城市化途径，并以条款形式进行具体落实，同时协调好城市各类产业发展，是多途径城市化借以快速推进的"马达"。在多途径城市化过程中，政府应加强规划体制的改革，在规划立法上，对已有城市立法进行补充完善，关注人的需求和利益。站在法律的高度，更新政府和居民在城市化过程中对于社会管理和城市发展的理念与态度，使其认识具有前瞻性，并逐步落实到具体实践上。

（旺姆、乔莹、桂颖、李梦娇 执笔）

第二编　工业城市化模式反思

评价工业发展对城市化的积极贡献、分析工业主导型城市化特征与机制；阐述工业城市化过程中出现的政策局限性、不同主体之间的利益冲突；反思工业城市化面临的资源、环境和社会挑战；探索工业城市化转型与更新的发展趋势、存在问题和多种途径。

第四章 工业型城市化机制

4.1 工业型城市化的时代背景

作为人类社会城市化进程的众多发展模式之一,工业型城市化有其特有的时代背景、城市化表征和发展机制。工业作为这一模式的主导动力,其发展的进程及相应的时代背景,也是工业型城市化发展的主要进程节点和时代背景。从18世纪源于英国的第一次工业革命使工业从农业中分离出来,到当今经济发展的全球化和区域一体化,每一次时代背景的转换,都深刻地影响着工业化和工业型城市化的发展进程,并以某种方式反映到城市化的特征和机制上。

4.1.1 工业革命与工业化

工业革命又称产业革命或技术革命,主要是以机器取代人力进行生产,是人类由工场手工业阶段到大机器生产阶段的一个飞跃,它使生产力得到突飞猛进的发展,改变了整个社会的经济结构,使人类开始摆脱长久以来的传统农业社会,迈向工业化、技术化、城市化的工业社会。迄今为止,人类历史上一共经历了三次工业革命,每次工业革命都会引起社会关系的巨变,使人类逐步由生产力落后的农耕社会走向大生产发展的工业社会,人类发展的进程渐渐由农业文明推向工业文明。

18世纪的英国手工工场蓬勃发展,在丰富的生产技术知识和不断扩大的市场需求的激励下,一场生产手段的革命呼之欲出。首先在棉纺织业、然后是采煤、冶金工业部门,英国的机器发明成倍提高了生产效率。1785年,以瓦特(James Watt)改良的蒸汽机投入使用为标志,人类社会进入了"蒸汽时代"。而随着这种工业生产中机器生产逐渐取代手工操作的潮流趋势,一种新型的生产组织形式工厂诞生了。至1840年前后,在这一系列生产技术改进和生产组织形式革新的推动下,英国的大机器生产已基本取代了手工业生产,工业革命基本完成,史称第一次工业革命(人民教育出版社,2007:32)。英国成为世界第一个工业化国家。

1870年以后,发电机、电动机等电力方面的新发明,促使电力开始用于带动机器,成为补充和取代蒸汽动力的新能源,内燃机等新型动力的出现,则引发了交通工具的革新,产生了世界第一辆汽车及重型运输工具——轮船。意大利人马可尼

(Guglielmo Marchese Marconi)利用电磁波原理制成的无线电报,带领人们进入了新通讯时代。因此,一直到20世纪初,世界经历了以电力的广泛应用为主要标志的第二次工业革命,人类进入"电气时代"(人民教育出版社,2007:34),重工业得到较快发展,电气、化学、石油等新兴工业部门开始出现。

从1940年代开始,人类社会仍在经历着迄今为止历史上规模最大、影响最为深远的一次科技革命——第三次工业(科技)革命。它以原子能、电子计算机、空间技术和生物工程的发明和应用为主要标志。这次工业革命或曰科技革命不仅极大地推动了人类社会经济、政治、文化领域的变革,影响了人类生活方式和思维方式,其继续前进的浪潮将会使人类社会生活和人的现代化向更高境界发展,直接导致休闲社会的产生和到来。

三次工业革命加速了人类文明的进程,改变了人类社会的生存模式。而这一系列改变的最直接反映就是全球的工业化现象,即一个国家和地区国民经济中,以大规模机器生产为特征的工业生产活动逐步替代了原有的小规模农业生产方式,工业成为国民经济的主导产业。工业化初期,一些先行的工业化国家为实现人口自由流动和提供充足、廉价的劳动力,迫切要求打破原有的社会劳动组织系统。第一次工业革命中的英国为此花费约100年时间。20世纪以来,资本积累和科学技术的发展又为工业化的产生奠定了基础,特别是在第二次世界大战后,工业化进入了加速时期,成为世界各国经济发展的目标。

然而,工业化的发展对人类社会的发展既有积极作用,也有消极影响。工业化生产既是大发展,也是大破坏。大规模工业化对社会、自然、生态造成巨大冲击,甚至危及人类自身生存。现在世界上比较主要的工业化国家,其工业化大都是在19世纪完成的。它们走的是殖民掠夺、大量消耗能源和原材料、严重破坏环境的工业化路子,对自然界和社会造成的负面影响长期难以医治,给后人留下了极为深刻的教训。

4.1.2 合作与全球化

工业生产的空间活动范围在工业化不同发展阶段具有较明显的趋向性。工业化初期,生产活动往往局限在一定的地域范围内。在追求成本最低化与市场最大化的推动下,产业跨境发展及地区间合作生产的需求日益迫切。1980年代,伴随着第三次工业革命的信息控制技术发展高潮,货物与资本的跨国流动的可行性和便利性不断增强,出现了相应的地区性、国际性的经济管理组织与经济实体,以及文化、生活方式、价值观念、意识形态等精神力量的跨国交流、碰撞、冲突与融合,即所谓"全球化"现象在世界范围内逐渐凸显。

虽然"全球化"这个词已经被广泛使用,但是一些学者认为这个现象在其他的历史时期就已经出现了。弗里德曼认为，2000年世界进入了全球化较高级发展阶段，其发展动力由原来的国家、公司，逐步发展成为个人在全球范围内的合作与竞争（弗里德曼，中译本 2006：8-9）。较为普遍的看法认为，全球化是一个以经济全球化为核心、包含各国各民族各地区在政治、文化、科技、军事、安全、意识形态、生活方式、价值观念等多层次、多领域的相互联系、影响、制约的多元概念。可概括为科技、经济、政治、法治、管理、组织、文化、思想观念、人际交往、国际关系十个方面的全球化（刘养洁，2007：1-2）。

工业革命推动了工业化进程和全球化发展，全球化又成为工业发展的大背景，促进城市全球化发展趋势，使城市化成为当前世界发展的潮流。不论我们经历的是哪个时期、哪个阶段的全球化，这一现象是存在并不断进行、发展的，是世界进程正在经历的一种变化写照，更是人们在关注工业化进程、城市发展等问题的时候，必须要考虑的现象和趋势。

4.1.3 竞争与区域化

工业科技革命带来的信息化有力地促进了经济为核心的全球化，同时也促使了生产方式的深化、生产技术的革新。全球的产业发展尤其是工业发展，在生产领域的分工格局逐渐形成，以资源禀赋为基础形成的生产合作逐渐被专业化分工基础上的合作所替代。在全球化大势形成的情况下，简单的合作关系则被竞争的合作关系所替代。这一系列变化在空间上呈现出区域经济一体化趋势，即在这个多国区域（范围往往大于一个主权国家的地理范围）内，贸易壁垒等被削弱或消除，生产要素趋于自由流动。

全球化和区域化的核心关系，就是世界经济一体化和区域经济一体化的关系。两者是互相促进和相互制约的关系，如果区域组织实行开放的地区主义原则，从而使区域组织的贸易创造效应大于贸易转移效应，则两者相互促进的关系将成为主要方面，互相制约成为次要方面，对世界经济的全局必然是有利的。而从全局和长远看，区域经济一体化和全球化在现阶段是平行发展的，区域化是全球化的步骤、阶段和途径。在承认区域经济一体化对经济全球化存在一定负面影响的前提下，应更多看到它对经济全球化的积极促进意义。例如，专业化分工促进了城市发展中城市职能的定位，在一定区域内形成了大都市带等新型城市化形式。

4.2 工业型城市化表征

如果某一区域的城市经济以工业为主导产业，即城市发展以工业为主导动力，则这一区域的城市化模式属于工业主导型。某一区域的工业是否是城市发展的主导动力,最直接的表现就是其工业在地区经济的贡献,即可以理解为工业生产总值在国内生产总值中的比重(简称工业产值比重)。这一比重也常用于考察工业化进程的指标(李国平,2008)。从中国1978年改革开放至今的30多年里,第一、第二、第三产业生产总产值都有显著提升,其中第二产业总产值一直都处于领先的位置(图4-1)。从第二产业增长的速率来看,1990年代中期进入快速增长时期,特别是进入2000年代后,增长趋势更为明显,标志着中国正面临着前所未有的以工业经济全面推进的城市化高潮的到来。幸运的是,另一个趋势便是第三产业的增加紧随第二产业之后,同样在城市化高速发展过程中占有与工业经济同等数量级的统治地位。但当我们检视城市规划、城市土地利用、城市金融、城市社会制度等的基本框架时,相当多的城市并没有为现代服务业为主的第三产业提供相应的支持,很多制度、法规、观念仍然停留在工业主导型的藩篱束缚之中。

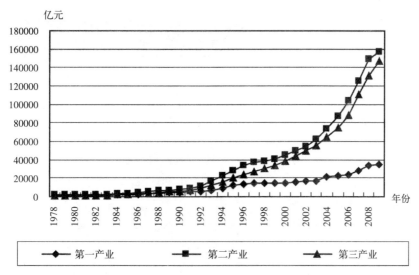

图 4-1　1978～2009 年中国三次产业总值图
(数据来源于《中国统计年鉴》)

为何第三产业与第二产业从产值角度看都处于差不多的贡献水平,但城市政府却对工业经济更感兴趣呢?观察一下不同门类的产业对 GDP 的拉动作用就会一目了然了:工业经济对城市、对中国的整体 GDP 的拉动最为明显,长期以来,工业对地方财政贡献快速而显著的特点,在各级政府经济政策制定者心目中已经形成固定路径,要对此加以调整,困难可想而知。

单独观察第二产业的增长情况，同样可以发现其在城市发展中长期处于领导地位。近二十多年来（1990～2010年），中国第二产业对当年GDP的贡献率（以下简称"二产贡献率"），从全国总体情况来看，几乎一直保持在50%～60%之间。从各个主要城市来看，天津、重庆、深圳、广州、上海等特大城市的第二产业对GDP的贡献同样十分突出，多数在40%以上。其中重庆、天津的二产贡献率极高（大概在60%左右），深圳、上海及广州较高（大概在45%左右）。不过我们也可以观察到，北京、上海的城市化步伐较快，二产贡献的水平出现下降或调整波动，其中北京的第二产业因为举办2008奥运会、首钢外迁，二产的贡献已经下降到30%以下，可以说，北京已经进入后工业化时代；上海的第二产业随着传统的纺织、钢铁、制造业等产业结构调整外迁，二次产业的贡献率逐步下降，但经过大规模更新之后，新技术支持下的现代工业重新焕发生机，第二产业比重重新抬升。

综合以上经济数据可知，1978年改革开放至今的30多年间，工业是整个中国经济发展的主导产业，且目前除北京以外，其他中国主要城市仍然要依靠工业支撑城市发展。即30多年间的城市化过程，中国主要一线城市（上海、广州、天津、深圳等）基本上是工业主导型城市化过程。同时，基本可以预见的是，由于国家发展政策的统筹性，中国大多数地区的发展背景及发展思路具有趋同性，而按照目前中国整体经济概况及一线城市的发展趋势，可以判断中国的绝大多数城市目前仍是工业型城市化的发展模式。

4.2.1 工业型城市化人口特征

人口规模在城市化过程中的变化特征是非常明显的，工业型城市化也不例外。一方面，人口在城市化进程中不断地由乡村流向城市，具体表现为城市人口的增加及乡村人口的下降趋势。需要说明的是，由于中国人口普查统计标准的不一致性、设市标准的政策变动性等因素，中国城市人口的数据并不具有非常可靠的可比性，但通过这些年学者们对中国城市人口数据的各种修正的相关研究，仍显示中国人口总体变动趋势符合城市化进程的变动规律（周一星、田帅，2006）。另一方面，工业型城市化由于其主导动力的不同，其人口变动虽然具有总的、普遍性的趋势，但也存在一定的特有变化表征。由于中国的农耕历史基础，第一产业的就业人口比值在改革开放初期占绝对优势，但此后至今的30多年中，农业人口逐步流向第二产业，这一比值在逐年快速下降；第二产业的就业人口比值则逐年稳步递增，但从1990年代后期开始放缓增速；第三产业的就业人口比值也是逐年上升，起初的增速低于第二产业，但从1990年代后期开始超过第二产业的增速，这表明中国正在经历产业结构的调整（图4-2）。

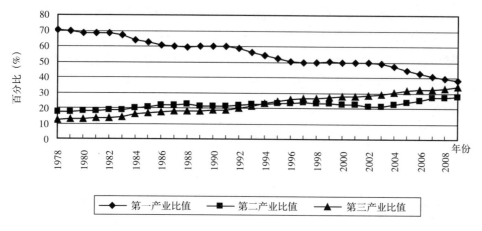

图 4-2 1978～2009 年中国三次产业就业人口比值
(数据来源于《中国人口和就业统计年鉴》)

需要指出的是，第二产业就业人口比重的增速放缓乃至于低于第三产业的就业比重，是由两方面原因造成的。第一个原因是第二产业的现代化、自动化、信息化水平的快速提升，使得劳动者的素质要求提高、人工用量下降、使用强度减轻，其结果是第二产业吸纳就业能力出现下降。对于人口大国来讲，现代工业对社会的经济贡献仍然突出，但对区域的社会贡献出现下降。第二个原因，是由于第三产业本身具有劳动密集型特征，说明中国的第三产业进入较快速的发展成长期，相对第二产业的发展具有更强的劳动力吸纳能力。必须认识到，第三产业就业人口比值高于第二产业的现象，并不能说明中国的工业化进程已经达到较高的水平且进入增速放缓阶段。

4.2.2 工业型城市化产业特征

工业型城市化与其他城市化模式最明显的区别，就在于其城市化过程中产业的变化特征：第二产业一直占据主导地位。中国三次产业总产值增长趋势数据(图 4-1)显示，中国工业型城市化过程中，在 1990 年代之前，三次产业的经济规模基本上没有太大的差异，而此后却不断地拉开差距，呈现出第二、第三产业增速迅速，第一产业增速缓慢的趋势，且这种产业变化趋势一直持续至今。在整个发展过程中，第二产业对中国 GDP 的贡献率一直处于领先位置，其中，工业对 GDP 的贡献率占绝对主要地位。即在近几十年期间，中国工业经济的发展是推动全国各项事业(包括城市化)建设、发展的主要动力和支撑。

4.2.3 工业型城市化土地特征

土地作为城市化过程的空间载体，在城市化进程中也具有显著的变化特征。工业主导型城市化发展模式的另一显著特征，就是在土地利用方面一直占有优先权地位。在用地面积相对比重方面，仅从近十余年来（2000～2010）工业用地在整个城市建设用地中所占比例来看，都在21%以上（图4-3），城市工业用地绝对面积也呈现逐年上升。实际上，工业用地是中国城市建设用地中除居住用地外所占比重最大的用地种类。北京大学土地问题研究专家林坚曾经谈到，中国每年城市供地计划中，工业用地占50%，东部沿海地区更高达60%左右，而服务业用地只能靠打擦边球私底下增加❶。

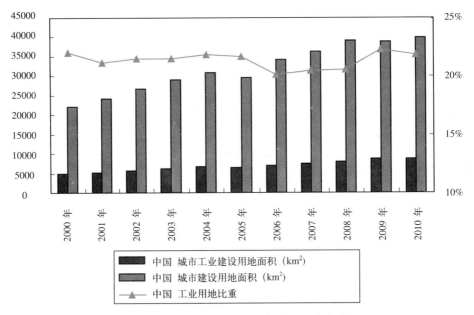

图4-3　中国工业用地占城市建设用地比重
（数据来源于《中国城市建设统计年鉴》）

工业用地的优先性，亦可从其增长率变化与城市建设用地增长率保持基本一致的趋势得到反映。二者在各年的增长率虽然有所波动，但总体上保持了7%左右的增长率；增长幅度大小二者互有上下，但基本走势是完全一致的，多数年份工业用地增长率均约等于甚至高于同时期城市建设用地增长率，即城市工业用地的增长总体上快于城市建设用地增长。由此可见，在城市发展过程中，地方政府对工业用地存在一定偏好及政策支持倾向。然而必须指出的是，在中国城市工业用地面积稳步

---

❶　转引自吴必虎，新浪微博 . http://weibo.com/wubihu，原文为：“林坚：中国每年城市供地计划中，工业用地占50%……面对各地城市产业结构的转型需求，为什么政府供地计划不改变呢？原因在于工业效益归政府，服务业发展仅仅藏富于民。老百姓发财要用地，政府怎么会管你呢？”

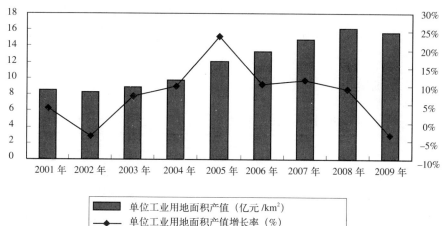

图 4-4　2001～2009 年中国单位工业用地面积产值及其增长率
（数据来源于《中国统计年鉴》及《中国城市建设统计年鉴》）

增长的同时，单位工业用地面积产值的增长率却呈现了下降趋势（图 4-4），即工业用地的边际效益呈现下降趋势，这一现象反映出中国已经面临产业结构调整及产业转型的严峻挑战。

那么，大量的工业用地主要分布于中国哪些城市呢？按照我国大陆四大经济区域，即东部、中部、西部和东北地区❶的划分角度，相关统计数据显示，中国工业用地的绝对数量在东部地区的分布面积最广，中、西部地区次之，东北地区最少。如果从工业用地占所在区域的城市建设用地的比重来看，可以发现东部及东北地区最高，中部地区次高，西部地区则相对较低。由此可知，中国的工业用地在空间上主要分布在东部地区，且相对集中在东部及东北地区。实际上，国家层面的工业用地主要集中于东部地区，而区域层面的工业用地则集中于东部和东北地区。中部及西部地区的工业用地分布相对较少且密度较低。

综上，近十年来，对土地需求的净增长及保持相对较高的年用地增长率等多方面现象说明，中国的工业化进程仍在不断地推进中。而在这一过程中，城市建设用地中工业用地所占比重基本处于 21% 左右，说明对工业土地需求量的增加是推动土地城市化的主要动力之一，即在城市经济发展过程中，对工业用地的大量需求及其所带来的工业产值等经济效益促进了城市化水平的不断提高。中国东部地区的城市土地发展过程，正是工业型城市化发展模式中土地城市化现象的典型代表。同时，

---

❶　自 2005 年起，统计东、中、西和东北地区的分组方法是：东部地区包括北京、天津、河北、上海、江苏、浙江、福建、山东、广东、海南 10 个省市；中部地区包括山西、安徽、江西、河南、湖北、湖南 6 省；西部地区包括重庆、四川、贵州、云南、西藏、陕西、甘肃、青海、宁夏、新疆、内蒙古、广西 12 省市区；东北地区包括辽宁、吉林、黑龙江 3 省。

近年来工业用地边际效益逐渐下降的现象表明，中国工业型城市化模式中的土地利用方式存在不可持续的发展趋势。

4.3 工业型城市化机制

4.3.1 工业型城市化运行机制

城市化机制研究是一个非常复杂的课题，现有的对中国（工业型）城市化运行机制的研究，多集中于城市化与城市产业等城市经济的相互作用关系，从经济的角度研究城市化运行及作用机制。城市化与经济相互关系研究者认为，城市化和经济增长是紧密联系又互相促进的，城市化水平的提高对国民产出的增长具有促进作用（张景华，2007）。

中国城市化进入快速发展阶段后，农村剩余劳动力的"无限"供给满足了城市化的需要，城市化通过刺激投资规模扩张、产业结构优化和人力资本提升作用于经济增长，而城市经济的增长又通过进一步的技术创新及资本积累等一系列作用过程，推动城市化进程（图4-5）。城市化与产业结构相互关系方面，相关研究认为产业结构在区域中的空间化形成了不同的产业群落，从而形成村镇、城市等规模不同的功能空间，而城市在经济运行中凭借技术优势，逐步推进城市化进程并发展为区域中心，从而进一步形成城镇体系（朱磊、诸葛燕，2002）。例如，对苏州的城市化机

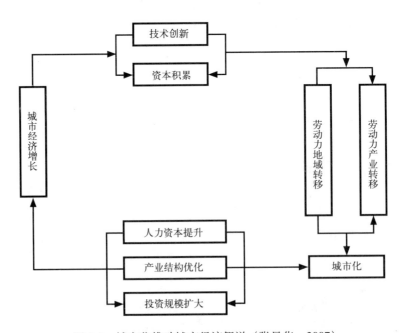

图 4-5　城市化推动城市经济假说（张景华，2007）

制研究发现，世界产业结构重构及长三角城市群发展产生的网络化效应对苏州城市化产生了积极作用，生产要素市场的发展促进了城乡人口流动，直接推动了苏州的城市化发展（吴莉娅，2006）。

城市化对产业增长有着类似全要素增长率（TFP）的作用，它通过影响产业生产率来推动产业增长。中国目前处于城市化加速阶段，城市化的进一步发展必然推动产业生产率的提高和产业增长（张翼、何有良，2010）；城市化与工业化相互关系的研究中，有关学者提出了一个有关工业化与城市化互动发展的理论模型，认为两者的互动是通过生产要素的流动、集聚、创新三者之间相互作用共同推动的（景普秋、张复明，2004）。李国平（2008）认为，中国的城镇化进程是与工业化紧密联系、互相适应、互相促进的。由于中国的政府主导发展体制，城市发展中城市化过程要受到行政区划调整的国家发展政策的影响，行政政策也是城市化运行机制的一个影响因素（林耿、柯亚文，2008）。

城市化在中国的发展，反映在经济效益对城市发展的贡献和推动作用。同时，基于城市人口、资源、资金的相对集中，城市化的推进带来的集聚效益和规模效益又进一步推动了城市产业的发展，这一过程在中国表现为城市化对城市经济和工业化的贡献，即表现为"生产力发展→生产效率提高→人口流动→城市化水平提高→二、三产业生产要素密集→经济发展→要素投入需求扩张→人口流动→城市化水平提高→……"这一循环的运行机制。

4.3.2 工业型城市化动力机制

与城市化运行机制相对应的，城市化动力机制的研究主要集中于经济、人口两大方面。经济方面，主要研究方向为城市化与经济增长、产业结构的相互关系，其中大量研究显示，中国的城市化水平与经济发展水平之间存在长期均衡关系，城镇化率每提高1%就可维持7.1%的经济增长（朱孔来、李静静等，2011）。

钱纳里、塞尔昆（中译本1988：32）提出的城市化—工业化发展趋势模型及分析结果显示，在一个相当长的历史阶段，城镇化与工业化之间有较为明显的正相关性。工业化与城镇化共同达到13%左右的水平后，城镇化开始加速发展并明显超过工业化。到工业化后期，制造业占GDP比重逐渐下降，工业化对城镇化的贡献也开始逐步减弱。中国城市化与产业结构关系的研究同样表明，虽然中国在城镇化初期的工业化水平一直高于城市化水平，但城市化水平与第二产业、第三产业占GDP比重的回归模型显示，第二产业和第三产业的发展水平对城市化水平有显著的促进作用，且从1978年改革开放之后，第三产业比第二产业对城市化水平的促进作用更为明显（陈立俊、王克强，2010）。这些研究基本认为，城市化是内生于经济增长的（张景华，2007），人口城镇化率和人均GDP关系的回归拟合呈现对数关系，而且二者的相关系数逐年增大（林坚，2010），即城市经济增长是城市化的内在动力。也有研究认为，中国城市化动力来源于工业化引起的城市化内生系统及全球化带来的城市化外生系统（宁登，2000）；工业化对城市化的带动效应，主要取决于工业化对非农化的拉动效应（工业化课题组，2002）。

城市化的动力机制中，人口同样起到重要作用。著名的城市化"推拉理论"认为，农村对其剩余劳动力的"推力"和城市就业、收入及生活服务优势吸引农村人口的"拉力"，共同作用促使人口由农村流向城市，从而直接推进城市化进程。

综合已有的研究成果，所有已经提出的工业型城市化动力，究其内在本质都可以概括为两大内在动力——科技动力和人类需求动力。正是这两大动力通过一定的作用机制，逐步推动着城市发展，表现出城市化进程的逐步深入。

科技发展与工业化推进。工业化是工业型城市化最直接的推动力，而工业化背后的内在动力则是科技的发展。纵观历史上每一次的工业革命轨迹，都是源于当时科技的发展推动。需要注意的是，一方面，科技可以转化为生产力，对人类社会产生强大的推动力，有益于人类生活水平的提高。但另一方面，科学也带来了消极的影响，日渐出现科技失控的发展方向，科技对于工业化及城市化的推动，在某种意义上，似乎已经达到了城市健康发展的极限。人们需要重新审视及思考：未来的科技革命，将引导城市及人类社会走向何方？人们应该如何把握科技发展的方向？科技对城市发展的推动模式是否仍是可持续的？

人类需求的转变与人类社会的转型。科技是人类社会发展、前进的原动力，但它始于人类自身，源于人类的需求。正如前述，人类的需求是更深层次的工业型城市化的内在动力。人的需求同其他事物一样，既具有普遍性也具有特殊性。虽然人类需求的总体发展趋势将是前进的，人的需求具有不断提升的阶段性，在较低级需求得到满足的基础上将发生转变，但其转变的具体方向具有不确定性即特殊性，发展的路径可能是迂回的。在目前的人类社会发展阶段，由于世界各国发展的不均衡性，处于同一时代背景的各个国家所经历的发展阶段并不相同，而这种局面促进了人类需求的跳跃性发展，为人类满足自身需求提供了更多可借鉴、可选择的途径和发展模式。目前，英国、德国、美国等欧美发达国家，借助三次工业革命的先发优势，已基本完成工业化发展进程，并在这一历史过程中，通过工业型城市化发展模式，积累了国家的社会财富，满足了人民的需求。且不论发展阶段有何差距，这些国家与其他国家仍处于相同的人类社会体系，且基于全球化及区域化浪潮，其他国家人民的需求必然会受到影响甚至同化，世界各国人民的需求及其所推动的社会发展途径及城市发展模式具有跳跃性发展的可能。

因此，在科技与人类需求这两大内在动力的不确定发展情况下，工业型城市化模式的可持续性也将受到质疑。当科技推动的工业发展为城市带来的弊端大于福祉，当人类的需求发展具有更多的参考模式及可选择性，人们将意识到工业型城市化并非人类社会必经的发展阶段及唯一的发展途径，城市化的发展是存在多条途径的。

（吴颖 执笔）

第五章 工业型城市化战略与政策评估

5.1 我国城市化政策回顾

在我国城市化过程中,国家政策对劳动力和生产要素的方向性引导起着举足轻重的作用。鸦片战争后,中国被迫对外开放,近代工业在沿海、铁路沿线开始出现,大部分地区城市化过程还十分缓慢。到1949年中华人民共和国成立时,城镇人口不到5000万,占全国人口的比重不足10%。1949年后,中国大陆开始实行计划经济和社会主义工业化建设,城市化进程可以分成两个阶段。第一时期从1949到1978年,中国实行计划经济体制,在此背景下,中国选择了人为控制城市化进程的道路。出于政治上的考虑,采取了以行政手段干预人口迁移的城市化发展政策,时而超高速地发展城市化,时而又力图抑制城市化的发展。为了缓解城市压力,1958年国务院颁布《户口管理条例》,划分农业户口和非农业户口,控制农村人口流入城市,其后的"三年自然灾害"和十年"文革",使得城市化几乎停止。整个第一时期的城市化进程较为缓慢。

第二个时期是改革开放(1978年)后至今,中国逐步从计划经济向市场经济转型,城市化得到较快发展,全国城镇人口占总人口的比重从1982年的21%增加到2011年的50%。然而,计划经济时期所形成的体制对城市发展的影响并未根除(黄小晶,2006:46-50;王松良、邱容机等,2005)。在此过程中,通过经济特区建设积累城市化经验成为一个中国特色。从1980年深圳、珠海、汕头、厦门建立经济特区以来,到2010年第六个经济特区——喀什的建立,这些沿海和边境城市的迅速发展,为中国城市化推进提供了积极的经验。根据全国第六次人口普查的结果,我国城镇人口占总人口的47.5%。按照城市化曲线的规律,城市化率到了30%以后,即进入快速发展时期,由此可见,我国从1992年以后已经开始进入快速城市化发展阶段(图5-1),中国城市化水平每年均以1.4%以上的速度增长,很多学者早已意识到,中国城市化已经进入全新的发展阶段(路永忠、陈波翀,2005)。

5.1.1 重工业带动城市发展(1949~1958年)

1949年毛泽东为首的中国共产党创建中华人民共和国后,中国选择了计划经

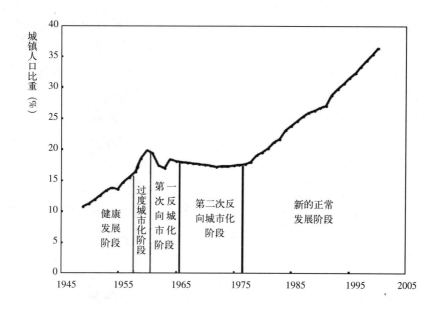

图 5-1　中国城市化发展阶段示意图（周一星，1995：89）

济体制下优先发展重工业的赶超型工业化道路。中共七届二中全会决议提出"党的工作重心由乡村转移到城市，城市建设的总方针主要是围绕工业化有重点地建设城市，迅速恢复和发展城市生产，把消费的城市变为生产的城市"。1953～1957年，"一五计划"制定并实施，156项重点工程在各大中城市实施，推行城市对农村开放的政策，积极吸收农民进入城市和工厂矿区就业。这一时期，资金主要集中在直接生产部门，经济效益追求短期增长，并控制"非生产性"基础设施的投入。

这一时期政府相继颁布了一系列政策，以保障低经济水平下的高积累和重工业优先发展战略的顺利实施，如城市的高就业低工资政策、基本生活用品低价政策、农产品统购统销政策以及城市职工工资以外的福利制度。为了保证以上政策不受干扰地进行，政府进一步采取了城乡隔离的发展方式，包括旨在阻断人口和劳动力资源在城乡间、地域间自由流动的户籍制度（黄小晶，2006：86-94）。这一时期工业化的特征突出地表现为牺牲部分农业和农民的利益保障工业化的原始积累。一方面，重工业超常规发展，以工业产值比重为衡量标准的工业化水平超常规上升，但非农就业人口没有相应大幅度增加；另一方面，通过工农产品"剪刀差"使广大农民难以积累起向城市和非农产业转移的原始资本，破坏了城市化的正常机制。

5.1.2 "反城市化"抑制城市发展（1958～1978年）

1958年，由于"大跃进运动"的开展，工业化在我国畸形发展，导致城市基本建设规模过度膨胀，国民经济比例严重失调，此后一段时间，我国城市化的基本政策改变为减少城市人口"反城市化"发展（赵燕菁，1990；陈佳贵、黄群慧，2009：52-54）。1960年代初，受中苏关系恶化、"自然灾害"威胁以及政策失误的影响，中国经济全面萎缩。国家开始大规模地缩减城市人口，出现了第一次人为的"反城市化"现象。"文革"时期，受城市化阶级性思想的影响，认为"工业化导致城市化是资本主义社会的特有规律"，我国应进行没有城市化的工业化。不仅如此，为了降低工业化的成本，减轻城市供给负担，采用"反城市化"战略，减少城市人口。在"不在城里吃闲饭"、"上山下乡、接受贫下中农再教育"等口号的影响下，一方面通过制度限制农民进城，另一方面大规模地将城市人口引向农村。这一时期，大量城市居民和学生到农村参加农业劳动，包括知识青年上山下乡、市民返乡、干部下放等，城市化进程被人为地阻断。

5.1.3 制造业乡镇企业推动城镇发展（1978年～1990年代初）

1978年改革开放以来，梯度开发理论逐渐取代了生产力均衡布局理论。"控制大城市规模，合理发展中等城市，积极发展小城市"是这一时期城市化的基本政策。这种"乡村工业化"过程，带来了乡镇企业的一时繁荣，工业城镇空前扩张，对城市化进程起到了推动作用。从1984年中共十二届三中全会以后，到1992年中共十四大召开，以城市改革为重点的经济体制改革推动着城镇化的发展。

在改革开放后的工业化进程中，乡镇企业及其他形式的非公有制企业的发展成为经济增长的主要动力。这个时期城市化的最大特点表现为农村人口向小城镇转移而非传统意义上的大中城市吸纳农村人口（张超，2010）。在全球化的大背景下，外资首先成为经济发展的主要推力。东部沿海地区由于具有区位和政策上的优势，吸引了大量外资，"外资驱动型"的珠三角地区，私企壮大的"温州模式"，以及集体所有制企业蓬勃发展的"江苏模式"，乡镇企业吸引了大量农村剩余劳动力，带动了小城镇的快速发展（叶嘉安、徐江等，2006）。从产业结构看，乡镇工业以农副产品加工、资源开发、劳动密集型、轻型加工企业为主，城郊乡镇工业相当一部分是为国有大工业加工配套的企业（宋正，2010）。

虽然乡镇企业的发展，吸收了大量的农村剩余劳动力，对中国经济的发展具有很大的支撑作用，但是，"离土不离乡、进厂不进城"的乡村工业化方针也阻碍了城市化的正常发展。该方针的核心在于农业劳动力"就地转移"为乡镇企业工人，农业劳动力非农化但没有城市化。大量乡镇企业的就业人口被滞留在农村，延迟了城市化进程。此外，乡村工业化也存在自身规模效益差、土地使用浪费、不能带动第三产业发展、劳动力和资金难以转移到聚集效益更好的城市等问题。

我国乡镇企业的发展对城市化的贡献　　　　　　　　　表5-1

年份	个数（万个）	就业人数（万人）	城市化水平（%）
1978	152	2827	17.9
1983	135	3235	21.6
1988	1888	9945	25.8
1993	2453	12345	28.0
1998	2004	12537	33.4
2003	2213	13573	40.5
2007	2391	15090	44.9

数据来源：中国统计年鉴.

5.1.4 新型工业化推动城市化快速发展（1990年代初至今）

在全球化的大背景下，世界范围内的产业结构调整和产业转移为我国工业化发展带来了机遇，然而，全球产业转移到中国的多为劳动密集型产业和高污染产业，这对我国的可持续发展极为不利。因此，制定新型工业化发展战略，即以信息化带动工业化，以工业化促进信息化，走出一条科技含量高、经济效益好、资源消耗低、环境污染少、人力资源优势得到充分发挥的新型工业化道路极为必要。进入1990年代后，农村劳动力向外转移不再局限于乡镇企业和就地转移，开始"离土又离乡"的异地转移、跨地区转移、向沿海发达地区和城市转移，规模越来越大。

这一时期，市场经济体制的确立和政府职能的转变，推动了我国城市化水平的快速提高。城市化引起的变革突出地表现在城市经济结构和城市产业结构不断调整并向更高层次发展以及城市人均国内生产总值不断增长（仇保兴，2009）。根据中国发展研究基金会（2010：99-100）的预测，我国的城市化率在2030年将达到65%，这意味着要以平均每年2000万人的速度实现大规模、高速度的城市化，到2030年需要基本解决4亿农民工及其家属的进城和落户问题，使他们享受与城市原有居民同等的公共服务和各项权利。这样一个巨大的社会变化，对进城的农民、对各级政府、对学术研究，都将是一个巨大的挑战。

5.2 工业型城市化政策评估

中国的工业化道路对于奠定中国城市化基础起到了积极的作用。1949年之后的30年，我国的工业化发展相当迅速，并且在短时间内建立了一个相对完整的工业体系和国民经济体系,完成了工业化原始积累的过程,但并没能有效地带动城市化发展(周天勇,2010:145-181)。改革开放以后的30多年,工业化与城市化产生了紧密的、正相关的依赖与促进关系,但随之又出现了较为突出的资源、环境和社会冲突问题。全球城市化与现代化的主要表现形式是人口向城市集中、产业向二三产业转变,在此过程中,工业化在相当长的时间内起到了关键的推动作用。欧美国家的现代城市是在原工业化时期"工业村庄"和传统商业城市的基础上发展而来,具有原发性特征(唐茂华,2007)。1978年改革开放以后,中国步入了稳健且逐步加快的城市化征途,同样地,在此过程中,工业化,特别是沿海地区的制造业为主的工业化发挥了巨大的推动作用。但与西方先工业化、后信息化的依次发展不同,中国快速工业化与世界信息化的时序重叠,导致集中城市化与分散城市化同时发展。在中国大规模工业化与城市化过程中,采取的基本途径是以牺牲乡村地区的经济增长、资源利用和生活质量为代价的。城市面临着巨大的反哺农业的道义压力和社会责任。

5.2.1 工业型城市化的成就

城市化水平显著提高。中国城市化经历了漫长曲折的过程。1950年代鉴于国内外政治经济形势,特别是我国农业生产能力的相对落后,国家采取了"积极推进工业化,相对抑制城市化"的政策导向,实行城乡分治,限制农村人口向城市迁移。1950～1978年的28年中,虽然工业化水平增加了27%,但城市化水平仅增加了7%。1978年改革开放后,中国城市化进程彻底摆脱了长期起伏、徘徊不前的局面,进入稳定发展时期,城市化速度明显加快。改革开放初期,返城人口激增,城市化提速,1978～1985年的7年间城市人口所占比重提高了5.79个百分点;1984年城市经济体制改革开启了城市发展的新时代,城市就业机会的增长吸引了巨大数量的农民工群体,1985～2000年的15年中城市人口所占比重又提高了12.51个百分点;进入21世纪,国家通过户籍、社会保障一系列改革,城市化进一步加速,至2010年底,城镇人口已达6.66亿人,城市化率达到49.68%,10年提高了13.46个百分点。❶

合理的城市体系初步建立。新中国成立初期,特大城市发展迅速,其人口占全国城市人口比重由1949年的36%上升到1965年的44.9%,小城市人口所占比重则由25.5%下降为15.6%。"文化大革命"期间,特大城市服务业功能萎缩,人口相对减少,至1978年其人口所占比重下降到37.5%。改革开放以后,随着"上山下乡"

---

❶ 数据来源:《中国统计年鉴》,《中国城市发展报告(2010)》.

人员返城，特大城市人口出现了恢复性增长，所占城市总人口比重至 1985 年达到 39.3%。与此同时，由于农村经济活跃，小城市也出现了快速增长趋势，其占城市总人口比重由 1978 年的 14.1% 上升到 1985 年的 17%。但是由于贯彻限制大城市规模、积极发展中小城镇方针，至 1998 年特大城市人口所占比重下降到 36.6%。

进入 21 世纪以来，中国城市化进程全面提速，人口结构、产业结构、地域空间结构、社会生产和生活方式等发生深刻变革，城市人口和城市数量增加，城市体系基本框架初步形成。另外，中心城市数量增多，规模扩大；大中小城市比例向更合理的方向推进。国家对大城市的限制政策放松，大城市和特大城市再次成为城市发展的中心，截至 2010 年底，全国共有设市城市 657 个，建制镇约 1.941 万个，已初步形成以大城市为中心、中小城市为骨干、小城镇为基础的多层次的城镇体系❶。

城市基础设施建设不断完善。改革开放以来，城市建设取得了巨大成就。1978 年，中国设市城市建成区面积只有 6000km^2，截至 2010 年年底，城市建成区面积达到 40058 km^2，扩展了 6.5 倍。城市基础设施和市政公用事业设施建设不断得到完善，城市承载能力提高，服务功能加强。市政设施、公共交通、城市绿化、环境卫生等基础设施建设都向现代化都市迈进了一大步，城市的现代化水平跃上了一个新台阶。改革开放以前，除了少数大中城市以外，大多数城市一般以行政功能和文化功能为主，经济功能十分薄弱。30 年的改革和发展，城市在国家经济和社会发展中的作用日益凸显；大、中、小城市的数量、规模和功能都迅速扩大和提高，城市已经成为各项改革的策源地以及经济增长的中心。城市的集聚能力和辐射能力不断增强，尽管城市之间规模不同，辐射能力有较大差别，但各级城市无疑是其所在地区范围内的增长极。

5.2.2 工业型城市化政策的局限

剩余劳动力吸纳能力有限，阻碍非农就业的转化。1950 年代初，我国选择了重工业优先发展的工业化道路，不仅破坏了城市化的经济基础，也决定了限制城市化进程的种种制度约束。扭曲的产业结构严重制约了轻工业和第三产业的发展，轻工业和第三产业发展所带动的劳动力由农业向非农产业转移的作用微乎其微。重点发展重工业，使得仅仅依靠城镇人口的自然增长，就能够满足工业发展对劳动力的需求。技术和资本密集型的重工业对劳动力有限的吸纳能力，无法使更多的农村剩余劳动力有效地向城市转移。此外，城乡二元户籍制度、就业制度和社会福利制度，固定了人的身份，将劳动力禁锢在乡村地区，制约了劳动力的流动。

---

❶ 数据来源于《中国统计年鉴》、《中国城市发展报告（2010）》。

1970年代末期，我国已经从一个以农业产值为主的国家转变成为以工业产值为主的国家，工业净产值达1408亿元，在国民收入总值中占46.8%，工业已经成为内部行业齐全的主要经济部门。然而，工业吸纳就业的比重，与其产值所占比重很不相称。1978年，工业吸纳的就业人数为5009万人，占全社会劳动者的比例仅为12.6%。从1952~1978年，中国非农产业增加值比重由49.5%增加到71.9%；非农产业就业比重由16.5%增加到29.5%；而城镇人口比重由12.5%仅增加到17.9%，工业化与城市化严重分离（叶裕民，2001：58）。这种偏离程度随着时间的推移呈扩大化趋势，直到改革开放后才逐步扭转了这种局面。

不利于产业结构的调整，制约人口城市化进程。1980年代后，虽然乡镇企业的发展在非农产业产值的增加中起主导作用，但乡镇企业的分散性和规模小，使其劳动生产率明显低于城市企业，而物耗、劳动力消耗、污染又明显高于城市企业。更为重要的是，乡镇企业呈分散状发展，没有适时促使其人口的相对聚集，不但无法使第二产业形成规模，而且使服务业等第三产业缺乏发展空间。因此，乡镇企业对我国工业化质量的提高和整个工业化进程的推进作用有限，乡镇企业的大发展也并没有带动城市化的高速发展。乡镇企业就业人数从1978年的2827万增加到2007年的15090万，增长了5.34倍，而同期，我国城市化水平仅从1978年的17.92%提高到2007年的44.9%，仅增长约2.51倍。

改革前的重工业化和改革后的农村工业化的产业重点虽然不同，但它们在发展上都走了一条高产值、低就业，高速度、低效益，重数量、轻质量，重工业化、轻城市化以及城乡高度隔离、封闭式发展的道路。所以，对城市化的发展有一个相同的、致命的弱点，即对以服务业为主的第三产业的发展和带动较弱，从而使我国的城市化水平较低（张润君，2006：71-75）。

优先发展东部地区，城市化地域分布不均衡。改革开放后，临近出海港、基础设施较好以及优先发展东部的政策使中国工业中心定位和集中在东部沿海地区，经济特区、沿海开放城市都集中于东部地区（图5-2）。在工业和城镇不断向沿海地区聚集的过程中，迅速形成了一大批城市群。优先发展东部地区，依靠中西部地区支持东部沿海地区的发展，造成东中西部地区在城市化发展水平上的差距。中国人口大部分集中在东部，经济增长的重心也始终在东部沿海地区，东部地区以不足15%的国土面积，集中了全国48.8%的城镇人口，而面积超过50%的西部，城镇人口只占22.47%❶。中国城市化的发展水平也是从东部沿海到中部地区及西部地

---

❶ 数据来源：国家统计局. 从十六大到十八大经济社会发展成就系列报告 [EB/OL].2012-08-27[2012-08-20]. http://www.stats.gov.cn/tjfx/ztfx/sbdcj/tzo/20817-402828530.htm

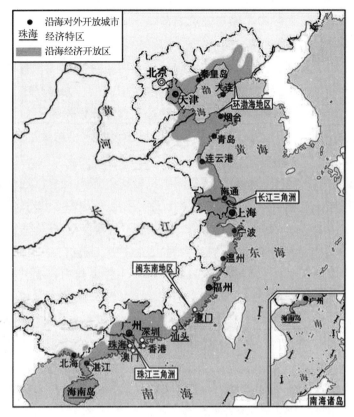

图 5-2 我国经济特区、沿海开放城市分布图
(据《历史 2（必修）》普通高中课程标准实验教科书人教版，2007)

区逐渐降低。邓小平于 1988 年提出"两个大局"的战略思想，改革开放优先发展东部沿海地区，东部发展起来后带动中西部发展。

在城市化水平方面，中西部地区工业发展起步较晚，在计划经济体制下，以能矿工业和军工业为主，较大规模地推行政府指导的重工业化。由于缺乏必要的机械制造业和轻纺织业等深加工行业的发展，使地区工业发展既不能为当地农业发展提供足够的市场条件，也不能给当地农业带来较大的技术支持。同时，能矿工业和军工企业因资金、技术对劳动的高替代性，极大地阻碍了农业剩余劳动力的非农就业转移，工业和农业在相对独立的状况下自谋发展，三次产业之间失去了应有的经济联系，导致城市化既无拉力，又无推力。

在城市体系方面，中西部地区不仅城市数量少，而且城市规模小，大大降低了城市聚集生产要素和向腹地辐射的能力，城市体系难以形成。东部地区城市化水平和城镇规模远高于中西部地区。从城市体系和城市结构来看，东部地区的城市群已初具规模，大中小城市以及城镇之间也已形成了较为合理的结构体系。而中部地区除了省会级城市外，大多中小城市发展方向单一，自我服务倾向严重，不能与周围广大地区保持密切的经济联系。

在城市化质量方面，西部地区的城市基础设施、生态环境、管理规划等既落后于东部地区，也落后于全国平均水平。除少数大城市外，大多数中小城市基础设施建设滞后，城市面貌改善不大，许多县城的基础设施建设水平不如沿海地区的建制镇，城市建设水平尚处于较低层次。西部地区城市设施水平总体上处于建设水平低、效率低，功能不全的困境之中（张润君，2006：75-78）。

城市化进程中进城农民利益缺乏保障，不能融入城市社会。在全国第二产业从业人员中，农民工已经占了58%，其中加工制造业占68%，建筑业占80%；全国第三产业从业人员中，农民工占52%，可以说，数量庞大的农民工已经成为推动我国工业化、城市化和经济发展的生力军（陈佳贵、黄群慧，2009：53）。但是，以户籍制度、城乡劳动就业和福利保障制度差别化为主要内容的城乡隔离制度，使得这些已经"离乡"、"离土"、"进城"的农民工，却无法成为真正的城市居民，无法摆脱农民的身份，虽然被统计为城镇常住人口，但不是真正意义的城镇户口居民，不能与其享有同等的社会保障、医疗和教育服务。这些农民工成为"呼之即来，挥之即去"的城市边缘群体，长期处于流动状态，"候鸟式"地迁徙于城乡之间。国务院发展研究中心副主任韩俊指出，现在6.9亿城镇常住人口中，每4个城镇常住人口中就有一个是外来人口，主要是来自于农村的农民工。大量的外来流动人口（农民工）脱离了农村社区，但是没有融入城市社会，权益得不到切实保障，与城市户籍人口间的福利差距还比较大。促进农民工、外来流动人口的社会融入，是提升中国城镇化质量的一个重要内容，也是促进城镇化可持续发展的一个重要途径。韩俊认为，农民工的社会融入要解决四个核心问题。第一，工人一定要融入企业，目前很多城市成千上万的劳务派遣工没有融入企业；第二，子女要融入学校，这是农民工融入城市的基础；第三，家庭要融入社区；第四，群体要融入社会。❶

5.3 工业型城市化背景下的剥夺与隔离

伴随我国工业化推动的快速城市化进程，衍生出一系列区域剥夺行为和社会隔离现象。区域剥夺行为主要是指强势群体和强势区域基于区域与区域之间的空间位

---

❶ 韩俊.农民工社会融入是提高城镇化质量的重点[EB/OL].城市中国网 2012-4-16，[2012-5-12].http://www.town.gov.cn/csph/201204/16/t20120416_539680.shtml.

置关系，借助政策漏洞以及行政强制手段掠夺弱势群体和弱势区域的资源、资金、技术、人才、项目、政策偏好、生态、环境容量，转嫁各种污染等的一系列不公平、非合理的经济社会活动（方创琳、刘海燕，2007）。具体表现为：大城市对中小城市、城市群与都市圈内部的剥夺；城市对乡村的剥夺；开发区建设占地对农民与基本农田的剥夺；大学城建设对农地的剥夺；房地产开发对农地和农民的剥夺；"城中村"改造与拆迁导致开发商对市民生存空间的剥夺；发达地区对落后地区、资源匮乏地区对资源富集地区的剥夺；以及农民工输入地区对输出地区的剥夺等。剥夺的后果表现为空间开发失调、资源配置失衡、政策调控能力受限甚至失效以及和谐社会建设步伐延缓。

在我国资源、能源富集的工矿地区，资源迅速向国有垄断企业集中，央企、国有大型企业控制地方经济的命脉。2008年至2009年间面对世界金融危机，中国政府拿出4万亿直接投资，集中于铁路、公路、机场（简称铁公机）基础设施和钢铁化工等大型工业项目，虽然短时间内刺激了GDP的增长，但却造成了新一轮的产业结构危机，林毅夫认为，如果4万亿投入改善农村与内陆二线城市基础设施，中国经济"肯定可以再红个二、三十年"❶。此外，从当地社区的发展来看，权力主导一切的倾向越来越明显，形成当地政府与社区相隔离的现象。

5.3.1 中央和地方的利益博弈

工业化推动的城市化进程中，中央政府对地方政府的剥夺现象较为明显。工矿地区因资源开发而产生的利润收入直接流向中央政府，地方政府没有充分享受依靠资源推动当地发展的优势。在资源大省的资源开发中，新疆、四川、内蒙古等西部省份输出天然气、煤炭等自然资源，得到的利益补偿甚微。近年来，国际原油一直保持在每吨3800元以上，但石油天然气资源税则长时间停留在12～30元/吨之间。许多矿产资源都分布在我国西部地区，特别是少数民族地区，极低的矿产资源补偿费和税收，不仅不能使西部的自然资源优势转变为产业优势和经济优势，反而会延缓西部的可持续发展，尤其是不利于民族地区的经济发展，进一步扩大东西部之间的差距。❷

"央企吃肉、地方喝汤"的局面一直是西部资源富集地区的心头之痛。根据国务院关于修改《中华人民共和国资源税暂行条例》的决定，新资源税征收办法已于2011年11月1日起正式在全国范围内实施。原油、天然气由原来的从量计征改为

---

❶ 参见"刘胜军改革"的新浪微博，http://weibo.com/u/1889213710.
❷ 张馨月.西部地区博弈资源税[EB/OL].第一财经日报（网络版），2007-07-03，[2011-5-22].http://dycj.ynet.com/3.1/0703/12/2166888.html.

从价计征，税率为销售额的5%至10%，待条件成熟时将逐步扩大到其他资源产品。根据属地管理原则，央企与国有大型企业集团在西部开发自然资源，只有少数地方税留在了地方政府，绝大多数的利润收入都上缴总部所在的发达地区或中央政府，导致分配不均。自然环境的治理、社会治安的保证、企业职工的医疗及其子女的教育等一系列的社会服务所产生的成本都由地方政府买单。与地方政府大量的投入相比，央企所缴纳的资源地方税实在微不足道。此外，西部输出资源、东部加工制造的分工格局，使得西部地区很难分享到更多资源开发所带来的经济发展。西部地区地广人稀、远离市场，要把原始资源转移到东部或者中部地区进行加工，才能靠近市场，这些资源没有在当地加工，因此，不利于当地发展出相应的产业，导致西部和东部地区的差距正在逐步拉大。

2007年，国务院批复的《西部大开发"十一五"规划》明确提出："要健全矿产资源有偿占用制度和矿山环境恢复补偿机制，增强地方经济发展的活力和动力……；加快改革资源税征收制度，理顺资源税费关系。"资源税改革牵扯中央与地方税收的博弈，国家垄断资源企业大多为央企，上缴利润归属中央财政，为减少地方财政收入的损失，应在矿产资源补偿费的分配比例中，适当提高地方分成比例，特别是民族地区的分成比例。所有的矿产资源开采企业不论企业所属地在哪里，都应在矿产资源开采地登记注册，就地缴纳所得税。另外，对新增的矿产资源初级产品，多留一部分在当地进行深加工，延长产业链，走资源发展的可持续道路，把民族地区的资源优势转化为经济优势（蔡继明，2007）。

2010年，中央新疆工作座谈会明确提出，中央驻疆企业要将参与新疆开发建设与造福当地群众相结合，企业用工首先考虑新疆当地劳动力。新疆维吾尔自治区人民政府下发通知，中央驻疆企业在招用员工时，应优先招用新疆当地劳动者，重点向新疆当地大中专毕业生特别是少数民族大中专毕业生倾斜❶。由此看来，政府在发展政策的选择上重视对社区的支持，充分考虑当地居民的利益，一方面有利于当地社区的和谐发展；另一方面有助于促进民族融合，维护边疆地区的稳定。

国家与地方的利益冲突还表现在对全局发展需求与地方环境保护的冲突上。以发展核电为例，作为一个人口众多、能源问题十分突出的大国，中国不可能放弃核电，但无论建核电站带来多大好处，别建在我家后院（not in my backyard，简称nimby 或邻避）——这是全世界反对核电声音中再简单不过的邻避诉求。地方居民希望核电发展能够满足地方基本的生态和安全。一边是国家的新能源战略，一边是

---

❶ 贺占军.80余家中央驻疆企业积极吸纳新疆籍员工[EB/OL].新华网，2011-5-18，[2011-10-2].http://news.xinhua-net.com/fortune/2011/12/10/c_111233153.htm?fin.

老百姓的绝对安全诉求,这条鸿沟如何跨越?不可忽视的一个现象是,一些地方官员为了政绩和 GDP 攀升,在进行项目民调时往往故意压低负面环境影响和歪曲当地民意,选择了一条"要钱不要命"的发展途径❶。

5.3.2 地方政府与居民的利益调和

从当地社区的发展来看,在城市化过程中,地方政府自主权的扩大有着积极意义,它能够在良性互动中激发出当地市场经济的活力❷。但在我国,地方政府由于拥有的权力过大,逐渐从市场秩序的维护者蜕变为市场参与主体,形成了自身庞大的利益。以权代法的趋势出现,以至有人认为,在过去的若干年中,中国的法治出现了倒退(清华大学课题组,2010)。在地方利益集团形成却缺乏统一调控的情况下,地方政府往往更加短视且急功近利。中央政府尽管试图维护居民的利益,如控制房价、禁止暴力拆迁,但在实践中却受到地方政府的阻碍。地方政府过度追求城市化和经济利益的最大化,不顾居民的利益,使居民受到了严重的剥夺。

越来越多的村民乃至于基层社区组织对地方政府的剥夺行为敢于说不,而地方政府常常采用不当或非法手段加以打压,如山东金乡县一村支书因与政府协商拆迁补偿款就被以涉嫌"非法侵占农用地罪"被无端关押两年。❸有些时候双方的矛盾由于处理不当甚至演化为街头直接冲突,什邡事件就属于这种情况。2012 年 7 月 2 日,四川省什邡市民众因反对当地政府引进存在重大环境污染风险的钼铜项目而走上街头、冲击市委大楼,政府采取了不当的武力弹压措施,在全国引起了严重关注。❹什邡事件说明,地方政府十分重视的政绩工程,常常以工业项目为主,但工业化已经受到当地居民的抵制,在城市居民眼中,中国城市化的目标和途径正在悄悄改变。实际上,大连事件也说明了这一趋势。2011 年 8 月 8 日,受台风"梅花"影响,大连金州开发区一化工企业沿海处在建防潮堤坝发生溃坝,海水倒灌,剧毒品遭受泄漏威胁。❺这一事件最终导致大连市民上街抗议,数日后当地政府决定搬迁这一被视为定时炸弹的化工项目。❻

---

❶ 江西核电项目民调被指失真 村民按要求填可获奖.新浪财经,2011-03-06[2011-6-10].http://finance.sina.com.cn/roll/20120306/001711518918.shtml.

❷ 唐昊.垄断企业集官僚和资本家于一身 双重剥夺消费者[EB/OL].财新网,2011-10-01[2011-11-12]. http://business.sohu.com/20111001/n321150062.shtml .

❸ 中国青年报.山东一村支书与政府协商拆迁补偿被关押两年[EB/OL]. 三农直通车网,2012-01-31[2012-03-05]. http://www.gdcct.gov.cn/politics/headline/201201/t20120131_648892.html.

❹ 新浪新闻.四川什邡民众反对建设钼铜项目冲击市委被驱散.新浪网,2012-07-03[2012-07-05]. http://news.sina.com.cn/c/2012-07-03/023524700153.shtml?bsh_bid=104802594.

❺ 大连化工厂防潮堤坝溃坝[EB/OL]. 和讯网,[2012-03-06]. http://news.hexun.com/2011/dlhgckb/.

❻ 路透社.市民上街抗议,大连决定搬迁 PX 项目[EB/OL]. 路透社,2011-08-15[2012-04-16].http://cn.reuters.com/article/wtInvesting/idCNnCN189777720110815.

这类地方政府与当地居民的冲突事件，令我们反思城市化存在的各种问题，凸显了政府合理处置自身与居民利益的必要性与现实性。城市化的发展不能脱离地方居民的支持，不能将居民隔离在城市化进程之外。各种社会"失序"的表象之下，潜藏着地方居民的观念与诉求，他们通过具体的行动谋求自身的合法利益。地方政府为追求城市化效率而剥夺地方居民利益的行为，给地区发展与管理带来诸多挑战。

在城市化、工业化快速发展的背景下，城市化自身所带来的问题，以及城市化战略本身的弊端，值得我们进行反思：我们需要什么样的城市化？我们又应该如何科学合理地推进城市化？政府往往为了谋求"物化"的成绩，以提高效率为名，剥夺居民的利益，侵蚀社会公平与正义。然而，构建和谐社会最基本的出发点是以人为本。社会的发展既要追求物化的结果，更需要社会和谐与公平的实现，只有在公平的条件下追求效率，才能获得可持续的发展。因此，减轻中央对地方的剥夺，避免地方政府与居民的隔离，充分协调中央与地方，以及地方政府与居民的利益是城市化进程的必然选择。

（高明捷 执笔）

第六章　工业型城市化面临的挑战

　　城市的出现并非工业化的结果，但只有在工业革命之后，城市才通过经济上的优势，取得了对社会生活的主宰地位。另一方面，城市化又推动了工业化。城市是劳动力和企业高度聚集的地区，可以降低工业企业的劳动力成本和运输成本，从而，工业企业向城市集中，得到聚集经济效益和规模经济效益。从各国发展经验来看，都不约而同地选择了以大力支持工业为主导产业、推动城市化进程的发展方式。然而，工业型城市化在自然资源极为紧缺、环境问题日益严峻、社会公平备受关注的当今时代，正面临着各方面的挑战，与经济繁荣相伴随的是环境破坏的代价，在城市化发展的中后期阶段，"城市病"问题往往成为各国需要面对和解决的首要问题。韩国延世大学教授申义淳（Shin Euisoon）创立的人口迁移的"过度规模假说"认为，由于人口压力、政府规划和管理不善，城市增长超过城市自然和生活环境的承载能力，由此引起城市基础设施的拥挤和环境质量的下降，并最终导致"大城市病"的形成（Shin，1994）。

　　在我国工业驱动型城市化发展过程中，也存在着严重的"城市病"，工业化的发展采用以大量消耗资源为特征的粗放型发展模式。这种发展模式虽然刺激了经济的快速增长，但却是以浪费资源和牺牲环境为代价的，导致环境质量不断恶化、社会贫富差距逐渐拉大等突出问题。工业型城市主要分为五类：第一类是传统工业城市，比如东北的老工业基地。第二类是大小三线城市，如西北和西南的一批城市。第三类是资源型城市，在城市总数中占到三分之一比重，其中有相当一批已经面临资源枯竭的局面。第四类是轻工业城市，主要分布在"长三角"和"珠三角"，这类城市实际上是劳动密集型，形成了制造业基地的形象。第五类是高新科技开发区内的企业集群，符合现代化、科技化的发展趋势，对从业人员技术水平要求较高。❶这五类工业型城市，尤其是传统工业城市和资源型城市都面临着生态环境差、自然资源短缺、经济发展缓慢、社会矛盾突出等多重问题的考验。

---

❶ 魏小安. 工业城市转型与旅游发展. 搜狐博客，2009-01-22. http://weixiaoan.blog.sohu.com/109000337.html.

6.1 生态环境危机

工业文明创造了巨大的物质利益，但物质利益的另一面是对环境欠下的严重赤字。工业文明对环境存在巨大破坏力，发达国家在早期的工业化过程中，都经历过这种以空气和水污染等为特征的"黑色文明"。这种工业化依赖大量的资源消耗，工业化中期出现以"烟囱工业"为主导的景观（高丽峰、张文超，2006）。我国工业化起步较晚，在1954年中共七届四中全会上形成基本政策：以工业化为整个经济建设的主要任务，制定了第一个五年计划，掀起了工业化建设的高潮。发展初期，我国工业发展以传统工业为主，由于科学技术水平的限制，工业化带来粗放型的城市化。改革开放以来，中国工业化进程明显加快，随着工业规模的扩大，城市人口的激增，城市的生态环境问题日益严峻，城市为经济的发展付出了沉重的环境代价。

我国目前正处于工业化的中期阶段，城市化必将面临更大的环境与资源压力。不管是原料工业，还是能源动力工业，都产生大量排放物，对环境造成严重污染，并进而对人类身体健康造成直接危害。世界上污染最严重的20个城市，有13个在中国（蓝庆新、韩晶，2012）。根据世界银行的调查显示，随着城市化带来的污染问题的加剧，中国在经济高速发展过程中，由于环境污染造成的损失占到3%～8%❶。即使一些新技术支撑的高科技企业，同样存在背后隐藏着的环境污染。2012年7月2日出版的《时代》，发表了比奇（Beech）的署名文章《中国的苹果狂热》❷，封面标题《中国制造》直观地反映了在iPhone华丽的外表之下，是重污染和人口密集型产业的基本特征。

工业化如果只考虑工业系统内部的效益，而忽视外部环境成本和外部社会成本，就会给整个地区带来极大危害。工业的外部社会成本，常常被政绩冲动所忽视，出现了"利官害民、利今害明、利业主害地主"的现象❸。山西省汾阳市曾有26个村庄因受工业污染、使用被污染的河水浇灌农田导致颗粒无收，但农民们对此却找不到赔偿的对象。❹中央政府实际上已经完全认识到这一点，2012年4月25日国务院总理温家宝在"斯德哥尔摩+40可持续发展伙伴论坛"上表示：中国经济社会发展

---

❶ World Bank, 1996. Livable Cities for the 21st Century: Directions in Development. Washington: The World Bank.http://www-wds.worldbank.org/external/default/WDSContentServer/WDSP/IB/1996/11/01/000009265_3970311123612/Rendered/PDF/multi_page.pdf.
❷ Beech, H.The cult of Apple in China. Time Magazine, Vol. 180, No.1, July 2, 2012. http://www.time.com/time/magazine/article/0,9171,2117765,00.html.
❸ 参见吴必虎. 新浪微博.http://weibo.com/wubihu.
❹ 26个村庄因河水污染颗粒无收 无人赔偿 [EB/OL]. 三农直通车网，2012-03-27[2012-03-27].http://www.gdcct.gov.cn/politics/zhyw/201203/t20120327_674159.html.

第十二个五年规划体现了中国政府的坚强决心，那就是我们绝不靠牺牲生态环境和人民健康来换取经济增长，一定要走出一条生产发达、生活富裕、生态良好的文明发展道路。❶自然资源的过度开发和利用导致的生态破坏、城市环境恶化、PM2.5危害健康等问题，不仅制约着我国的经济发展，甚至危害到整个社会的幸福指数的提升。

近年来，政府日渐意识到工业型城市化的弊端，通过各种手段对工业企业进行整治。但是中国特殊的五年任期制、官员政绩与GDP增长直接挂钩的考核制度，导致城市政府往往难以抵制工业化的诱惑，不断重蹈以工业污染为代价获得暂时的GDP业绩的覆辙。❷以经济建设为中心，这句话在改革开放初期，针对"文化大革命"期间以政治运动为核心来讲，转向经济建设是一种进步；但是，当中国经济改革已经取得巨大成就，发展成本逐渐显露、各种社会问题日显突出的情况下，再简单地强调以经济建设为中心就会问题很大。作为政府，应该以社会建设为中心，经济建设那是企业和市场的事。城市化途径的重新选择，有赖于政治体制改革的实施。

6.1.1 工业型城市化对空气质量的影响

城市化过程中人口数量激增、工业发展和交通运输强度的不断增加等因素对大气环境影响日益加剧，逐渐威胁到人们的生活和生理健康。工业化以前的经济是由分散特征的农业、小规模制造业和贸易主宰的，城市规模也很小，各种作坊排出的废水、废气、废渣以及居民生活产生的垃圾仅造成一些局部的环境污染，但总的说来处于可自净状态。然而，大规模工业化之后，过度消耗石油、煤炭、淡水、木材等自然资源，汽车尾气、经济活动产生的废物任意地排入周围环境，造成严重的环境破坏和污染。工业型城市化对空气的污染主要体现在化石能源消耗产生的碳排放、汽车尾气，以及其他类型的工业废气毒气。中国城市化和工业化的快速发展与能源消耗的迅速增加，给中国城市带来了许多空气污染问题。1970年代，煤烟型污染排放成为中国工业城市的特点；1980年代，许多南方城市遭受严重的酸雨危害；近年来，汽车尾气排放的碳氢化合物、氮氧化物和一氧化碳，以及随后形成的光化学烟雾，使得许多大城市的空气质量恶化。

工业废气排放是最主要的空气污染源。德国鲁尔地区在第二次世界大战之后，

---

❶ 温家宝：绝不靠牺牲环境和人民健康换取经济增长. 和讯新闻网，2012-04-25[2012-04-25]. http://news.hexun.com/2012-04-25/140795029.html .

❷ 河南财经政法大学教授史璞在其新浪微博中指出：过去中国穷，将多快好省的"协调发展"变成"发展是硬道理"，变成"以经济建设为中心"，变成"以GDP为中心"，为了GDP，不惜一切代价，这样做必然带来一系列环境恶果。http://weibo.com/hnsp .

工业快速增长导致了1960年代开始出现的几次严重的冬季烟雾事件。通过鲁尔地区建立的污染排放源的清单，在三类有害空气排放源中，工业源对城市的污染比家庭取暖、交通排放量要严重数倍，甚至有10余倍，工业成为了破坏城市大气环境的头号杀手（李玉武，2000）。

在中国，工业型城市化出现的大气环境问题也多源于工业。根据数据显示，2009年在全国排放的二氧化硫中，工业和生活排放分别占78.6%和21.4%；排放的烟尘中，工业和生活排放分别占82.2%和17.8%，工业排放的比重远远大于生活排放的比重。统计数据表明，城市的环境质量与工业排放的有害气体具有负相关性，2009年环境保护部的数据显示，环境质量差的城市多为工业二氧化硫排放量、工业烟尘排放量以及工业粉尘排放量较高的城市。

空气质量的好坏从天气的清澈度就能有一个初步的判断，工业排放的粉尘和烟尘是污染城市环境的"有形杀手"，颗粒物浓度过高的最直接表现就是城市出现灰霾天气，在我国大部分工业及人口密度过高的城市，灰霾天气逐年增多。大气中直径小于或等于2.5微米的颗粒物，被称为PM2.5，也称为可入肺颗粒物。PM2.5粒径小，富含大量的有毒、有害物质且在大气中的停留时间长、输送距离远，因而对人体健康和大气环境质量的影响很大。从全球空气颗粒物PM2.5污染情况分布图中可以看出，北非和中国的华北、华东、华中是全球PM2.5浓度最高的几个地区（图6-1）。研究发现，灰霾将取代吸烟，成为肺癌致病头号杀手。❶

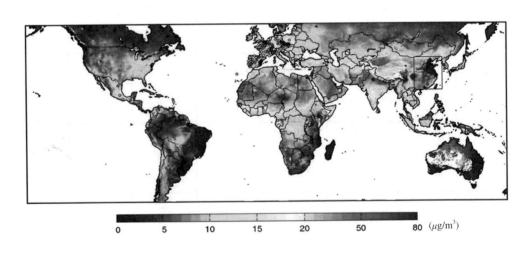

图6-1　2001～2006年全球PM2.5分布图（据van Donkelaar等，2010）

---

❶ 气象专家称灰霾将取代吸烟成肺癌首因 [EB/OL]. 新浪网，2011-11-26[2011-11-26].http://news.sina.com.cn/green/news/roll/2011-11-26/025323527401.shtml.

政府在推动城市化进程时，不得不首先考虑发展模式对环境质量的影响。可惜的是，身负城市环境质量保障的环保部门对空气质量的控制，常常让位于对城市经济发展增长指标的追求。中国许多城市空气质量越来越差，或许有中国快速发展必须付出的代价，但从根本说还是中国的监管机构严重异化。❶环保部应该利用一切可利用的舆论，包括外国舆论，加速环境改善。然而环保部成为外交部，食品安全局成了食品安全背书局，几乎所有机构都错位异化。

化石能源消耗产生的碳排放。目前，中国处于经济快速增长阶段，必然会使化石能源消耗以较大幅度增长，使工业型城市化面临严峻的考验。工业化主要以煤炭和石油为能源，其燃烧产物为大量的二氧化碳，从而引发温室效应。温室气体二氧化碳的体积分数已从工业革命以前的 280×10^{-6} 上升到 1999 年的 357×10^{-6}，增加了 25% 以上（王明星，2000）。

中国的二氧化碳排放点源主要由火电、水泥、钢铁、炼油、乙烯、合成氨、环氧乙烷、制氢 8 类企业产生。其中火电、水泥、钢铁 3 类企业是主要排放源，排放量约占总排放量的 92%。其中山东、江苏、河北、辽宁、河南、山西是二氧化碳主要的排放省份❷。中国的能源消耗和碳排放在全球范围内虽然低于美国但增长速度却十分突出。伴随着中国的初步工业化，能源消耗和碳排放急剧增加，中国目前已经成为仅次于美国的全球第二大能源消耗国和二氧化碳排放国，其中又以二氧化碳排放增长最快，这与中国一次能源结构中不清洁的煤炭所占的比例很高相关（陈诗一，2009）。

二氧化碳浓度过高导致的温室效应会给城市发展带来诸多负面影响。首先就是全球变暖，世界气象组织政府间气候变化专门委员会（IPCC）报告估计，全球的地面平均气温会在 2100 年上升 1.1℃ 至 6.4℃ ❸。另外，地球上的病虫害也会由于温度的升高从冰封中释放出来，十几万年的史前致命病毒可能会导致全球陷入疫症恐慌，从而使人类生命受到严重威胁。此外，全球暖化也使南北极的冰层迅速融化，海平面不断上升。世界银行的一份报告显示，即使海平面只小幅上升 1m，也足以导致 5600 万发展中国家人民沦为难民。近些年，气候反常、海啸等自然灾害的频繁发生，也是由于二氧化碳的急剧增长而导致的。

总之，工业型的发展道路，不能再以大量排放二氧化碳、导致全球温室效应为代价。在联合国的推动下，国际社会已于 1992 年签订了控制温室气体排放的《气候变化框架公约》，于 1997 年通过了设立温室气体削减目标的《联合国气候变化

---

❶ 参见"旁观者马勇"的新浪微博 .http://weibo.com/u/1352130183 .
❷ Haas, A., 2009. Carbon Capture Shows Major Potential in China. http://www.pnl.gov/news/release.aspx?id=448
❸ 世界气象组织政府间气候变化专门委员会（IPCC），2008. 气候变化 2007：综合报告 [EB/OL].http://www.ipcc.ch/pdf/assessment-report/ar4/syr/ar4_syr_cn.pdf.

框架公约京都议定书》，可见国际社会对减少二氧化碳排放的重视和对低碳社会的呼吁。低碳时代的需求，不仅是设立各种碳排放指标，而应从污染的源头解决问题，工业作为城市化进程的主要驱动力，对煤炭资源的过度依赖，需要得到一定程度的转变，此外，国家的发展战略也应当支持低碳甚至无碳的第三产业的发展。

汽车尾气污染。汽车作为工业革命的产物，已经成为城乡居民出行所依赖的主要交通工具之一。不幸的是，汽车数量的迅速激增带来的汽车尾气污染，已经成为很多城市大气质量恶化的祸首之一。交通建设的过程，会造成城市的水土流失和尘土飞扬，交通运输过程中产生的噪声，也是环境污染源之一。汽车尾气污染物为碳氢化合物、氮氧化合物、一氧化碳、二氧化硫、含铅化合物、苯丙芘及固体颗粒物等，能引起光化学烟雾。据医学界研究分析，汽车尾气中的铅很容易通过血液长期蓄积于人的肝、肾、脾、肺和大脑中，进而产生慢性危害。尤其是铅一旦进入人的大脑组织，便紧紧黏附在脑细胞的关键部位，从而导致人的智能发育障碍和血色素制造障碍等后果。

1985年以来，中国私人汽车保有量持续快速增长（图6-2），2010年保有量达到5669万辆，到2020年，汽车保有量将达到13103万辆，燃油消耗年均增长达6%（Hao，Wu et al.，2001），尾气污染作为主要的环境问题突显出来。更有甚者，由于汽车尾气的毒性与汽油质量相关，在制定汽油环境标准时，环保部败给了石油巨头！由于中石化、中石油等大型石油企业，以及相关政府部门缺乏作为，中国的油品质量标准一直落后于汽车排放标准。❶

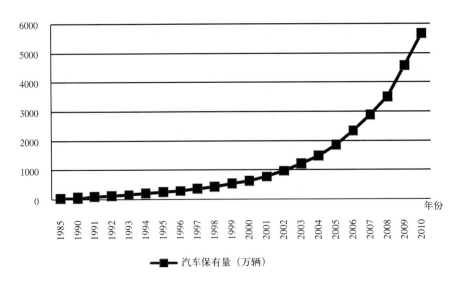

图6-2 中国私有汽车保有量的增长（据中国2009统计年鉴，2010）

---

❶ 参见"陈世卿院士"的新浪微博 .http://weibo.com/steveisupergrid.

此外，由于我国城市空间的限制以及城市规划上的不足，现有的城市中心区往往无法满足交通道路空间扩容的要求，这就导致了市区内道路路口增多、交通堵塞发生频率增加、机动车行驶速度下降、交通运输效率降低，对环境产生更大的污染。研究表明在城市的交通拥挤区和交通高峰期，空气中NO浓度达到最高。例如，北京到2011年年底汽车的保有量突破500万辆，城市空气被汽车尾气严重污染，北京二环路以内的NO浓度大约是四环路以外的4倍，每天污染两个高峰出现在8:00～10:00和15:00～17:00，与交通的高峰期相对应，机动车已成为大城市中NO_x的主要污染源（李磊、徐辉，2010）。

6.1.2　工业型城市化对水体影响

工业废水排放导致地表水污染严重。我国工业对水体的污染较为严重，许多城市工业废水在未达标的情况下就排放到自然环境，2010年的《中国统计年鉴》显示，我国水质量处于Ⅲ类以下，水体污染较为严重。工业生产所排放的污水是水环境中污染物的主要来源，虽然工业排放量比生活污水少，但是其产生的危害比生活污水大得多，如果这些不经处理的废水直接排到自然水体中，会对生态环境造成极为严重的破坏。除此之外，随着工业化和现代化的进程，生活污水中的化学成分逐年增多，处理不当的生活污水排放到地表水中，其污染程度是非工业化时代的数倍。

工业化以来，我国江河湖海以及近海海域均受到了不同程度的污染，七大河流中有一半污染比较严重，尤其是海河、辽河、淮河、珠江和长江中下游地段情景堪忧。从有关资料反映，全国年排污水量有800多亿t（中小城镇年排污水量300亿t左右），使全国532条河流中82%受到不同程度的污染，造成的经济损失高达400亿元。生活污水、工业废水中含有过多的氮、磷等生物营养物质，致使藻类和其他浮游生物大量繁殖，直接影响水体中其他动植物的生存和发展，导致生物种类减少，生物多样性遭到破坏。

工业对水的污染，使水资源紧缺现象更加严峻。截至2009年年底，我国655个城市中有近400个城市缺水，其中约200个城市严重缺水，而且工业用水量还在逐年增加，预计到2030年，国民生产总值翻一番，人口增至16亿后，工业用水总量将从现在的500亿m^3增至2000亿m^3，全国水资源形势将更加严峻。❶ 若工业型城市化引发的水污染问题得不到进一步的治理，再加上工业用水量的猛增，

---

❶ 新世纪更需水"动力"：访全国节约用水办公室秘书长陈明[EB/OL]. 上海环境热线. http://www.envir.gov.cn/info/2001/1/122258.htm

人均可使用水资源将更加紧缺,城市的可持续发展将受到严重影响。

多重环境污染导致地下水质量趋于恶化。当地上淡水逐渐枯竭和广泛遭受污染时,城市生活和工业制造对水的需求,慢慢伸向了地下。据2010年的统计数据,全国657个城市中,有400多个以地下水为饮用水源。我国地下水开采总量已占总供水量的18%,北方地区65%的生活用水、50%的工业用水和33%的农业灌溉用水均来自地下水。

随着我国城市化、工业化进程加快,部分地区地下水超采严重,水位持续下降;一些地区城市污水、生活垃圾和工业废弃物污水以及化肥农药等渗漏,造成地下水环境质量恶化、污染问题日益突出（彭文启、张祥伟,2005：263）。工业污染对地下水的破坏十分严重,未经处理的工业"三废",即废气、废水和废渣,进入到地下水中,危害人类的健康,使日益紧缺的水资源更加稀少。对大气产生严重一次污染的工业废气如二氧化硫、二氧化碳、氮氧化物等物质,随着降雨降落到地面并随地表径流下渗,对地下水造成二次污染;未经处理的工业废水如工业酸洗污水、冶炼工业废水、石油化工等有毒有害水直接流入或渗入地下水中;工业废渣如钢渣、高炉矿渣、电石渣等,由于露天堆放或地下填埋处理不合格,经风吹雨淋,其中有毒有害的物质随降水直接渗入地下水中,或随着地表径流往下游迁移的过程中下渗到地下水中,等等,这些都会对地下水造成严重的污染。

中国地下水环境在不同地区有不同的表现,其中东北地区重工业和油田开发区地下水污染严重;华北地区地下水污染从城市到乡村普遍比较严重,该区地下水总硬度和矿化度超标严重;西北地区地下水受人类活动影响相对较小、污染较轻,污染源以点状、线状分布于城市和工矿企业周边地区;南方地区地下水水质总体较好,但局部地区污染严重,尤其是城市及工矿区局部地域污染较重,特别是长三角、珠三角地区浅层地下水污染普遍（张宗祜、李烈荣,2004）。

生活污染源也是地下水遭到破坏的重要原因。随着我国城镇化步伐的加快,生活垃圾及生活污水量激增。塑料制品的产生为生活带来了便利,同时也给环境带来了前所未有的压力。据统计,我国每年累计产生垃圾720亿t,占地约5.4亿m^2,并以每年占地约3000万m^2的速度发展,全国已有200多个城市陷入垃圾重围之中（赵章元,2006）,尤其是电池等有毒废品的处置不当,会对城市的地下水造成严重的污染。

地下水,尤其是深层地下水一旦被污染,治理起来需要千年的时间,但是我国一直关注地表水,没有地下水环境管理的相关法律。随着近日《全国地下水污染防治规划（2011～2020年）》的通过,防治地下水污染的事业已经受到政府和社会的关注。

6.2 资源短缺危机

我国虽是一个人口大国，但资源有限，那种所谓地大物博的说法很不科学，因为人均资源拥有量远低于世界平均水平。城市化在促进经济快速发展的同时，除了带来日益严重的环境污染问题外，粗放型的工业发展模式也消耗了大量的资源，这是无论发达国家还是发展中国家都面临的严重问题。发展中国家面临资源短缺的困境，已经无法再像发达国家那样以消耗大量资源为解决问题的途径。在发达国家，工业化过程消耗了巨大的能源和资源，美国总共消耗了 300 多亿吨石油和近 50 亿 t 钢，日本则用了 30 多亿吨石油和近 11 亿 t 钢。英、美、日在其工业化期间，人均累计钢消费量分别为 22t、20t 和 17t（国家经济贸易委员会，2003：56）。如果 13 多亿中国人也采取如此之高的能源及资源消耗水平来实现现代化，再有 5 个地球都不一定够用。

6.2.1 开发区无序扩张，导致土地利用率下降

土地是最基本的自然资源，是生存的根基，然而土地却是不可再生的。在没有任何干扰的情况下，再生 25mm 的土表就需要 300 年（白旻，2005：12），这种再生的速度对于迅速被工业化侵蚀的土地并没有多少补偿作用。中国的人均土地面积不到世界平均水平的 1/3，人均耕地面积不到世界水平的 1/2。改革开放之初的 1980 年，中国人均耕地面积接近 2 亩（一亩 $\approx 666.67m^2$），到 2011 年减少到 1.36 亩，大大低于世界人均水平的 3.75 亩，不及加拿大的 1/15、俄罗斯的 1/8、美国的 1/6、印度的 1/2，全国 18 亿亩耕地红线也正面临工业化和城市化的严峻挑战。但就在如此紧张的人地关系下，中国的土地资源仍在以惊人的速度被侵蚀。按照《联合国防治沙漠化公约》所确立的定义，中国荒漠化的土地面积高达 280 多万平方公里，占中国国土面积的近 1/3，同时，土地沙漠化的面积以平均每年 2460 平方公里的速度递增[1]。

随着工业化、城市化的快速发展，城市建设、工业建设、基础设施建设等用地大量增加，中国的土地问题更加突出和尖锐。在城市化浪潮中，出现了遍布全国的开发区（图 6-3），除了一部分真正落地成功建设的开发区外，更多的开发区存在一窝蜂、乱占地、闲置浪费用地等现象。利用工业开发区的名义进行圈地的现象，导

---

[1] 中华人民共和国国土资源部. 中国土地沙漠化概况 [EB/OL]. 中华人民共和国国土资源部官网，2011-06-13.http://www.mlr.gov.cn/tdzt/zdxc/tdr/21tdr/tdbk/201106/t20110613_878377.htm.

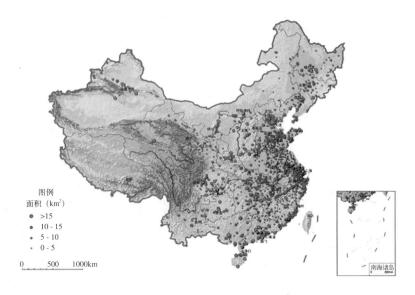

图 6-3　2011 年中国开发区分布图[1]

致土地利用率下降，造成对土地资源极大的浪费。1992 年开始，"开发区热"席卷全国，致使开发区无序蔓延，城市土地闲置浪费十分严重。2004 年 1～7 月，全国共清理各类开发区 6866 个，规划用地面积 3.86 万 km^2。据不完全统计，全国已撤销各类开发区 4813 个，占开发区总数的 70.1%。

近年来，城市家庭用车迅速上升，若依欧洲和日本标准，用于铺设公路和修建停车场占用的土地为平均每辆汽车 0.02 hm^2，假定 50% 的中国城市家庭拥有 1 辆车，则全国汽车拥有量将达到 6500 万辆，占用土地 130 万 hm^2。由于中国人口分布极不平衡，因此，这 130 万 hm^2 的土地无疑将大部分占用人口密集地区的现有的优质可耕地。

6.2.2　粗放型工业发展，加剧资源枯竭程度

矿产资源是自然资源的重要组成部分，是工业型城市的重要物质基础。从矿产资源总量看，我国在世界上属于矿产资源大国，其资源总量居世界第三，但由于人口基数大，从人均水平来看，我国又是一个矿产资源贫瘠的国家，我国 45 种主要矿产资源的人均占有量不足世界平均水平的 50%，中国人口占世界 21%，但石油

---

[1] 国务院. 全国主体功能区规划——构建高效、协调、可持续的国土空间开发格局. 国务院关于印发全国主体功能区规划的通知（国发 [2010]46 号），2010-12-21.

储量仅占世界 2.3%、天然气占 1%、铁矿石不足 9%、铜矿不足 5%、铝土矿不足 2%；45 种主要矿产资源中已有 1/4 的品种供给不足，另有 1/4 的品种濒临短缺，其中作为经济发展支柱的 15 种矿产资源中也有 9 种存在着储量不足和资源缺口（宋旭光，2004）。中国工业化和城市化在整体水平上，多数仍然使用粗放型工业发展模式，在低产出率的基础上消耗了大量宝贵的矿产和能源。中国地质科学院的研究报告指出❶，今后 20 年，中国实现工业化，石油、天然气、铜、铝矿产资源累计需求总量至少是目前储量的 2～5 倍，未来 20 年中国石油需求缺口超过 60 亿 t，天然气超过 2 万亿 m³，钢铁缺口总量 30 亿 t，铜超过 5000 万 t，精炼铝 1 亿 t，即重要矿产资源的供应将是不可持续的。总体而言，中国已经无法单纯依靠本身的资源来支撑经济扩张，无法单纯通过工业化道路来推动城市化的进程。

令人担忧的是，中国不止一个城市出现了资源枯竭现象。国家发改委在 2008 年确定了 12 个国家首批资源枯竭城市，2009 年又新增 32 个资源枯竭城市，面临资源枯竭挑战的城市已达 44 个。这样的资源型城市走过了一条"建设—繁荣—衰退—转型—振兴或消亡"的工业化道路，如果不走多途径道路，面临的最终命运必定是消亡。因此，资源枯竭城市必须提前做好经济转型的准备，未雨绸缪，真正解决工业型城市化带来的问题。面对资源短缺挑战，"十二五"规划提出单位 GDP 能耗降低 16%，主要污染物排放减少 8%～10% 的目标，体现了国家对环境保护和资源节约的高度重视。中国的城市再不能以牺牲本地资源、破坏人居环境为代价、走单一的工业型城市化道路了。

6.3 社会进步危机

随着时代的发展，城市体现出更多的功能。城市不仅仅是人们居住和工作的场所，更是赋予城市居民幸福感的环境。根据世界银行发表的 21 世纪宜居城市的发展方向报告❷，宜居的城市必须满足：①为城市贫民窟提供基础设施，如清洁的食物和水、卫生设备、道路和人行道、排水系统等；②打造更健康的城市环境，降低城市中的铅、粉尘、烟尘、微生物疾病对市民身体的危害；③金融支援城市中的居民，更新金融体系，支持更透明的政府财政制度，以便能更好地利用和周转手中的资源。

---

❶ 于莘明，曹菲. 中国未来 20 年将面临矿产资源短缺 [EB/OL]. 科技日报, 2002-12-30. http://www.china.com.cn/chinese/huanjing/254540.htm.

❷ World Bank, 1996. Livable Cities for the 21st Century: Directions in Development. Washington: The World Bank. http://www-wds.worldbank.org/external/default/WDSContentServer/WDSP/IB/1996/11/01/000009265_3970311123612/Rendered/PDF/multi_page.pdf.

然而，在工业型城市化的发展过程中，"城市病"越来越凸现，更多的城市成为了不适合居住和寻求发展的环境，产生了很多的社会问题。诺贝尔经济学奖获得者哈耶克认为，判断一个社会好坏的标准不是经济福利，而是人的自由程度。❶ 在哈耶克看来，工业化、城市化这些提高发展速度、增加社会物质财富的最终目标，应该是人类的自由程度而非物质进步本身。真正的社会进步不是城市化，而是城市化带给人的自由境界。现有城市化模式导致社会矛盾危机加剧，使越来越多的人在城市化之后失去或降低了自由程度，这将与我们很多人最初的城市化理想背道而驰。

6.3.1 居住条件差

工业发展和城市化魔力使城市中心区聚集了大量的人口，城市住宅供不应求，房价逐年攀升，大量新老市民居住条件日益下降。一百年前的美国工业化社会问题今天正在中国不少城市上演，中国人口基数更为庞大，城市面临的居住压力更为突出。在北京、上海、广州等沿海大城市，外来人口没有单位的宿舍楼，收入十分有限的新市民面对高额的住宿费，只能选择条件恶劣的筒子楼、城中村、地下室作为临时住所。不仅农民工的居住条件十分窘迫，即使是刚毕业的大学生，同样面临"蚁族"的生存压力。在这样的发展模式下，新市民的生存压力大、幸福指数低，还有为数不少的无居所、无就业的游民成为社会稳定的隐患。

工业化与城市化促使乡村居民向城市迁移，其结果是远距离、非本土农民的城市化，而不是乡村居民的本地城市化。大量进城务工人员在进入城市初期尚未融入城市社会，必然伴生多种社会问题。居住条件恶劣降低了原本的生活质量，是一种较低水平的城市化。国家计生委报告显示：2010年，我国流动人口总量已达2.21亿，流动人口在生存发展中面临着劳动技能整体偏低、社会保险参保率低、人口房租负担重等六大问题；近年来，我国流动人口规模以每年1000万的速度增长，未来30年，还将有3亿农村人口进入城镇（计生委，2011）。不解决流动人口的社区保障问题，就不是真实的城市化，而是伪城市化，据估计2012年中国的伪城市化比例起码占10%。❷

进城农民被剥夺的权利中，由于户籍身份限制、社会融合困难、夫妻分居两地等原因，造成的另一种常常被忽视的权利灭失就是性权。孔子曰，食色，性也，包括性交权在内的性自由权是人的基本权利之一，自古有之全球有之❸。但由于进城流动人口经济收入低、居住条件差、社会保障缺失，他们的恋爱、婚姻和性权利遭受了严重的抑制。为了弥补进城农民的性权利被剥夺的遗憾，一些义工提出免费或

---

❶ 萧山博士. 新浪微博. http://weibo.com/xiaozejun.
❷ 陈晟的微博世界. 新浪微博. http://weibo.com/chenshengrealestate.
❸ 吕良彪律师. 新浪微博. http://weibo.com/justicelv.

廉价为农民工提供性服务的倡议❶。虽然这种做法为现行法律所不允许，但它至少折射出当前城市化过程中存在的一个突出的社会问题：性剥夺。

6.3.2 就业困难多

工业化吸纳就业能力逐渐减弱。发展经济学及其"二元经济理论"认为：发展中国家一般都存在传统部门（农业）和现代部门（工业）的二元结构，它主要表现在传统农业部门劳动的边际生产力远远低于以现代工业为代表的非农产业的劳动边际生产力。实现工业型的城市化道路，可以促进传统农业部门的剩余劳动力向现代工业部门转移，不仅可以解决很多农业剩余劳动力的就业和增加这部分劳动力的收入，而且可以增加现代工业部门的产出和积累。实际上，在不同的发展阶段，不同的产业部门吸纳劳动者就业的能力不同。工业部门表面上具有很强的边际作用，可以吸纳很多的剩余劳动力，但从工业化道路的发展历程来看，工厂的现代化器械及生产方式在本质上是解放劳动力，企业对劳动力的需求逐年减少。工业型城市化的道路并不是解决就业的长远之策。

一般来说，工业的比较利益远高于农业的比较利益，因此，农业劳动力常常被吸引到工业中去。但由于我国工业化道路存在一些偏差，工业化与剩余劳动力转移的衔接严重脱节，最终阻碍了剩余劳动力的转移。从世界工业化发展的一般规律来看，大都是逐步推进的发展历程，由轻工业发展到基础工业，最后是重工业。也就是工业化过程要经历两个互相衔接的阶段：其一是外延式增长阶段，其二是内涵式增长阶段。外延式增长是以工业中的劳动力绝对数量的增长为前提的，而农村剩余劳动力向城市的转移就是在这个阶段实现的。然而，新中国建国初期受到了国际环境和苏联示范效应的影响，最终选择了优先发展重工业的工业化发展道路。但是重工业具有资本技术密集型特点，有悖于当时中国劳动力相对丰富而资本相对缺乏的国情。

在工业型城市，尤其是传统工业城市中，由于工业的产业联动效应较低、企业因转型而进行关停并转调整，导致了职工大批下岗失业，工业吸纳劳动力的能力再次下降，给社会带来了较大压力。东北老工业基地转型期间，出现了大批失业工人。如沈阳市铁西区是中国工业厂矿最集中的地带之一，在 2003 年东北老工业区改造期间，下岗职工累计 15 万、失业人员 5 万。在工业化程度较高的西方国家，同样遭遇过类似情景。比如德国鲁尔，在 1957～1971 年间，职工从 48.9 万人减少到 19.7 万人，到 1996 年减至 7 万人。

---

❶ 卓越兄.新浪微博.http://weibo.com/joysoon.

因此，工业型城市化在就业方面具有不可持续的隐患，而非工业型的城市化发展道路，如大力发展服务部门，以第三产业作为城市化发展道路，更加具有可持续性。因为服务产业是以"人"为核心的产业，就业门槛较低，对人力资源需求较大，具有很强且可实现的边际作用，第三产业能够创造更多的就业机会。

劳动力市场竞争激烈，进城农民、毕业学生就业困难。农村的基本生产资料（土地）有限，劳动力大量过剩，再加上城乡居民收入差距拉大，只要有超额收益，便会有要素流动，尽管农民在城市找到相对稳定的工作概率并不高，但是其收益期望值高于其机会成本，农民进入城市劳动市场就不可避免。然而，城市劳动力市场竞争激烈，原有城市的就业机会已经较为紧缺，进城务工的农民总体素质不适应用工要求，更为加剧了就业难的问题。

城市就业机会紧缺还因每年都有应届毕业生的就业需求而雪上加霜。从招聘需求来看，工业部门的企业对劳动技能以及工作经验都有一定要求，对求职者设置了较高的门槛，农民的教育、文化、技术程度相对较低，常常很难达到岗位需求。由于竞争激烈，必然产生工资过低现象。过低的工资报酬和较长的工时造成了对底层劳工的剥削，中国工人的人均工资位列世界最低国家行列，而每年的劳动时间却是世界上最长的国家之一，因此，中国人被称为"最勤劳的民族和最廉价的民族"❶。

6.3.3 贫富差距大

社会成员之间收入差距过大是一个严重的社会问题。城乡居民收入差距、地区间居民收入差距、行业间收入差距都有扩大的趋势，是当前收入差距问题的主要表现。当前我国收入分配已经走到亟须调整的"十字路口"，缩小贫富差距、解决分配不公，必须像守住 18 亿亩耕地"红线"一样守住贫富差距的"红线"。

贫富差距过大现象的产生与工业型社会发展的特点紧密相关。首先，我国优先发展工业特别是重工业，发展战略不均衡，让一部分地区的人"先富起来"但却未带动"后富"的人，是收入差距加大的政策性原因。另外，工业型城市的发展存在着行业垄断问题，使竞争缺乏公平性。工业的发展需要大规模的投资、需要占用土地，工业的集团化发展也形成了进入性壁垒，工业企业集中在国有或是大财商手中，竞争性差，垄断性强。

战略政策不均衡，利益分配不均等。历史上我国是一个农村人口占绝大多数、经济不发达的国家。1950 年代以来长期优先发展重工业，实行农业支持工业、农村支持城市的政策，导致农村发展明显落后于城市。近年来，国家加大了向农村和

---

❶ 怪诞经济行为学 . 新浪微博 .http://weibo.com/u/2370850242 .

中西部的投资，特别是对老、少、边、穷地区基础投资力度增强，但在一段时期内，城乡差距、东西部差距及其居民收入差距，仍会因发展的基点不同、条件不同而呈现较大的差距。全国居民收入呈东、中、西递减现象，这固然有区位环境、基础条件等历史因素，但与改革开放以来我国采取的由东向西的经济推进序列和区域不平衡发展战略有着直接关系。改革开放以来，由于国家宏观战略调整，以及东部充分的资源储备，对东部地区实施倾斜的发展政策，使得东部的发展速度远大于西部地区，从而导致东西部地区间发展差距不断扩大，致使社会结构两极分化。

政府的倾向性政策使地区与地区之间的发展不均衡。工业的发展对资源和技术人员的依赖性较强，设施配备高、人才集中的地区的经济发展高于其他地区。1950年代初，百废待兴，东北以原有的工业基础较好、广袤的黑土地资源以及丰富的能源当仁不让地成了"共和国长子"。"一五"时期，全国156项重点工程，东北地区独占58项，建成了众多关系国民经济命脉的战略产业和骨干企业，构建起以重化工业为主的工业体系，地区经济连上台阶，综合实力发展壮大，人民生活水平显著提高，当时的经济发展远高于其他地区。1978年改革开放之后，国家的战略政策转向沿海地区，老工业基地优惠性政策逐渐减少，能源逐渐枯竭，东北需要靠"振兴东北老工业基地"的战略重新振作起来。

地域、行业、城乡、教育程度、经济类型差别的存在，国家宏观调控体系尚不够完善，社会保障体系不健全等，也是导致收入分配差距问题的重要因素。中国的收入分配差距是在社会经济全方位转型过程中逐步形成的，在渐进式改革过程中，尽管旧制度已基本被打破，但尚未完全退出历史舞台，新制度虽已建立，但仍不很完善。收入分配差距的产生和扩大，正是制度变迁过程的一种表象。我国基本经济制度的变革及由此决定的分配制度的变革，改变了生产要素在不同单位和个体间的分配格局，也导致了生产要素占有的差异，进而带来了分配结果的差距。

生产资料集中，收入差距拉大。工业化的特点是集中财富、技术、资金发展产业，工业建设把大量的土地、资本吸引到城市中来，这样一种结构的惯性妨碍物质、信息、生产要素等合理流动，降低社会经济活动的宏观效率以及导致资源的低效配置，造成了贫富分化更加严重。工业型城市发展模式，过度依赖能源储备，资源富集区的经济发展水平会高于贫瘠地区。工业化所依赖的资源分配不均是造成各地区贫富差距过大的原因之一。例如，山西、陕西、内蒙古交界地带是我国煤炭、石油、天然气资源富集区，被称为能源"金三角"。近年来，这一地区由于加大资源开发力度，出现了利益分配不均、贫富差距拉大、社会矛盾加剧等问题。

行业依靠垄断，缺乏公平竞争。行业垄断是传统计划经济中"条块分割"的产物，政府对于工业部门的严密控制，是行业垄断的初始。长期以来，我国电力、石化、大型工业等投资收益高的领域,其他资本难以进入,形成了事实上的垄断经营。由于行业垄断由政府的主管部门实施,所以,能够创造出完全排斥竞争的效果。垄断行业的高收入,并非是因为它们创造了最大的市场价值和最多的物质财富,而是公共权力参与了社会财富分配。因缺乏公平竞争的平台,垄断行业独享经营机会,优先占有了属于国家和全体国民的短缺稀有资源,使得行业平均利润大大高于社会平均利润,形成了行业垄断利润,因此,造成社会财富高度集中于这些行业,从而极不合理地拉大了行业之间的差距。与此同时,从事国家垄断行业的从业人员与普通劳动者的薪资待遇也在一定程度上拉大了差距。

6.3.4 社会服务少

由于中国城市化主要依赖于资源型工业和重工业,总体上城市化质量较差、品位不高。工业的生产方式,使人们重视物质资本投资,轻视人力资本投资。与政府大量投资土地、厂房、道路、设备、能源、材料等物质基础相比,我国人力资本投资严重不足。以国家政策性教育经费的支出为例,目前发达国家教育经费占GDP平均为6.2%,发展中国家平均为4%,而我国一般在3%左右。在2012年5月,国家发改委批准的国家重大投资项目计划中,钢铁超过1300亿元,其余重大项目也主要以水电、交通、机场等数万亿元计划为主。❶这些项目中要么是铁公机,要么是大水电,对涉及国民生活质量、社会公共服务的医保、教育、生态建设等项目却极少关注。

长期以来,工业化流水线的生产方式和"制造为重心"的理念,也使人在不经意间被机械化,只重视物质的拥有,不重视精神的愉悦。最突出的体现是,工业城市化对市民游憩空间以及公共服务的建设很不重视。在中国,人们能享受到的城市游憩空间非常紧缺,相比美国,3.5%的土地面积被设为国家公园,人均拥有国家公园面积即达 11.3km²/万人,而中国国家级风景名胜区加上省级风景名胜区,其总面积却只占国土面积的1.89%,人均水平只有0.00013 km²/万人。城市中的休闲广场建设,更是远落后于发达国家。在西方国家,音乐厅的多少标志着当地文化水平的高低,而在中国,即使在大城市,音乐厅也是少之又少,即使有音乐厅,由于教育的缺失,也很少有人会去听音乐。遍布全城的不是工厂便是商店,是一个"有音乐厅,没有音乐家;有音乐家,没有观众"的冰冷城市。

不受控制的工业化对社会服务的另一种忽视就是食品安全的情况愈演愈烈,工业化生产农产品带来的食品安全在中国已成极大威胁。2012年,中央电视台精心

---

❶ 和讯网期货.新浪微博,2012-05-30.http://weibo.com/hexunfutures.

摄制的《舌尖上的中国》因对中国餐饮文化的精美呈现而享誉一时,但人们很快发现,凡是入镜的所有各地美食,无一不受工业化的安全危害:农残松茸、焦亚硫酸钠竹笋、硫黄冬笋、污水酸豆角、柠檬黄染色小黄鱼、澡盆血肠、冷库火腿、漂白藕、变质冻马鲛鱼——请节哀,原节目已被完美破解!所有提到的食物无一幸免于难,为我们呈现了舌尖上的另一个中国。❶工业化水平与食品安全的威胁之间,存在正相关,也就是说,工业化程度越高的东部沿海地区,遭受到的食品安全威胁越大,这一点从"掷出窗外网"网站显示的问题食品事件的空间分布中可以清楚地看出。❷

除了食品缺乏安全意识,工业化背景下的卫生领域也越来越缺乏人文关怀。看病成了流水线,其中一个最常见的现象就是医院对病患治疗的快速处置,几乎所有病人都被医生开处方打点滴,❸这种求快的方式病人虽然暂时好得快,但抵抗力却越来越低。

城市化离不开工业化,但中国未来城市化的动力机制不仅是工业化,不是所有的地区都要建成制造业中心,而是同时需要依赖于服务业的大力发展。当前,我国城市化发展是以新型工业化作为主要推动力量,但当人均 GDP 超过 3000 美元后,城市化水平达到 50% 以上时,第三产业发展对城市化的推动作用将会起到主导作用,成为城市化深入发展的后续动力。多途径的城市化道路是适合我国国情的选择,它可以减轻工业城市的负面作用,实现城市的可持续发展。

(沈晔、吴必虎 执笔)

---

❶ 蛮子文摘. 新浪微博 .http://weibo.com/manziwenzhai.
❷ 掷出窗外网发布的《易粪相食:中国食品安全状况调查(2004-2011)》,对食品安全在全国的分布有较为详细的资料。网址:http://www.zccw.info/report.
❸ 挪威人埃玛·格里森在中国日报撰文,讲述自己在中国的经历:我生病了,被人带到医院以便打点滴。打点滴?在挪威,只有快要死去的病人才打点滴;而在中国,得个感冒都要打点滴,还不止一瓶液体,而是 5 瓶以上。参见财经网,新浪微博. http://weibo.com/caijing.

第七章 工业型城市化的转型与更新

城市工业具有农村产业无法比拟的优势，工业的发展使企业集中和规模化程度不断提高，有助于提高生产的效率和产品的质量，也有利于降低生产成本和管理成本。但第二次世界大战以后，随着发达国家逐步从工业社会向后工业社会过渡，工业在国民经济中的地位不断下降，这些以工业起家的老工业城市面临着严重的挑战。交通运输和通信技术的进步、基础设施的老化、相对拥挤的城市空间、生产的组织模式的变化等，都使传统工业城市的比较优势受到了削弱，因此，这些城市的制造业逐步衰落、整体竞争力逐渐走向颓势（孙耀州，2009）。面对挑战，西方国家纷纷重新制定再造战略，对城市的经济结构和空间结构进行了改造，使其获得新的发展机遇，从此拉开了工业城市转型的时代序幕。郝寿义、陈波翀（2004）指出，中国城市化进入快速发展阶段，经济全球化和体制转型的特殊背景赋予了中国城市化一系列特殊性。随着城市化进程的加快，一些传统工业城市也面临着同样的生产成本攀升、资源约束加强、制造业"空心化"愈演愈烈等困境，这些也都预示着中国的工业城市转型与更新的时代正在来临。尤其在2008年以来席卷全球的金融风暴中，大批传统型、资源型、高能耗型产业如采矿业、钢铁业、纺织业等受到了严重冲击，以此类工业单一主导城市产业结构的弊端暴露无遗。如何盘活城市存量资源，优化城市人居环境，重塑城市精神气质，实现城市产业升级，是摆在我国众多传统工业城市面前的严峻课题。

为什么必须转型？因为工业主导型城市化存在很多致命缺点：无限提高劳动效率，导致越来越多的人失业，造成社会不稳定；无限开发利用化石能源，导致煤炭、石油、天然气资源枯竭，造成城市短期繁荣但缺乏可持续性；工业化过程导致人类赖以生存的水体、大气质量被污染，降低了人类生活质量甚至生存条件。如果对工业城市化道路不加控制，终将会将人类引向毁灭之路！

7.1 转型与更新的表征

7.1.1 转型与更新的历史背景

全球环境破坏和能源危机的压力。工业城市的发展，曾对促进国民经济、社会发展起到了举足轻重的作用，但由此产生的环境污染和自然生态环境的破坏，也严重制约着工业城市经济、社会的发展。一些高污染、高耗能的工业产业，如电力、钢铁、有色金属、建材、石油加工、化工等行业，开始遭到了许多地方居民的强烈抵制。全球的能源危机也给工业城市特别是重工业城市带来了前所未有的压力，钢铁、煤炭、石油等工业原料的供应紧张，大幅度地提高了工业的制造成本，限制了工业的发展空间，迫使工业城市不得不以转型来应对能源危机带来的风险。发达国家上百年工业化过程中分阶段出现的环境问题，在中国却集中表现出来，且呈现出结构型、复合型、压缩型的特点，这都对中国工业城市转型提出了紧迫的任务。

世界经济发展和产业战略性调整的推动。西方发达国家的非工业化对工业城市的发展造成了猛烈的冲击，工业城市出现了严重的经济衰退，尤其是制造业部门迅速衰落下去，大批工厂倒闭，工业城市的人口迅速减少。比如，在1960～1981年间，伦敦的制造业就业职位减少了68.8万个，减少了51.4%（Clark，1989：50）。1990年代以来，世界上绝大多数国家第三产业的发展速度大大超过第一、第二产业的发展速度。进入21世纪之后，世界进入了经济全球化、区域一体化和技术信息化的时代，城市发展进入了战略机遇期。全球产业开始了战略性调整，第三产业在各国国民经济中的比重不断上升，产业结构软化趋势明显。目前，发达国家第三产业产值和就业的比重均在60%～70%左右。美国、加拿大、澳大利亚等国都已超过70%，中等发达国家也达到了50%左右（魏作磊，2004）。而传统工业如钢铁工业、纺织工业、石油化学工业等，无论其在经济中的比重，还是其生产率的增长，都呈相对下降的趋势。在此大环境的影响下，世界上许多工业城市也开始顺应世界潮流，大力发展以信息和现代服务业为主的第三产业，走上了工业城市转型之路。

工业型城市化的转型可以分为三次绿色浪潮。2012年6月联合国可持续发展大会在巴西里约热内卢的召开，标志着世界绿色浪潮正在进入第三季。第一季绿色浪潮是1960～1970年代，重点是末端治理导向的环境保护，治理经济增长的环境损失；第二季浪潮是1980～1990年代，重点是环境与发展并重的可持续发展，提高人造资本的资源生产率；当前的第三季，重点是绿色经济导向的投资自然资本❶。可持续发展要求关键自然资本的非减化，如果对自然资本造成了危害，即使有很大的经济增长，也不是可持续发展。

资源短缺的要求。消耗大量资源的粗放型工业发展模式，已经遭到世界范围内的唾弃。如果不改变传统路径，工业型城市化道路必然面临更多的资源消耗与环境

---

❶ 诸大建．新浪微博．http://weibo.com/u/1798330264．

污染。我国与发达国家在工业资源利用效率方面存在着明显差距,若按2009年美元对人民币平均汇率计算,美国工业能耗强度约为中国的37%,换言之中国是美国的3倍左右(蓝庆新、韩晶,2012)。按照现在的能耗产出比,要维持国民经济以7%~8%的速度平稳发展,到2020年,全世界的资源给中国用都不够。因此,转变生产方式、加快结构调整已经不是关系经济发展快慢的问题,而是生死攸关的问题❶。资源短缺与资源利用率低加深了我国工业城市转型的紧迫感。

7.1.2 转型与更新的主要表现

由于复杂的社会经济原因和特有的城市发展历程,中国"逆工业化"现象的出现相对要晚些,但总体上仍基本符合这一发展趋势。新中国建国初期,地区经济发展极不平衡,全国70%以上的工业偏集于占国土面积不到12%的东北沿海狭长地带,而广大内地和边疆少数民族地区几乎没有近代工业。其后以苏联156项重点援助工程为基础,开始启动了大规模的工业化建设,改变了原有的城市格局和城市内涵。从1950年代至1980年代初期,经过30余年的工业化建设,前后共有40多座城市成为国家重点建设的工业重心,这些城市的工业生产部门涵盖了所有重要的战略经济部门,构成了我国当时的基本工业框架与体系(陈佳贵、黄群慧,2004)。

进入21世纪,国家把调整产业结构作为实现国民经济快速发展的战略重点,中国经济结构已发生了明显变化,至2005年中国的工业化进程已经处于工业化中期的后半阶段。从板块和经济区域看,除了北京,还有长三角和珠三角地区也已都进入工业化后期阶段,领先于全国一个时期(陈佳贵、黄群慧等,2006)。从省级区域来看,上海、北京、天津、广东、浙江、江苏、山东等7个省市已经到达或者超越了工业化后期阶段,其中上海、北京已经率先实现了工业化,进入后工业化社会,而广东、浙江、江苏在2010~2012年前后实现工业化,山东也将在2015年前后实现工业化(阳建强,2008)。在未来一段时期我国经济发达地区的大部分城市将进入后工业化阶段,城市社会经济将进入产业布局、类型、结构的重构和转型的实质性实施阶段,"退二进三"、"退二优三"必然成为城市建设特别是旧城更新改造的重要主题。经济增长和产业结构演变对城镇化的核心驱动作用得到了大量理论和实证研究的支持(曹广忠、刘涛,2010)。在工业化的中后期,生产力提高对劳动力需求减少,促使人口向第三产业转移。第三产业在国民经济中的比重呈不断上升的态势,成为各发达国家GDP的主要来源。

---

❶ 李毅中. 维持经济7%至8%增速8年后全球资源都不够中国用. 财经网,2012-03-05[2012-03-26].http://industry.caijing.com.cn/2012-03-05/111724469.html.

在此过程中，许多城市老工业区由于改革滞后、机制不活、投资短缺以及技改缓慢，在失去国家扶植之后逐渐丧失市场竞争力，大部分企业出现经济效益低下、土地大量闲置、下岗工人比例增大和再就业困难等严重的功能性和结构性衰退，严重的甚至危及城市的社会稳定。另一方面，随着城市化进程的大力推进和城市空间的迅速拓展，土地供需矛盾变得日益突出，由于城市老工业区处于城市中心的区位优势，其更新往往给城市土地的开发置换带来了契机。诸多方面的综合作用，促使老工业区更新改造提到各地方政府的重要议事日程。如 1990 年代兴起的北京首钢搬迁改造、北京 798 工厂改造、沈阳铁西工业区更新改造、上海苏州河沿岸工业更新改造、武汉旧城工业区更新改造、哈尔滨旧城工业区更新改造等，从这些老工业区更新改造实践的实施情况来看，均一定程度上实现了产业转型，缓解了老城内用地压力，改善了老城区环境，恢复了城市经济发展活力。

7.2 转型与更新路径

城市化道路与经济社会发展方式的转变，首先应从顶层设计、发展路径和基本政策层面加以系统考虑和整体改革。例如，城市产业结构中，如何提升第三产业的比重，处理好工业与服务业的关系；城市社会结构中，如何主动接纳流动人口，使其顺利融入城市社会创造平等发展机会；城市空间结构中，如何重新调整工业用地、居住用地、公共游憩与生态用地的结构，实现城乡阴阳协调。这些上层设计问题解决好了，才能从根本上解决转型的基本路线与总体战略问题。仅以城市人口社会转变来讲，中国的快速城市化是以农民进城的方式直观表现出来的，但在此过程中一直存在着对农民工的多重剥夺问题。实际上，农民工"短工化"恰恰就是制约中国工业、服务业等发展提高的根本原因。❶只有承认农民工的户籍转移，提供必要的社会保障，让农民工工作稳定、社会融入，通过职业培训、社会交流使农民工转变为真正的城市居民，"长期化、职业化和专业化"才是提高城市发展质量、增强中国城市软实力的根本措施。

7.2.1 利用区位优势向商业金融城市转型

（1）理论依据

从城市的发展规律上来讲，随着工业化进入到中后期，劳动力、金融资本等各种生产要素资源快速向城市集中，城市的"规模经济"推动城市的快速膨胀，城市

---

❶ 什么改变中国. 新浪微博. http://weibo.com/u/2171305243.

在经济发展中的作用越来越突出;城市作为商品流通中心,发挥巨大网络效应,刺激服务业产出和就业的增加,尤其是吸引了众多的高级人才的金融业在城市中心开始积聚。一方面它是为满足快速增长的工业对其作为中间投入要素的需求,另一方面作为支撑城市成长的重要产业,金融已经成为整个城市服务业的重要组成部分,其需求进一步提高了城市化水平。

城市不断发展和居民收入不断提高,对金融产品与理财服务的需求也越来越丰富,这对城市金融业的提升产生巨大原动力。工业发展为城市带来了大量人口,有限的城市土地资源面临着大量人口居住的刚性需求。同时,分工也要求工业链中非制造环节尽可能分离出来,以服务外包方式提升工业竞争力,这将大大增加城市服务业中劳动力数量。由于工业化带来的环境压力上升和竞争力下降,制造业的生产车间逐步搬出城市,公司总部及研发部门留在城市,形成城市企业总部聚集效应(韩汉君、黄恩龙,2006)。在这种城市转型背景下,城市建设的资金来源不再以制造业为主,而更多来源于服务业的贡献,如何通过金融平台为城市基础设施建设融资已经成为不可回避的问题。

(2) 案例分析

观察纽约、东京等国际城市发展历程及其工业化转型过程,可以了解金融业是如何对城市发展产生越来越显著的带动作用的。19世纪以前,纽约是美国最大的制造业中心。服装、钢铁、印刷曾经是纽约制造业的三大支柱。19世纪后期,纽约的"全国制造业中心"地位就逐步让位给其他新兴的大工业城市,如芝加哥,实现了制造业向金融服务业的转型。20世纪以来,纽约以金融为主包括保险、广告、出版、电视电影的现代服务业一直保持着美国和全球的领先地位。目前,纽约市(中心城)的经济已经完全转型到服务业,尤其是现代服务业为主体的经济基础。制造业则分布在纽约经济圈内,特别是费城(宾州)—巴尔的摩(宾州)—纽瓦克(新泽西州)—匹兹堡(宾州)的广阔腹地。纽约金融服务业的快速发展,有效地提高了服务产品的供给能力,也刺激了面向全球的市场需求,从而诱导了曼哈顿金融商务服务业集群的形成。1990年代开始,纽约的FIRE(金融、保险、房地产业)所占GDP的比例大幅度上升,由1990年的26%上升到2000年的37%(张庭伟,2005)。

日本的东京中心区传统上由千代田区、中央区和港区三区构成。千代田的丸之内是东京的商业中心,国际金融机构高度集中,用地达到饱和状态,办公面积达1700hm^2,占三区总量的60%左右(杨亚琴、王丹,2005)。东京中心商务区的发展模式采用了老中心区与多个新中心区分层次并进策略,来适应快速城市化的发展需求。早在1980年代,在城市功能规划上,东京市政府就将其定位于全球金融和商务中心，并将东京及其附近地区改造成以知识和信息为基础的产品基地，政府从政策上强调核心区现代服务业以及商业功能聚集的重要性，并采取具体的措施来扶持高附加值的金融、大公司总部、保险、物流等现代服务业的聚集，良好的生产性服务业的聚集效应又反过来促进了知识密集型制造业的发展。与纽约不同，东京在现代服务业迅速发展的同时，仍保留了强大的现代制造业。自1960年代以来，伴随着产品竞争和城市环境问题的出现，东京的很多制造企业纷纷迁到国外或横滨一带。随着日本经济从"贸易立国"逐步向"技术立国"转换，东京"城市型"工业结构进一步调整，以新产品的试制开发、研究为重点，优先发展知识密集型的"高精尖新"工业，并将"批量生产型工厂"改造成为"新产品研究开发型工厂"，使工业逐步向服务业延伸，实现产业融合（于涛方、陈修颖等，2008）。

随着产业转型，纽约和东京不再是传统制造业的生产基地，但是它们在现代服务业的领先地位不但吸引了服务业总部，也吸引了大量包括波音公司在内的制造业管理、研发总部，形成总部集群。从而在把传统制造业基地转移出去的同时，集中力量提升了现代服务业或现代制造业。这样可以巩固、保持自己经济中心的地位，同时，无论纽约还是东京，都和广大的区域腹地保持着密切的联系。由于这些中心都市把制造业基地转移到了周围城市，和周围城市有相对明确的经济分工。而通过提供高等级的现代服务业（融资、法律、技术开发），它们和周围城市的协作关系得以显著增强（刘俊杰、王述英，2007）。

（3）借鉴与启示

工业城市向商业金融城市转型是一个复杂的系统工程，既包括原有工业产业的退出，又包括金融替代产业的培育和发展，解决这一系列的问题，都离不开资金和政策的支持。

建立产业转型政府支持体系，积极助推产业结构调整。经济转型的实质在一定意义上，是逐步减少对工业的依赖，培养和发展第三产业作为接续产业。通过借鉴国外大都市转型经验，我国工业城市应重点发展金融保险业、**旅游业**、房地产业和信息服务业以及社区服务业等。实现产业结构多元化需要一定过程，既要量力而行，又要充分依托国内外市场变化和自身发展优势。

在资金方面，通过建立工业城市转型基金推进城市转型升级。工业城市转型过程中，资金匮乏问题十分突出，借鉴国外大都市转型经验，设立工业城市转型基金。该基金主要用于发展新兴产业和接续产业，培育城市经济新增长点；对老工业区企业的转型或转产给予财政贴息；下岗职工基本生活保障以及再就业培训费用；矿区环境进行整治和土地恢复等项目。

在金融资本和民间资本两方面提供政策支持体系。首先是金融资本的支持。传统工业城市因为整体经济状况相对较差，投资回报率相对较低，投资风险相对较大，因而金融资本往往采取逃避措施，不愿意到传统工业城市进行投资。为了改变这种局面，一方面，金融机构应转变经营思想，面对工业城市转型中所遇到的经济困难与资本需求，通过对企业的发展前景和企业产品市场潜力的科学预测，着眼于未来主动地给予必要的资金支持。另一方面，政府也应该针对具体情况，通过各种政策给金融机构必要的支持，给工业城市投资的金融机构以政策上的倾斜和利益补偿，如贴息等，以降低投资的资本风险和确保适当的资本收益。

在民间资本介入方面提供政策支持。民间资本介入传统工业城市的经济转型，不仅可以解决转型中巨大的资金缺口问题，还可以缓解就业压力，解决融资结构单一等问题，有利于加速工业城市转型。实现转型资金支持是首要条件，但是转型的城市数量比较多，政府财政援助有限，因而民间资本在转型中的作用就极为重要。

除了银行和民间资本，也要吸引国外资本参与城市转型。国外资本是工业城市经济转型的重要资金来源。外资是发展中国家城市化的新动力（薛凤旋、杨春，1997），对中国城市转型具有重要意义。我国政局稳定、经济发展快速、国内市场空间较大，对外资具有很强吸引力。和民间资本一样，外资也是资源型城市经济增长的催化剂和经济转型的重要推动力。

7.2.2 加大文化创意投入向文化创意城市转型

(1) 理论依据

佛罗里达将人类社会发展划分为农业经济时代、工业经济时代、服务经济时代和创意经济时代，认为虽然服务经济自1980年以来依然占据主导地位，但创意经济增长速度加快，有超过服务经济的趋势（Florida，2002a：31）。兰德利认为当代大都市发展面临严峻的结构性问题，如传统经济衰退、缺乏集体归属感、生活品质恶化和全球化的威胁与挑战等，这些问题往往也需要靠创意的方法和超越传统的思维才能解决（Landry，2000：13）。现代英国最先提出了"创意产业"这一概念，英国首相布莱尔推动成立了创意产业特别工作小组，以通过"创意英国"来重振英国经济。

进入21世纪以来，创意产业在全球发展速度很快，形成了一股创意经济浪潮，并已经成为一个国家或地区经济发展的重要动力。据统计，1997年至2001年，英国创意产业产值年均增长率都在6%以上，而同期的英国经济年均增长率仅为2.8%；创意产业的从业人口年均增长率为5%，而同期的社会就业人口年均增长率仅为1.5%；创意产业对英国经济增长的贡献率更是达到了4%（张胜冰、徐向昱等，2006：79）。霍金斯（Hokins）在《创意经济》一书中明确指出，"全世界创意经济每天创造220亿美元,并以5%的速度递增。在一些国家,增长的速度更快,美国达14%,英国为12%"(转引自汤培源、顾朝林,2007)。

创意城市(creative city)的概念和理论也随之出现。创意城市是在经济全球化的背景下,由产业转移和产业升级推动,伴随城市更新和创意产业兴起而出现的一种新型的城市形态,是建立在消费文化和创意产业基础上向社会其他领域延伸的城市发展模式,是科技、文化、艺术与经济的融合(李明超,2008)。城市的创意氛围和创意产业正成为城市经济核心竞争力持续提高的动力,文化创意城市是未来城市的发展方向。

佛罗里达认为构建创意城市的关键要素是"3T"理论:即技术(Technology)、人才(Talent)和包容度(Tolerance),为了吸引有创意的人才、产生创意和刺激经济的发展,一个创意城市必须同时具备这三者(Florida,2003)。技术是一个地区的创新实力和高科技的集中表现;包容可以定义为对所有民族和种族开放、宽容的态度,允许生活态度和生活方式的多样性;人才则是指那些获得学士学位以上的从业人员,即所谓的创意阶层。世界国际大都市纷纷把"创意城市"作为未来城市的发展目标,"创意伦敦"、"创意东京"、"创意纽约"、"创意上海"陆续提出。

2011年10月,中共十七届六中全会审议通过了《中共中央关于深化文化体制改革、推动社会主义文化大发展大繁荣若干重大问题的决定》,这是自2007年十七大以来,中共中央首次将"文化命题"作为中央全会的议题;也是继1996年十四届六中全会讨论思想道德和文化建设问题之后,中共中央再一次集中探讨文化课题,其战略部署和政治意义备受关注。这无疑是对中国城市向文化创意城市转型最好的政策支持。

(2)案例分析

世界上许多城市已经在创意城市建设方面迈出了坚实步伐。美国的匹兹堡、英国的盖茨黑德就是两个很好的案例。

匹兹堡是典型的从负债累累的重工业城市转变为一个优雅的宜居文化创意城市的经典案例。匹兹堡坐落于美国宾夕法尼亚州西南部,20世纪上半叶一直是在美国钢铁工业中处于垄断地位的"钢都"。1970年代,匹兹堡因资源枯竭出现了严重的衰退,市区人口大量下降,成为美国衰退最严重的大城市之一(石秀华,2006)。1980年代以来,匹兹堡意识到对生活质量的投资就可以吸引到理想的资金与居民。提高生活质量,改变形象,提升品位,增加城市吸引力,是城市取得成功的先决条件。卡内基基金会、匹兹堡文化信托基金会等社会组织成为以文化发展经济的先锋。在中心商业区建起科学、教育、艺术、娱乐多项并重的"文化区",为中心商业区的经济复兴作出了贡献。城市新建、扩建、改建了许多表演艺术中心,这些艺术活动场所特别是表演艺术中心点燃了城市的夜生活（李振营，2009）。

对历史文脉的处理是城市文化品位的投射。匹兹堡历史文脉的一个特色和亮点来自工业遗产概念，即工业化时期的工厂、仓库、码头、员工住宅等作为一份珍贵的历史遗产得到保护和修复，成为展示城市独特历史的博物馆一样的文化场所（姜立杰，2005）。通过上述成功的产业转型，如今匹兹堡的重工业已处于经济结构的边缘地位，而创意文化、教育事业兴旺发达，提供了很好的生活质量，匹兹堡成了其他受工业衰退打击但重新崛起的城市的标杆。

盖茨黑德市是由工业城市转变为文化创意城市的另一优秀案例。盖茨黑德位于英格兰东北部，是一座人口只有 20 万的小城市。盖茨黑德原本是英国一座非常典型的工业城市，特别是其利用紧靠泰恩河的便利条件，采煤、冶金、化工、机械等现代制造业高度发达。但随着产业结构的调整，盖茨黑德的制造业也随之逐步进入衰退期，到了 1980 年代，盖茨黑德居然成为英格兰人均收入最低的地区，失业率高达 15%，城市以往的风光与活力已逝。但盖茨黑德并没有因此而走向没落，从 1980 年代末开始，盖茨黑德市政当局通过一系列"文化导向型城市重建（Culture-Led Urban Regeneration）"的市政规划工程，使盖茨黑德由过去的工业中心城市变为文化中心城市，成为城市再生与创意城市发展的典范。

"文化导向型城市重建"工程中最具有独创性的是以泰恩河西岸的盖茨黑德码头为重点进行城市改造，将原来的面粉厂保留下来并将其改建为大型的城市文化空间——"波罗的海现代艺术中心"。新改造的艺术中心共 7 层，拥有 5 个展馆，面积达到 3000m²，成为欧洲最重要的当代艺术中心之一。该面粉厂兴建于 1950 年代，经过 30 年的兴衰，随着城市产业结构调整，工厂于 1982 年正式破产倒闭。1994 年，盖茨黑德市政当局根据"文化导向型城市重建"的市政规划，正式决定对这一地区进行改造，将原有的工厂废弃建筑物改造成为文化空间设施加以利用。

盖茨黑德市通过一系列"文化导向型城市重建"工程，为城市带来了巨大的经济效益。据统计，现在在盖茨黑德市及其周边从事与文化产业相关的人员就有 6 万余人。年平均观光客人数高达 2000 万人次。不仅观光客对盖茨黑德的文化生活情有独钟，而且每年大约有 100 万的艺术家从世界各地慕名而来找寻创意灵感来源。而对于盖茨黑德市来说，由此所带来旅游观光收入已高达 40 亿英镑，旅游业已成为该市最重要的支柱产业之一（李顺成、胡畔，2010）。

(3) 借鉴与启示

匹兹堡与盖茨黑德的城市转型成功都是通过积极的保护和开发政策，"变废为宝"，使工业城市的再生事业和创意城市的概念进行有机的结合，促进城市转型。中国工业城市在向文化创意产业转化时，可以从上述案例中总结得到以下几方面启示。

一是需要政府宏观引导，加强知识产权保护。政府必须制定出符合自身发展的产业政策，让文化创意产业的发展得以保障。首先应从法律和制度上出台相关规定，营造有利于文化创意产业发展的产业环境。由于知识产权是文化创意产业的核心，是文化创意产业生存和发展的关键，我们必须加大对知识产权的保护力度。

二是加大对文化创意产业的资金扶持力度。财力保障是文化创意产业发展的动力，要出台相关财政税收优惠政策，多渠道筹集发展资金，重点支持文化创意产业发展，促进企业转型，把越来越多的企业吸引到文化创意产业上面来。

三是整合文化机构，打破行政鸿沟，促进产业一体化。文化创意产业是一个综合性产业，融合了很多产业内容，需要各部门的合作分工，相互支撑、互为供给，构成一条完整的产业链。我们要打破部门条块分割，确保创意产业的科学决策，提高行政效率。

四是加强人才建设，创造多元文化环境。对于文化创意产业而言，重视人才，营造一个适宜人才发展的文化环境是非常重要的。创意人才具有很强的流动性，他们更倾向于选择开放、多元和宽容的城市。这些城市能够接受他们新的创意，风格迥异的生活方式，不同的思维方式，城市具有较强的吸纳独特文化的意愿和能力。

7.2.3 利用自然和文化资源向旅游休闲城市转型

（1）理论依据

工业城市如何转变为旅游城市是一个既老又新的话题，旅游产业与传统制造产业不同，不是严格意义上的"生产相同产品的单个企业的集合"，而是各个其他产业中某一部分产品和劳务的多重"集合"（赵小芸，2010）。仅就观光旅游业来看，就涉及食、住、行、游、购、娱等多种要素，其他类型的旅游活动如商务会展旅游、节事旅游、特殊兴趣旅游等，则会涉及更为广泛的内容。那些直接为旅游产品提供部件构成的供应商，以及这些供应商外延拓展形成的旅游产业链，与其他产业产生叠合交叉，包括与农业、工业、商业、文化、体育产业等发生组合。在旅游经济发达的国家或地区，旅游业往往成为第三产业乃至整个国民经济中具有先导性和带动性的产业（吴必虎、宋子千等，2009：23-24）。综合多位专家学者（杨丽娥，2008；王起静，2005；罗明义，2007）的观点可以认为，旅游产业的先导和带动作用主要体现在六个方面：辐射、带动相关产业的作用；优化和调整产业结构的作用；提供与创造就业的作用；区域间交流与合作的作用；生态环境保护与改善的作用；社会环境与城市形象创造的作用。

在传统工业城市产业结构调整中，旅游业往往成为城市国民经济新的增长点，也是调整城市产业结构、实现可持续发展的重要手段——以旅游业作为产业结构调整的抓手，积极利用城市既有的自然资源和城市发展特征，结合市场需求采取多种措施培育多元产业体系。旅游业的发展和扩大，对相关行业提出了新的要求，形成了一种动力，一种压力，延长了产业链，促进了相关行业的发展。旅游需求的增加不仅刺激了直接为之提供服务的产业，如交通、住宿、餐饮、娱乐、商业、景区等行业，而且会进一步刺激与这些直接服务相关的行业发展，例如，饭店业的发展刺激建筑、建材、家具、装潢业和相关的服务业；餐饮服务业的发展要求农业、牧业、水产、林业等增加供应，扩大加工能力（王起静，2005）。

工业城市具有与"工业旅游"天然的联系。所谓工业旅游，就是以工业企业的建筑环境、设备设施、生产或工艺流程、企业文化与管理等作为旅游吸引物，经过设计包装推向市场，来满足游人的求知、好奇等旅游需求，从而实现企业的经济、管理、社会等目标的一种专项旅游活动（王成武、南剑飞等，2010）。

（2）案例分析

德国鲁尔工业区以采煤、钢铁、化学、机械制造等重工业为核心，形成部门结构复杂、内部联系密切、高度集中的地区工业综合体。从1960年代开始，鲁尔区传统的煤炭工业和钢铁工业走向衰落（赵涛，2000）。1970年代后，大工业衰落的趋势已十分明显。1980年代鲁尔出现了资源枯竭、面临二次创新的挑战。在逆工业化的过程中，鲁尔区开始对自身积淀的区域资源进行开发利用的思考，尤其重视对工业遗产旅游资源的再开发。借鉴英国、瑞典等一些国家的经验，大力发展工业遗产旅游，带来了极大的经济效益、社会效益和生态效益。

鲁尔区的工业遗产旅游开发模式与特点，可以从两个层次去分析和理解，首先从整个区域来看，它属于一个由区域综合整治和发展计划，即IBA（International Building Exhibition，国际建筑展）计划所带动的区域性统一开发模式，这里称之为区域性一体化模式；其次，从各个独立的工业遗产旅游地来看，又大致存在四种不同的开发模式（李蕾蕾，2002；张艳锋，2004），也就是博物馆模式、景观公园模式、购物综合体模式、产业园区模式。其中博物馆模式以"亨利"钢铁厂蜕变为"生态博物馆"、"措伦"采煤厂演变为"具有悠久历史的大学似的工业博物馆"、"关税同盟"煤炭焦化厂发展为"德国的工业艺术和现代设计中心"最为典型。

景观公园模式中具有代表性的是北杜伊斯堡景观公园。它原为著名的蒂森钢铁公司所在地，是一个集采煤、炼焦、钢铁于一身的大型工业基地，1985年停产后被改造成为一个以煤、铁工业景观为背景的大型景观公园。该公园面积达2.3km^2，可以开展丰富多样的活动项目。

购物综合体（Shopping Mall）模式的典型代表是位于奥伯豪森的中心购物区。奥伯豪森是一个富含锌和金属矿的工业城市，工厂倒闭后被成功地改建为购物旅游与工业遗产旅游密切结合的综合体，它在工厂废弃地上依据购物综合体的概念，新建了一个大型的购物中心，同时开辟了一个工业博物馆，并就地保留了一个高117m、直径达67m的巨型储气罐。中心购物区并不是一个单纯的购物场所，还配套建有咖啡馆、酒吧和美食文化街、儿童游乐园、网球和体育中心、多媒体和影视娱乐中心以及由废弃矿坑改造的人工湖等，而巨型储气罐不仅成为了这个地方的标志和登高点，而且成为了一个可以举办各种类型展览的实践场所。

产业园区模式可以从两个方面来理解：首先，鲁尔区从废弃的空置厂房到工业专题博物馆，再发展到今天的工业遗产旅游点，相当程度上得益于一个多目标的区域综合整治与振兴计划；其次，整个鲁尔区的工业遗产旅游开发的一体化特征，还特别表现在区域性的旅游路线、市场营销与推广、旅游点规划与组合等各方面。

鲁尔区工业遗产旅游开发的一体化和整合进程，是一个有意识、有步骤，并逐步细化和深化的过程，这种区域一体化的开发模式，使鲁尔区至少在工业遗产旅游发展方面，树立了一个统一的区域形象，这对区内各城市间的相互协作和对外宣传具有重要的作用。

(3) 借鉴与启示

总结德国鲁尔区的城市转型和旅游发展实践，可以得到若干重要的经验。第一个经验就是坚持区域旅游可持续发展，以区域旅游系统开发为核心。整治环境、恢复和改良生态系统是它在选择发展旅游时首先做好的工作，这是区域旅游可持续的先决条件，也是它取得成功的基础。

第二是合理利用旅游资源，适度开发与有机保护相结合。鲁尔区的"变废为宝"行动对旅游资源的深度挖掘，反映出旅游资源的基础性地位，只有在保护中进行开发、在开发中进行保护才能使旅游资源开发利用的价值得以优化。

第三是政府主导是资源型城市旅游发展的有力保障。从鲁尔区制定的"IBA（国际建筑展）计划"，可以看出政府在城市转型中发挥的巨大作用。资源型城市的旅游发展要取得长足的进步需要经历一个相对较长的探索和实践过程，在这个过程中，政府主导、制定并实施科学合理的旅游发展规划无疑是城市发展最强有力的保障。

第四是战略定位准确、战略措施得当是城市发展取得成功的关键。鲁尔区的"工业遗产旅游"是因地制宜的、准确的旅游发展战略定位。

第五是重视旅游人才队伍建设。人才是最宝贵的资源，是资源型城市旅游发展过程中最具有主观能动性的因素。鲁尔区的"IBA计划"培养了一大批工业遗产旅游和会展旅游的专业人才，这些都为它良性的旅游发展打下了基础。

最后是重视区域旅游市场营销管理、加强旅游市场开发与营销创新。鲁尔区历时10年工业遗产旅游概念的形成和接受过程以及它的"与购物旅游相结合的综合开发模式"是城市转型旅游发展中重视旅游市场开发与营销创新的具体表现,值得中国资源转型城市借鉴。

7.2.4 其他转型与更新途径

每个工业城市的地理区位、资源禀赋、发展历史、发展阶段、经济状况、地理特征、产业类型、社会文化等条件都不尽相同,在"退二进三"的时代背景下,每个工业城市所选择的转型与更新之路也是不尽相同的。我们还可以利用交通优势向物流型城市转型;利用农业基础条件发展现代农业;利用科研高新技术优势向科技导向型城市转型。不同的城市适合不同的转型与更新途径。

工业型城市的转型与更新中,如果区位交通条件优越,发展物流业是一个很好的选择。现代物流业是以现代运输业为重点,以信息技术为支撑,以现代制造业和商业为基础,集系统化、信息化、仓储现代化为一体的综合性产业链。它的发展必将对优化产业结构、增强企业发展后劲、提高经济运行速度起到巨大的促进作用。例如,焦作市地处晋豫两省的交界处,是晋煤南下东运之咽喉要道和豫西北重要的交通枢纽。焦枝、太焦、新焦、侯月等铁路干线纵横交错,郑焦高速公路斜贯市境,公路连线成网,交通脉络已初具规模。商品农业的发展、旅游业发展及人流、物流都为焦作市发展现代物流产业提供了便利的条件,也必将为焦作经济的发展注入新的活力(谢青玉,2011)。

如果一座工业城市的农业基础条件优越,那么可以发展绿色农业、休闲农业、工业化农业、特色农业、观光农业、立体农业和订单农业等各种不同的高效农业,从而带动以农业产业化发展替代资源枯竭的问题,为大量劳动力的转移提供新的就业岗位。相对于传统农业而言,现代农业是一种广泛应用现代科学技术、现代化的生产资料和科学管理方法进行的社会化农业。现代农业的产生和发展,大幅度地提高了农业劳动生产率、土地生产率和农产品商品率,使农业生产、城市经济和社会发展产生了紧密联系,是未来发展的趋势(周艳,2009)。

如果一座传统工业城市拥有丰厚的高校科研资源或效益良好的高新产业园区,那么向科技导向型城市转型就是一种可能的选择,高新技术产业也是促进当代市发展的一股新锐力量。高新技术产业通常是指那些以高新技术为基础,从事一种或多种高新技术及其产品的研究、开发、生产和技术服务的企业集合。高新技术产业是知识密集型产业,具有高于其他普通产业的经济效益和社会效益(周才云,2007)。它的主要特点是技术含量高、资源消耗少、劳动力需求量不大、低污染、高收益。高新技术产业发展的同时可以带动传统产业的改造,让传统产业焕发新活力,成为城市发展新的依托力量,亦是工业城市实现转型的路径之一(孙耀州,2009)。

7.3 转型与更新的问题与建议

7.3.1 转型与更新中的问题

虽然目前我国对工业城市转型与更新已有了一定的重视，在一些规划实际工作中也取得了一定进展，但在这一过程中仍存在显见的问题，突出反映在以下几个方面：①整体综合性更新改造与再发展的案例还很少见，单体更新通常多出于艺术家和开发商自身的个体偏好和需求，对城市整体功能结构调整的促进作用不大。②更新改造的总体目标与功能定位缺乏科学研究，主观随意性大，难以实质性地推进城市功能的优化重组和生活环境品质的全面提升。③对工业遗产的历史文化和环境可持续性价值缺乏应有的认识。④更新改造模式单一，改造再利用主要集中在工业区的利用实效性和经济性方面，对城市发展因素和社区环境的整体改善考虑较少，难以适应城市社会发展和规划建设的整体安排（阳建强，2008）。这些问题从深层面上暴露出在传统工业城市的更新改造中缺乏有效的规划理论指导。

面对城市转型升级、空间拓展、社会和谐的发展目标和途径选择，如何构建后工业化时期工业城市转型与更新的基础理论，探索后工业化时期城市产业结构、空间结构和社会结构演变的内在机制及相关规律？如何科学地进行城市老工业区的功能定位，将其融入城市产业结构的宏观调整？如何借助工业城市的更新，有效推进城市产业结构、空间结构和社会结构的有机融合，实现城市功能结构的整体优化和工业区的复兴？这些问题构成了现阶段我国工业城市更新改造研究的重点和突破方向。

城市转型面临的第一个挑战就是产业观念的转变。长期以来，人们习惯了物质生产的正当性，而将服务业视为消费和非生产性，具有天生的自卑感和原罪感。不少人头脑中存在只有工业、制造业才是实业的观念。住房和城乡建设部原副部长郑一军指出，过去几十年中国城市化的方法看来并不成功，例如北京，水资源、环境都不堪重负，还想发展实体经济。[1]北京大学文化产业研究院副院长陈少峰教授面对城市越来越没文化，都信奉唯经济主义的现象，发出了"好像大家都是经济动物似的，不知为何如此"的疑问。[2]

什么是实业？创造价值和提升服务品质的行业就是实业。用这种观点来看，金融就是实业、网络就是实业、文化也是实业。在衣食住行已经是社会财富之小比重

---

[1] 杨保军. 新浪微博. http://weibo.com/u/1676357203.
[2] 陈少峰. 新浪微博. http://weibo.com/chenshaofeng.

的当代文明里，人类彼此提供便利的服务就是实业❶。只有建立了这样的新的价值观，才能真正心安理得地投身于多途径城市化的建设中来。城市经济转型和社会转型的根本原因，就在于"人多、效高、资源有限"的基本格局和发展态势。

7.3.2 城市转型与更新的建议

借鉴国外工业城市转型更新的经验，结合中国现阶段的实际情况和基本国情，对今后中国各地工业城市的转型与更新，提出如下几点建议（参照阳建强，2008；刘奇志、何梅等，2010）：

加强转型规律与基础理论研究。我国工业城市转型更新规划理论基础研究和实践还刚刚起步，已有的研究成果尚不足以满足我国城市工业区更新改造的社会需求和实践技术支持的要求，亟需通过理论、方法和技术的总结提炼，带动实践的进一步提高。

因地制宜选择城市转型更新模式。在类似转型与更新问题上，欧美发达国家在20世纪中后期就已积累了相当丰富的工业城市更新经验，在实地改造和研究方面取得了大量的成果。但是由于社会制度、历史地理、发展阶段等背景条件的不同，规划模式与类型存在较大的个体差异。中国一些大城市目前已经逐渐进入后工业化时期，我们应总结典型的更新规划模式与类型，分析评估其得失，判断其适用度、价值范围和适用对象，这将对我国工业城市的转型更新具有借鉴意义。

重视工业遗产保护，促进资源合理利用。传统工业城市的工业遗产分布广、数量多，历史文化价值高，但迄今为止尚无一个统一的对工业遗产的界定标准与明确的保护要求。城市更新过程中工业遗产保护面临着"无据可依"的尴尬。当面对具体地块与单栋建筑是拆是留，往往具有一定的主观随意性。因此，我们建议尽快组织相关部门和机构研究确定城市工业遗产的界定、评价和保护标准，明确工业遗产范畴。据此组织工业遗产项目分布与用地情况普查，全面摸清工业遗产数量、分布、类型、质量以及存量用地等情况。建立工业遗产保护建筑与街区名录，评估保留、改造建筑或历史街区。划定保护建筑与街区范围。整体、系统地掌握地区工业遗产现状。建议研究建立推进城市工业遗产保护和利用实施的长效机制。建议成立专门委员会，厘清政府各职能部门在工业遗产保护和利用中的职责分工，通过专门机构、专项资金和专业技术力量协同组织实施。建议逐步建立健全工业遗产保护和利用的相关政策法规，尽快进入立法程序，推进工业遗产保护法制化。引导和利用社会资金对工业遗产进行改造，为工业遗产保护和利用的实施提供保障。

---

❶ 王巍 W. 新浪微博. http://weibo.com/u/1662429125.

加强转型规划研究，提高科学性与可操作性。在城市建设实践中，工业城市转型与更新是一项长期而复杂的系统工程，面广量大，必须在城市规划的总体指导下有步骤地进行。应结合不同类型工业城市转型与更新改造的典型案例研究，基于城市整体发展机制，重点研究老工业城市转型与更新中布局结构优化、用地结构调整、空间环境品质提升，以及工业文化遗产保护与再利用等关键性的规划问题，探寻实现工业城市空间结构转型的有效规划途径和综合性更新改造模式。在此基础上，针对城市总体规划和详细规划两个不同层次的具体情况，研究制定适应工业城市转型与更新规划编制内容、要求和特点，制定规划的原则、目标、方法、程序与技术标准，提出具有技术针对性的转型更新规划与设计方法，初步形成规划设计的方法体系架构，以提高规划编制的科学性与可操作性。

（李白露 执笔）

第三编 多途径城市化策略

阐述工业化之外的多途径城市化基础与发展模式转变；分别探讨商业驱动、物流驱动、文化创意驱动、旅游驱动等多途径城市化的特征和发展模式；从提高城市生活品质角度强调各类城市公共游憩与旅游功能组织的重要性和政策法律保障。

第八章 多途径城市化机制

8.1 多途径城市化基础

从前文的分析来看,工业型城市化在过去一百多年来对人类社会的发展和人类文明的进步起到了显著的促进作用,对于食物增产、人口健康、生活便利、国际交流等进步事业作出了不可磨灭的贡献。但与欧美国家经历过的工业化道路相比,中国只能在更为严峻的资源环境约束条件下实现工业和城市的可持续发展(金碚,2005),自然资源不足是中国城市化快速发展的硬约束(陈波翀、郝寿义,2005)。也就是说,传统的工业主导的单一城市化模式难以为继,需要重新寻找一条其他道路,或曰第三条道路,本书提出的多途径城市化,正是对此挑战的一个严肃回应。

仇保兴(2006)曾经指出,在现阶段我国城市化的主要推动力虽然仍然来自于工业化,但也伴随着机动化和全球化,中国城市的可持续发展与紧凑度和多样性理念息息相关。宁越敏(1998)曾经以"新城市化进程"的说法表达了与本书同样的多途径城市化观,他从政府、企业、个人三个城市化主体的角度分析了1990年代中国城市化的动力机制和特点,认为当前中国正出现新城市化趋势,即多元城市化动力替代以往一元或二元城市化动力。那么,中国要探索新的多途径城市化道路,具有哪些已有的条件和基础呢?我们分别从历史文化、社会人口、生态环境、经济产业、科学技术、政治条件等六方面,分析中国多途径城市化途径成立的基础。多途径城市化将成为人类共同的发展道路选择。这将要求更高更多全球化、高移动性、金融流动性、跨文化交流的政策支持。中国准备好了吗?

8.1.1 历史文化基础

从世界城市化的历史来看,西方发达国家走过了一条经典的城市化发展路线,即:早期的"商业城市化"—工业革命推动下的快速"工业城市化"—汽车时代的"郊区化"(周一星,1995:99-100),中心城衰败—当代的"中心城的振兴"、"工业城市的转型"、"可持续城市化"等多元化道路(董丽晶、张平宇,2008;张凤武,2004)。伴随着这条路道衍生出的学术理论、经验教训可谓汗牛充栋,它们一方面为像中国这样后起的发展中国家提供了极其丰富的经验参考;另一方面也证明了这条道路的局限性，全球局势、各国历史际遇的不同决定了城市化道路的差异性（详见第 3.4.2 节），强行推行西方的经典模式，只可能导致"城市拉美化"一样的历史悲剧（秦佑国，2005）。分析中国的城市化历程可以知道：当前的中国已经具备从唯工业城市化的误区中走出来的历史文化基础。

众所周知，中国是世界上唯一一个文化没有中断的历史文明古国，其城市文化源远流长，留下了一大批极具价值的历史文化名城、名镇和街区；加之中国国土面积广阔，地域差异性大，其多样性和内涵丰富性更加不言而喻。在以生产为目的的工业化时期，这些丰厚的城市历史文化资源没有受到应有的重视，其中很多在工业化浪潮和城市现代化建设中被破坏殆尽。值得庆幸的是，越来越多的人开始认识到这些资源的价值，对其保护力度不断加强。它们成为全球化浪潮下城市居民寻找地方认同感的重要物质载体。地方感包含了地方的客观特征和人们的主观认知两方面，而地方感的认知由地方认同和地方依赖两方面构成：其中地方认同主要来源于人们对地方独特性的感官、情感，以及对地方原真性的思考体验；地方依赖则主要来源于人们对地方依赖性的功能要素的体验（汪芳、黄晓辉等，2009）。从非物质层面来看，改革开放以来的经济发展，让大多数居民的基本物质需求得到了满足，富裕起来的人对非物质的文化需求日益增强，城市中拥有的教育、娱乐、艺术等文化资源不仅是吸引乡村人口流入城市的重要因素，同时更是留住城市中产阶级的重要原因。丰富的地域文化资源使得中国的城市拥有继承发展自己文化特色的基础，借此足以逐渐打破由单一的城市化模式造成的"千城一面"的不良现象。悠久的城市历史，多元的城市文化决定了中国可能也需要走出西方单一的"经典城市化道路"模式，以尊重不同历史文化基础的城市为出发点，走多途径城市化的发展道路。

8.1.2 社会人口基础

过度增长的人口使地球资源环境不堪重负。作为世界第一人口大国的中国，目前拥有人口 13.39 亿（第六次全国人口普查结果），其中城镇人口占总人口的 49.68%。有学者提出，并非人口增加，而是人口流动强有力地推动着中国城市化的进程。中国城镇化速度加快的主要原因是由于大规模的农村人口进入城市和城镇所致，可以视为世界上有史以来最大规模的人口流动（胡鞍钢，2003）。

经过 30 多年持续稳定的发展，人民的生活水平大大提升，城市居民的可支配收入和休闲时间也大大增加，正如前文所言，中国的部分发达城市已经开始出现"休闲社会"的部分特征，第三产业的繁荣，为持续涌入城市的居民提供了大量的就业岗位。此外，近几年来，针对进城务工人员的社会福利和社会保障问题有所改善，有利于缓解目前中国的"半城市化"问题。所谓半城市化地区是指一种城乡土地利用混杂交错、社会经济结构急剧变化、"似城非城"的过渡性地域类型（刘盛和、陈田等，2004）。也有学者认为，"半城市化"是一种介于回归农村与彻底城市化之间的状态，它表现为各系统间的不衔接、社会生活和行动层面的不融合，以及在社会认同上的"内卷化"，与系统、社会生活和行动、社会心理三个层面的相互强化，农村流动人口的"城市化"出现长期化的变迁趋向，这是对中国社会发展提出的一个严峻挑战（王春光，2006）。有效促进城乡间劳动力的流动，将给我国带来巨大的经济利益，而我国在城乡间采取的"一个国家，两种制度"的制度安排导致城乡劳动力不能自由流动，不仅侵害了广大农村居民的利益，而且造成了巨大的制度性机会成本，使得我国的宏观经济付出了高昂代价（胡鞍钢，2003）。随着公民意识的觉醒，使得城市化中的社会公平问题日益受到重视，在现有社会和人口基础上，若再强行推进"重物轻人，重量轻质"的城市化，势必带来社会的不稳定。

8.1.3 生态环境基础

今天的发展必须为后世子孙的发展留下足够的资源和空间，城市生态系统及其保障是城市发展的重要生态基础设施。城市化与城市生态环境之间长期以来就存在着紧密的依存关系，学者们分别从环境经济学、环境科学和卫生科学、可持续和生态学等多个角度对城市生态展开了研究，其内容涉及城市化引起的生态环境效应，城市社会、经济与环境的协调发展，可持续城市，生态城市和健康城市等（刘耀彬、李仁东等，2005a）。

诚如前文所提到的那样，历史上的工业城市的发展是以无节制地开采自然资源、破坏生态环境为条件的，是不可持续的（详见6.1和6.2节），生态环境破坏后的修复却要耗费巨大的人力物力，甚至很多破坏是不可修复的。与东部地区相比，**我国中西部地区的生态环境更加难以修复**（刘耀彬、李仁东等，2005b）。只有从根本上使当地居民和政府意识到工业化给生态系统带来的严重挑战，探索工业化以外的适合当地资源环境条件的发展模式，才可能实现不重蹈先破坏后治理歧途的目的。我们不可能重复西方发达国家"先污染后治理"、"先破坏后保护"的传统工业化道路，也不可能继续延续我国以"高投入、高消耗、高污染、低效益、高排放"为特征的粗放型工业化传统模式，而必须选择一条既符合时代发展要求又适合本国基本国情的新型工业化发展路径（邹伟进、刘爱新等，2005）。

中国千差万别的自然环境和资源条件，决定了不同地域需要走不同的城市化道路，特别是城市化道路的"多元化论"或"多样化论"者更加强调这一点（赵新平、周一星，2002）。吴良镛院士提出的人居环境科学，将传统建筑学的研究视野，扩展到更广大的地理空间，对建筑、城市和区域可持续发展，提出了建设新的交叉学科的建议（吴良镛，1996）。中国自然地理上的三大阶梯、南北环境上的纬度分带、多民族的文化多样性，这种种不同的资源环境与社会文化差异，必然影响到各地城市化途径、水平和特色的不同。具体到每个省、市、区，区域间城市化道路和最适合的城市化水平，必然允许而且应该存在较大差异。与其让所有城市都去追求高城市化率，不如依据城市自身的资源禀赋、生态承载力和基本历史文化民族特色，稳步推进各自的城市化进程。

8.1.4 经济产业基础

在所有因素中，经济发展水平与城市化水平之间的关系最为密切，经济发展是城市化的重要推动力，良好的经济基础也是健康城市化的必备条件。对世界城市化发展经验的观察表明，世界各国城市化的进程、速度和已达到的水平千差万别，但都与其经济水平及其所处的发展阶段密切相关（简新华、刘传江，1998）。城市化的进程与经济结构的进化密切相关，城市化的本质是资源在地理空间上的集聚，工业生产力的高度发展必须依托于规模经济和积聚经济的发展（杨治、杜朝晖，2000）。历史数据分析表明，1949年以来，中国省际城市化水平的差异在总体上与社会经济发展水平相关，但政府出于管理和政治等方面的考虑，以及不同时期城镇设置标准和城镇人口统计的变化，对省际城市人口比例的差别具有重要的影响（蒋耒文、考斯顿，2001）。

当前城市化的关键环节是通过新型工业化之路，建立以现代高档耐用消费品工业和装备产业为主体的产业结构，进而拉动劳动密集型第三产业的快速发展和第二次劳动力转移浪潮的持续推进，为城市化奠定经济基础（叶裕民、黄壬侠，2004）。如今的中国已经是世界第二大经济体，经济实力大为增强，产业结构日趋合理，第三产业已是推动中国城市化快速发展的主要动力（陈波翀、郝寿义等，2004）。但中西部地区的许多城市发展水平还比较落后，整个中国的经济发展水平参差不齐，两极分化现象严重。相对应的，城市发展水平也存在很大的差异。

蔡建明（1997）指出，除了产业的空间集聚、产业的结构转换、城乡间和城市间的相互作用以及技术进步这些影响全球城市化发展的四大基本动力之外，中国城市化发展还存在着其他独特的因素，其中最为主要的有：行政中心的辐合效用、政策因素、行政区划变动、大型项目建设、外资带动、人口密集区的自发促进和诸如国防、边贸以及旅游等特殊因素的影响等。实际上，即使在东部经济较发达地区，由于各省治理模式的不同，城市化途径也表现出一定的差异，浙江的民营企业加专业市场是中国自下而上城镇化的典范，而江苏的集体经济加开发区建设则是另一种政府主导城市化发展的模式（顾朝林，2004）。这些以经济建设为核心目标的多种因素的干扰，必然对各地的城市化进程、城市化途径产生重要影响，差异性较大的经济产业基础决定了中国不同城市的发展阶段和发展方式的不同，城市化的途径自然也存在多样性。

8.1.5 科学技术基础

诚如本书第一章的讨论所言：科学技术的发展贯穿于整个人类城市发展史，历史上每一次城市化的浪潮几乎都伴随着许多科技大发现，为城市化的发展提供了足够的技术支持。随着中国交通网络的日趋完善，互联网在全国各地的迅速普及甚至深入乡村，发达和闭塞地区之间的联系日益紧密，城市之间的多形态交流日益频繁。一些诸如节能减排等环保技术的发展，使得后起的城市化地区有可能避免早期城市化地区犯过的错误。赵新平、周一星（2002）指出，各类快速交通干道的形成及现代通信技术的发展使城市的空间形式发生了一些不同于前些时代的变化，这对城市学界提出了重大的挑战，而这个问题并没有引起足够重视。

基于科学技术的支撑，城市与城市，城市与乡村不再是相互对立的单元，不同职能和属性的城市功能间的相互支持，城乡之间的互动逐渐实现。人才和科学技术的流动性，使得不同发展水平的城市之间的技术鸿沟不断缩小。如果说人口由乡村流向城市是城市化的第一轮现象，那么新一轮的城市化就是先进的生产要素特别是高科技与高科技人才进城、服务业进城并伴随着制造业出城进入城镇导致新的意义的城镇化；现代的城市化不仅是要向城市聚集的过程，同时也包括城市要素向城镇和农村扩散的过程（洪银兴，2003）。

虽然共同的科学技术基础平台使得发展水平不同的地区有机会获得均等的发展机会，为实现多途径城市化提供科技支持。但是我们也应注意到，不同地区的科技发展水平，特别是对科技人才的吸引力有显著不同。依托科技推进城市化发展，各自的创新能力和辐射功能也有显著不同。依托科技创新、依托大学的研究能力，为区域城市化发展带来巨大动力并彻底改变一个地区的城市面貌的最典型案例，就是美国的硅谷依托斯坦福大学的成功兴起。科技力量作为一种"社会资本"，对促进区域经济发展和迅速城市化产生了巨大影响（赵效为，2005：3-5）。在科技创新没有新的进展的条件下，城市发展将会达到某种平衡，进入所谓的耗散结构状态，只有当新的技术革命再次发生，才会引起城市进入下一轮的重新循环（张丹华，2007），可见一个城市如何长久保持科技创新能力，是这个城市能否持续发展的重要保障。

8.1.6 政治基础

在整个中国城市化过程中，政府的力量始终十分强大，是所有相关利益主体中最具影响力的一类。蔡建明（1997）曾就影响中国城市化发展的政治因素作过分析，其中行政中心的辐合效用、政策因素、行政区划变动等都与政府作用密切相关。1949年后，中国依次经历了非城市化的工业化过程，弱城市化的工业化过程，正在建立工业化与城市化良性循环的互动机制（叶裕民、黄壬侠，2004）。改革开放以后，市场经济的逐步发展和制度不断改革，市场的力量逐渐取代了部分政府力量，成为推动中国城市化的重要因素，但是行政力量仍然是不容忽视的重要动力。长期以来，中国的城市化进程始终没有脱离直接的行政干预，是一种较为典型的政府主导型城市化（徐琴，2004）。促使政府主导型城市化向市场主导型城市化转轨，是中国城市化稳健发展的关键。中国的土地所有制和足够强势的政府决定了中国城市建设的阻力更小，但是这种看似"和谐"的，成就斐然的城市建设方式，是以牺牲了很多人的利益为基础的，长久积累下去，必然引发社会的不稳定。

　　政府对城市化进程的干预，还有一种方式是通过影响立法来实现政府的价值与意图。由于长期以来中国城市化走的是一条单一工业化、城乡二元制、粗放快速的城市化道路，导致现有许多资源与规划立法明显表现出不少计划经济痕迹、偏重生产性工业化时代的特征。这一点在本书第三章（3.4.4节）已有较系统的阐述。由于地方政府过于依赖土地财政，对城市化的土地利用规划、圈地卖地的积极性明显高于对产业培育、就业机会创造的积极性，最终导致我国城市化普遍存在的"地快人慢"的问题❶。多途径城市化的提出，直面政府过度干预城市化出现的社会问题，为中央政府与地方政府之间的利益冲突、地方政府与地区经济与社会利益主体间的冲突、社会成员之间贫富差异扩大化的冲突的解决，提供了一种可能的思路。

8.2　多途径城市化推动发展模式转变

　　检讨过去30多年的改革开放历程，我们是否存在模式上的缺陷和不足？是否只重视城市，不重视市民；只重视工业，不重视工人；只重视农村，不重视农民？我们是否需要换一种发展模式了？❷多途径城市化思想的提出，为处在转型期的中国工业化与城市化事业提供一条可供参考的道路。与传统的基于欧美工业化经验的工业型城市化道路相比，选择多途径城市化道路意味着城市发展模式的重大转变。这些转变涉及发展的目标、发展的形式、地理尺度、资源环境伦理、风险规避、社会公平和地方感体现等各个角度。

---

❶ 吴必虎.揭秘旅游地产"内经".中国旅游报，2010-11-08[2011-5-12].http://www.ctnews.com.cn/zglyb/html/2010-11/08/content_1069.htm?div=-1.

❷ 吴必虎.新浪微博.http://weibo.com/wubihu.

8.2.1 发展目标转变：从物到人，从量到质

为什么要开展、推进城市化，城市化的目标到底是什么？这个问题如此重要，但对这样重大的理论问题，到了 2000 年代初竟然还是一个"尚未开展研究的课题"。中国"城市化综合模式"这个问题刚刚被提出来，这种模式究竟是什么，还不大清楚。中国城市化担负的主要责任是什么？仍然没有一个明确的结论（赵新平、周一星，2002）。

在获得统一的认识之前，进行任何角度的探讨都是有价值的。宋学锋、刘耀彬（2006）以江苏为案例，探讨了城市化发展目标的五种模式，即自然发展型模式、经济城市化发展模式、人口城市化发展模式、空间城市化发展模式、社会城市化发展模式。他们对各种模式进行的情景模拟分析表明，五种耦合发展模式都有其显著的比较优势，同时也存在明显的发展缺陷。由于中国地域广袤、区域差异显著，一些学者提出不同地区城市化的不同目标，东部以提高城市化质量为目标，发展三大都市带；中部致力于扩大吸纳农村人口，适度扩大大中型城市规模，大力发展小城镇；西部的中期目标定位于"大城市，小城镇"，与生态环境相适应（王远征，2001）。俞孔坚、李海龙等（2008）指出，以人口为基础、以经济发展为目标的传统城市发展规划模式，不能应对中国城市快速发展和环境可持续的问题。城市的建设规划必须以生态基础设施为依据，而不是建立在人口预测和市政基础设施之上。

多途径城市化是以提高居住在城市里的人们的生活质量和品位、促进人的全面发展为目标的。它打破了传统的"重物轻人、重量轻质"的城市化发展模式，对于实现社会的和谐稳定和可持续发展具有重大意义。新的目标决定了必须制定一套新的并且具有可操作性的城市化衡量指标，这套指标需要从人的需求出发，而非单纯以城镇人口比重、建成区面积、城市产生的 GDP 等物质条件和经济指标来衡量发展水平和发展质量。城市化需要城市的文化品质高度提升。而在这之前，城市化更重要的是人口城市化，要解决流动人口进入城市之后形成的新市民的养老、就业、医疗、子女教育等这些生存的基本需求。[1]

8.2.2 形式转变：从单一到多元

从形式来看，多途径城市化避免了每座城市都要经历一场"工业革命"洗礼，它强调根据不同城市发展的自身特征与需求，借助于多种途径，以工业、设施农业、商业、交通、物流、旅游度假业、文化创意产业等多种要素推动城市化的发展。同时，

---

[1] 戴耀邦．新浪微博．http://weibo.com/daiyaobang

一座城市以某种途径主导其城市化的同时，也可以借助其他驱动力。这种从单一到多元的发展形式，强调了中国城市多元化发展的需求，避免了"一刀切"带来的种种问题。

经过改革开放30多年的实践验证，多元化发展已经获得多数学者和城市规划建设部门的理解和支持。一个值得注意的现象是，越来越多的学者在周一星和夏振坤、李享章之后都成为城市化道路的"多元化论"者或"多样化论"者（赵新平、周一星，2002）。人们意识到，在21世纪中国城市化不仅应有量的适度发展，更应该实现质的飞跃；城市化应该走数量与质量并重的集约型、多元化发展模式（姚士谋、王成新等，2004）。1981～2006年间，中国城市化动力因子呈现多元化特征，市场力是最主要的驱动力，后面依次是内源力、行政力和外向力；从城市化发展阶段上看，市场力、外向力和行政力对城市化综合水平的影响呈上升趋势，而内源力呈明显下降趋势（陈明星、陆大道等，2009）。仲小敏（2000）则认为中国城市化应实行农村城市化与城市内涵化共同发展的战略，构建与区域发展水平相协调的可持续的多元城市化道路模式。

8.2.3 尺度转变：从城市到区域

多途径城市化的一个重要特征还体现在地域尺度上，它将不再是以单个的城市为单位，而是以具有连带关系的城市群和城乡区域为基本单元。城乡一体化理论及其在中国的实践，是这种转变的坚实基础。城乡一体化理论为多途径城市化的区域理解提供了理论准备（石忆邵，2003；甄峰，1998；景普秋、张复明，2003）。城市化不仅要解决劳动力向城市转移问题，还需要解决城乡一体化问题（洪银兴、陈雯，2003）。但城乡一体化并不是城乡均质，其基本含义是通过体制一体化、城镇城市化、产业结构一体化、农业企业化和农民市民化，把城市与乡村建设成一个相互依存、相互促进的统一体，充分发挥城市与乡村各自的优势和作用，使城乡之间的劳动力、技术、资金、资源等生产要素在一定范围内进行合理的交流与组合。

尺度转变强调区域互补和区域协作，以实现区域内的城乡平衡。农村城市化在中国整个城市化过程中正在起着重要的作用。以小城镇为主体的农村城市化，构成了一种自下而上的城市化过程，具有明显的中国特色（崔功豪、马润潮，1999）。重视乡村的风土保护、实现城乡之间的阴阳平衡、在乡村地区不经过工业化而直接建立"1+3"（第一产业加第三产业）的经济结构等学说都主张将原来的城乡二元体制修改为城乡互济体制。多途径城市化追求城市与乡村的区域整体相互依赖、相互需要和生态交换的效用。

从区域角度理解城市化，不仅涉及经济发展，也是从城市生态系统的完整性出发进行的一种设计。城市化与生态环境系统要素之间的耦合是复杂的，总体上表现在城市化对生态环境的胁迫作用和生态环境对城市化的约束作用两个方面（刘耀彬、李仁东等，2005b）。如果仅仅局限在城市建成区本身来探讨城市生态的健康水平，很难达到理想的生态平衡和物质交换。当以较为广袤的环城市乡村作为城市生态系统的一个有机组成部分时，城乡之间一阳一阴相互补充，就能实现良好的环境支持。

8.2.4 资源压力减缓：从无节制掠夺到保护性利用

按照传统的城市化理论，资源环境条件只被当作城市化的投入要素，强调更多的是自然资源对城市发展的经济价值，没有考虑到其环境价值，以及资源环境容量对城市化的约束和反作用问题。随着资源环境问题的日趋严重，城市化与资源环境的关系越来越受到社会的关注（盛广耀，2009）。首先，城市化快速发展对土壤资源产生巨大压力，因而对粮食安全与环境生态健康带来严峻挑战（陈杰、陈晶中等，2002）。中国的城市化过程使得大量耕地被占用，近10年来相关的耕地政策对控制耕地面积的减少有作用，但耕地的总体质量却在下降（张国平、刘纪远等，2003）。城市化与资源消耗和污染排放都呈正相关关系，但从不同发展水平的省份来看，城市化与资源消耗和污染排放之间呈负相关关系，城市化过程中的环境影响随着发展水平的变化而变化（王亚菲，2011）。资源型城市发展道路对资源的依赖性最为敏感，面临资源趋向枯竭，资源城市只能选择多途径城市化，积极培育新的接续性产业。

毫无疑问，城市的发展需要消耗大量的自然资源，但是从资源的利用方面来看，多途径城市化显然比单一的工业型城市化对资源带来的影响要小。工业生产对自然资源进行无节制的掠夺，用于过度生产，以满足无边消费主义的需求，造成许多资源的浪费。其他类型的城市化如旅游驱动型城市化，需要保护好其作为吸引物的自然资源，决定了只能对其进行保护性利用。推行适速适度的城市化发展模式，不断提高城镇化发展质量；淡化城市化增长指标，突出资源环境约束指标；建立中国城市化的资源环境保障转移机制，推进安全城市化；采用多维指标的领导干部政绩考核机制，以科学的评价机制促进科学的城市化（方创琳，2009）。

8.2.5 风险降低：从不稳定到稳定

如同生态系统一般，单一模式的系统往往稳定性较差，多元化的系统稳定性则较强。从大的尺度来看，一个国家或地区需要不同职能的城市互通有无，抵抗各种不确定因素；从较小的尺度来看，一个城市或者区域需要在发展其主导职能的同时，也重视其他职能的培育，协调各类产业的比重，以为今后的转型作准备（如资源性城市)。多途径城市化有利于城市多样性的发展,有利于增强城市抵抗各种风险的能力,保持稳定发展的状态。随着资源型城市的资源基础日渐告罄、老工业基地城市制造业竞争优势逐渐失去,城市职能转型成为这些城市发展战略制定的必然选择,面对市场经济,矿业城市发展就已面临着职能转换和持续发展的挑战(张红,1999)。

在城市迅速发展的今天,城市职能的研究具有现实意义(孙樱,1995)。关于城市职能的分类,多数研究者以城市的基本经济活动作为确定城市职能的出发点(如陈忠暖、闫小培,2001);也有作者从城市规模、职能活动和产业活动几个综合指标构建职能体系(刘耀彬、宋学锋,2005)。周一星、孙则昕(1997)采用城市劳动力结构资料,对中国综合性城市职能分类提出了一套框架,将全国城市分为4个大类,14个职能亚类和47个职能组。城市职能的多样化在专业化城市发展中已经被视为重要战略之一,城市职能的发育程度既是城市发展的标志,也是城市规模扩张的动力(张复明,2001)。

城市职能转换、产业升级的实现,除了政策的支持,还需要金融的支撑。小规模的外商直接投资(FDI)一般不会改变城市性质,但可以提升、增加或改变城市的一般职能;随着FDI规模的扩大,城市性质就会发生变化,可见FDI是城市体系演化的重要动力。作为城市政府,需要对此提出系统的政策与管理框架(朱传耿,2004)。

8.2.6 公平性增强:从掠夺到协调

前文提到,在某种程度上,发达国家的城市化是通过对不发达国家的掠夺和殖民活动推进的;后起的发展中国家的城市化,很大一部分是通过对国内不发达地区的自然资源和人力资源的掠夺实现的,这种不公平的发展模式注定是不可持续的。多途径城市化的一个基本出发点,就是要试图改变这种地域间的不公平现象。根据每座城市的自身条件,确定适合的城市化方式和水平,在区间实现相互协调而非单向的掠夺。方创琳、刘海燕(2007)建议,必须从意识形态、政策制定、制度建设、空间扩散和和谐发展五个方面削减中国快速城市化进程中的区域剥夺行为。实际上,这五个方面的减掠措施,就是一种多途径城市化理念的践行。

过去几十年来,中国城市化进程中一种明显的掠夺是对农民的榨取。其中最突出的是户籍制度,即使农民进城数十年,为城市的发展做出不可或缺的贡献但却得不到基本的社会保障。2012年,上海市降低非沪籍考生的报名门槛,有10类非上海户籍考生可以在上海市参加全国高考,但主要受惠群体还是高端人才的子女,如父母为海外高层次人才,在沪高校、科研机构博士后流动站在站人员等,而普通务工人员，尤其是农民工的子女，仍被排斥在外❶。不仅是上海，中国整体上都是采取利用农民的土地和体力推进城市化，但对进城已经十余年的农民仍然不承担必要的义务、不提供基本福利的歧视性政策。比起户籍的区分、户籍制度的社会屏蔽相比，产权、文凭、技术证书的社会屏蔽有着性质上的不同，它们是一种根据人们的后天活动确定地位的制度，这种强调后天努力的新的社会制度体系比原有的户籍制度更具有公平性（李强，2002）。多途径城市化提倡打破城乡二元户籍制度，为所有进城务工农民提供一切均等的社会保障体系，实现最基本的社会公平。

8.2.7　地域性增强：全球化视野下的本土性

在全球化浪潮的影响下，城市特色丧失，趋同现象日益严重，而多途径城市化正是对这种现象的反制，它强调对不同地域的适宜性，必然重视本土性。这种本土性又不同于传统的狭隘保守的地方主义，它是以一种开放的心态面对全球化，将外来事物和人逐渐融入本地，在发扬优良传统的基础上实现现代化。农村本土城市化，也就是说，一个地方的农民不走背井离乡、异地打工的入城道路，而是就地集中，形成新的农村集镇、城镇和城市的一种途径。西方城市化的理论与实践有很多值得中国加以借鉴的方面，但是由于各国的国情不同，中国的城市化不能直接套用西方的城市化理论与模式。创造本土化的城市化理论和实践模式，是引导中国新一轮城市化健康发展的重要前提（张鸿雁，2011）。

刘青海、张志超等（2009）基于新经济地理学的框架，以本土市场效应为理论基础并加以拓展，说明了中国城市化高增长、低就业等现象不仅仅是产业政策所致，而且更可能是由于不正确的空间政策的问题；他们认为从长远角度，我国应该主要依赖于国内市场需求来促进经济的发展和就业的提高，建议通过增加人口空间密度、减少要素空间流动壁垒、增大国内市场规模、推进城市化等措施增强一个城市的地域性、独特性和全球化视野。

在讨论多途径城市化的优势和特征时，不应该忘记它的局限性，它也具有城市化天生具有的缺陷，同样也可能带来传统城市化的消极影响：城市失业、两极分化、环境污染、侵占耕地等。因为多途径城市化包含了工业主导的城市化途径，所有这种模式所具有的一切缺点它自然也包含在内。多途径城市化的意义不在于构建一个完美的理论，而在于为实践提供一种理论指引，将城市化带来的负面影响降低到最小。

---

❶ 上海已允许10类非沪籍学生参加高考[EB/OL]. 财经网，2012-03-09[2012-10-03].http://politics.caijing.com.cn/2012-03-09/111732385.html．

当前的中国正处于关键的转型时期,面临着众多的机遇和挑战,城市化便是其中十分关键的一个。城市化是无可比拟的未来光明前景之所在,还是前所未有的灾难之凶兆?答案在于我们怎样走向城市化的明天。因此,多途径城市化也是一条机遇和挑战并存的道路,能否运用好答案也掌握在实践者手中。

后面的章节将对除工业型城市化外的其他城市化途径进行分析讨论,为多途径城市化提供具体的理论探讨和案例支持。本章所讨论的多途径城市化机制多是立足于理论前期的假设,尚存在许多不成熟、不全面的地方。只有等多途径城市化的实践足够多,发展足够久时,才可能总结出相对完善的发生发展机制理论框架。

(吴必虎、舒华、谢若龄 执笔)

第九章 商业驱动型城市化

9.1 商业与城市发展的历史关系

9.1.1 前工业社会的商业与城市发展

商业依赖于城市的发展，城市发展也要以商业为条件。中外学者的研究都揭示出商业与城市发展的重要关系。从城市与商业的关系发展历程看，可分为前工业社会、工业社会、后工业社会和信息社会四大阶段（周英，2006：38-40）。在前工业社会，商贸活动是引发人口流动的主要原因之一，由此产生了为商贸人流提供交易场所和相应服务的传统居民点，逐步演化为初级形态的商业城镇（表9-1）。

城镇演化阶段及基本特征　　　　表9-1

发展阶段	前工业社会的城市（公元前8000～1650）	工业社会的城市（1650～1955）	后工业社会的城市（1955～1993）	信息社会的城市（1993～）
主要特征	●城市是农产品的集散地 ●城市的规模较小、数量很少 ●城市的消费性与城乡分离 ●生产模式以采摘、选取为主	●城市功能日趋明显 ●城市的规模和数量逐渐增加 ●生产模式更加复杂 ●城乡对立且差距拉大	●城市聚集规模不断扩大 ●城市功能更加完善 ●城乡融合，差别缩小	●城市人口规模和地域规模更加扩大 ●城市功能更加完善 ●以第三产业为主 ●城市质量提高成为城市发展的主要目标
代表城市	长安、罗马、威尼斯	曼彻斯特、青岛	上海、纽约、东京、伦敦	

资料来源：周英，2006.

商业革命是英国城市化的重要前提，贸易往来带动大量人口向大城市迁移，成为城市化的重要动力（纪晓岚，2004）。人口的聚集、消费的集中，刺激了手工业和商业贸易的发展，构成了罗马帝国早期城市化的主要动力源（符松涛，2008）。对近代中国而言，城市化最先是由资本主义性质的商业启动，城市化是近代工业影响带动的历史过程（徐峰，2008）。总的说来，前工业社会城镇在功能、形态、结构等方面往往相对简单，尽管也出现了一些著名的大城市，如罗马、威尼斯、长安，但这一时期的城镇根本上仍依附于农业社会。因此，一系列学者都以农业生产为基础，从城乡互动的角度来研究城镇化，如施坚雅对中国的研究、罗兹曼对东亚及苏联的研究、普莱德对美国的研究、保罗提出的世界城市化大综合学说等（Wheatley, 1986）。

9.1.2 工业化时期的商业与城市发展

城市发展路径和模式的根本改变发端于工业革命。正如前述，工业革命之后工业成为世界范围内城市化的核心力量。农业现代化、工业化、第三产业发展构成城市化的核心动力。城市在其发展的不同阶段有不同的主导驱动力。总的来说，城市化的根本动力在初期阶段主要来自工业化，在中后期则主要来自城市服务业的发展与新兴产业的创新（赵新平、周一星，2002）。从各国城市化走过的历程来看，城市化水平越高，第三产业越发达，即城市化与第三产业呈现非常高的相关性（王骏，2003）。实际上，自1960年代以来，无论对于后工业化阶段的发达国家还是新兴国家，第三产业都提供了城市化和经济发展的重要驱动力。

经济全球化和经济转型深刻影响到中国城市化机制及城市化道路的选择（陈甬军，2004；路永忠、陈波翀，2005）。转型期的中国城市应充分调动内生、外生动力，因地制宜选择城市化道路（宁登，2000）。从城市化动力来观察，东部地区呈现全面开花、服务转向特征；中部地区呈现以工业化为主导特征；西部地区则呈现与农业发展关联性较高的特征（赵新正、宁越敏，2009）。总体上，中国城镇化与经济发展水平逐步协调，服务业的驱动作用已超过第二产业，但城市工业及乡村工业对部分地区，尤其是中西部省区城镇化仍具有重要作用（曹广忠、刘涛，2010）。可以预见，随着第三产业在城市发展中发挥越来越明确的作用，商贸服务业对城市化的影响也越来越突出。

9.1.3 后工业趋势下的商业与城市发展

城市化过程可以理解为一种经济活动和资源要素的集聚过程：一是要素的集聚，包括人力资本、物质资本；二是生产的集聚，首先表现为第二产业的集聚，随后带动第三产业集聚；三是交换的集聚，城市不仅能提供功能完备的市场体系和交换所需的各种中介服务，而且还提供交换所需的便利交通条件和灵通的信息资源；四是消费的集聚，人口、产业和交换集聚必然带来消费的集聚（姜斌、李雪铭，2007）。从城市演进的历程看，上述集聚过程具有自我强化的"累积效应"（accumulation effect），使城市快速规模化扩张的同时也伴随自身结构的全面复杂化。

工业对城市的驱动作用在后工业化时期逐渐让渡于商业等服务业。在工业化初期，工业常常依托于商业中心所在的城镇，因为这些商业城镇在人口、区位、资源、市场等方面占据特定优势，工业的加入使得这些城镇出现新、旧功能、结构、形态等方面的交叠。另外，工业化在促进城市化的同时，又培育、催生新的城市功能和发展机制，使城市面临社会、产业、文化等多方面的持续转变，金融服务业、生产型服务业、全球化、信息化等赋予城市商业以新的内涵。后工业化时期城市主导性转向于商业、服务业等多元产业力量，以商业与服务业为核心的第三产业将成为城市化的重要推动力，各类城市尤其是大城市都将培育富有魅力和竞争力的商业环境作为重要发展目标和建设内容。

9.2 商业驱动型城市特征指标与发展环境

什么叫商业驱动型城市化（Commerce-induced urbanization）？商业驱动型城市化是指以商业贸易活动为核心驱动力而产生的城市化现象及过程，既包括传统型商贸活动，也包括现代商业服务业。从机制上看，商业驱动型城市化很大程度上属于外生型城市化，但需要整合自上而下、自下而上两股力量，因而城市内生因素也不容忽视。

9.2.1 衡量标准及基本特征

成熟的商业是现代化的基本标志和提升城市资源价值的根本措施之一，现代商业的繁荣被视为发展新城市经济的重要体现和必然要求。概括而言，可从以下几方面特征来对商业驱动型城市化加以考核。

商贸活动在城市产业结构中占据重要地位。商业作为带动地区经济发展的重要形式，多年来一直受到广泛关注（乔家君、许家伟等，2009）。商贸活动是商业驱动型城市化的基本动力，应在城市产业结构中达到特定比例，成为推动城市产业结构优化、提升城市职能的核心驱动力量。全球化视角下，"世界城市"（global city）展开角逐和竞争的关键手段之一就是培育多元而富有活力的城市商业环境，构建以"总部经济"为重要依托的产业结构。另外，在中小城市甚至小城镇，商业、服务业也普遍被作为优化、提升产业结构，促进地域社会经济转型发展的主要措施。

商业资本和商业氛围活跃，商贸活动具有持续活力。发展城市商业需要齐备的商贸服务设施，发达的商业资本运转体系和浓郁的商业文化氛围。商业资本再振兴是培植地方产业、盘活商业资产、扩大内需的重要保障，应从金融市场、民间资本等多个渠道建设富有活力的商业资金运转体系，加强立法保障，规范商业资本运作，培育健康、活跃的商业文化氛围。被称为"小狗经济"的"温州模式"之所以取得成功，很大程度上得益于发达的商业资本市场和活跃的商业文化氛围，为地域商贸产业链的延伸和重构提供了有力支撑，进而使商业经济获得持续的发展动力。

商贸活动相配套的多元产业支持系统基本形成。商业活动本身在促进城市发展的同时，还因其广泛的关联性带动城市多方面的发展。现代商业强调商品与服务相统一、数量商业与素质商业相统一，形成大商业、大市场、大流通的商贸产业格局。商业活动越来越注重以多元、齐全的产业部门和配套服务为依托，最大程度降低交易成本，培育产业集群，扩宽信息渠道。从现代城市商业体系来看，多元化、多层次、多部门整合已成为内在趋势。国际商贸中心城市的形成和发展得益于较好的产业基础，金融产业和航运产业以及相关配套服务产业比较发达，资本、人才、信息等资源较为充分（汪亮，2011）。商业驱动型城市化应注重建构以商贸经济为引擎，多元关联产业为支撑的大产业系统。

具有相对完备的商贸功能区和便捷的商业交通。商业活动必然涉及交通运输、仓储、收购、销售等活动，物质流通作为资本流通和技术流通的直观表现，在城市商贸经济活动中具有重要作用。为更好满足现代城市中商业物流的发展，建设高质量、高效率的集中产业区，如专业物流园区、商务办公区、金融服务区已成为基本需要。凡是作为世界经济中心的城市，不是位于海上、陆上的交通枢纽，就是扼守国际贸易通道的咽喉（米锦欣，2011）。此外，便捷的出入交通和市内交通不仅能改善城市商业物流环境，还能提升和增强城市区位优势。对城市交通和大型基础设施的重视和大力投入，是城市改善投资环境、繁荣商业活动的重要举措之一。

形成一定规模和专业技能的商业人力资源。现代商业越来越显露出知识密集型、信息密集型特征，形成一批高素质、高技能的商贸活动人力资源，是城市商业发展壮大的内在要求。金融、商贸、会展等产业的发展，需要既具备相关领域专业知识，又具备经营管理素质的人才（黄国雄、宋丕丞，2010）。商业创新是开拓商机、赢得市场的重要环节，商业创新不仅是一种技术行为，还需要良好的社会文化氛围和政策环境。应从城市商业环境、技术服务水平、政府扶持力度、社会文化氛围、企业组织能力、人才吸引政策等多方面营建、改善城市商业发展的"孵化环境"，不断积聚影响城市商业持续发展能力最为关键的资源——商业人才的竞争优势。

9.2.2 商业型城市化发展环境

城市作为人类最复杂的聚落形态，是多种力量共同作用、共同支配的地域社会组织。从城市发展的政策支持到当地居民的社会结构，从周边及区域竞争关系到国际形势的发展变化，这些不同的因素都对商业型城市化的发生发展构成了重要的背景和支持环境。其中，因为城市发展具有强烈的公共管理属性，政府在商业型城市化过程中起着至关重要的引导作用。

转变发展理念，高度重视城市商业职能。城市功能决定城市兴衰。无论是工业化时代还是后工业化时代，商业一直是拉动城市产业结构升级、集聚城市发展优势的核心产业活动，"以市兴城"在许多地方已经成为共识。在此背景下，城市应突破工业化时期的发展框架和思路，转变理念，重视新兴的、最具增长潜力的商业职能的培育和壮大。无论是纽约、伦敦、东京等世界城市，还是全球六大城市连绵区的众多城市，都将商业、金融业、生产服务业作为重点产业来加以扶持。在全球和区域分工体系重构中，建立和强化商业职能优势是积聚城市核心竞争力和长远发展能力的一个关键。

多管齐下，因地制宜制定商业发展模式。商业活动具有广泛关联性和依赖性特征，城市商业发展需要多方面的支撑，同时也反过来推动城市多方面的发展。在推动城市商业发展方面，系统观的确立十分重要，应高度重视商业、工业、服务业、金融业等产业部门的协同发展，增强城市商业体系的稳定性、多元性和抗风险能力。另外，城市发展阶段及水平的不同决定了城市化模式及质量的差异，进而决定城市商业模式的分异。依据城镇具体情况，建立不同等级和类型的商业城镇网络，是国家和区域层面的基本政策导向。

找准突破点，打造城市商业核心竞争力。城市内生要素对城市商业发展具有关键意义，不同城市在商业竞争网络中具有不同的绝对优势，内生要素利用方式很大程度上又决定城市商业的相对优势。应统筹城市资源结构、发展阶段、区位交通、人口规模等多方面因素，遵照相关政策部署，合理确立重点、优先商贸产业，形成突出的商业发展能力和独特的竞争优势。

积极参与区域合作，建立广阔市场网络。出于对集聚效应、溢出效应的追求，通过横向关联和纵向关联来实现业间互惠、业内互惠，是现代商业的基本特征。这种业缘联系在地域层面集中体现为层次分明、等级合理、多元有序的区域商贸系统的逐步形成和完善。商贸形式的更新，尤其是"柔性生产"的兴起，对企业的市场运作能力、信息获取能力、生产组织能力等都提出了更高要求。城市政府和相关组织应积极搭建区域合作平台、完善区域合作机制，引导、鼓励各类商业主体进行合作，共享市场，互惠互利，推动城市商业持续发展和壮大。

不断完善商业产业体系，全面扩大效益。产业体系既为城市商业供给提供基本保障，同时也制约商业市场的形成和开拓。商贸产业链是城市商业产业体系的关键组成，其内部强化及外向延伸直接影响城市商业的内容、结构、形式、地位等。因此，商贸产业链的培育和完善，对城市商业的发达程度、稳定性、活力具有至关重要的作用。商贸产业链不仅涉及批发零售等终端环节，还需要商贸生产、技术服务、组织、物流、售后服务等多个环节的链接和支撑，应注意这些环节对城市社会生活的渗透和影响。

城市商业活动不仅是经济利益的生产和流通，商业生产和商业消费本身也是城市社会生活的重要内容。积极借助规划设计、公共管理、舆论宣传等多种渠道，追求城市商业发展的全面效益，使城市商业从单纯的产业动力转化为提升城市活力、展现社会魅力的平台和手段。在这方面，中央商务区（CBD）、游憩商务区（RBD）、专业市场、物流产业园等都积累了一定的成功经验，可以在各地的城市转型中借鉴参考。万达旗下的商业地产与电影院线结合的模式，依托商圈发展文化、娱乐产业，与同行相比具备了低租金、混业态等的竞争优势。万达院线与万达商业结合已经在中国商业文化领域开创了一个新的盈利模式，引起了证券商的关注。万达影院与万达地产双双申请上市无疑锻造出了一个成功的城市综合体模式❶。

培育商业文化魅力，积极塑造城市品牌。商业消费已成为现代社会的一种文化潮流，商业繁华的城市往往也是具有发达的商业文明和独特魅力的场所。巴黎、罗马、香港、纽约、东京、上海等展示了现代商业城市的风采，海牙、威尼斯、丽江、京都又延续商贸历史城镇的传统风情。后现代和休闲社会趋势下，城市商业文化是提升城市形象，塑造城市品牌，实施城市营销的宝贵资源。城市商业文明的包装和利用，是商业城市规划建设面临的新任务，但也给城市提供了新的发展思路。

9.3 商业型城市化主要模式

从商业促进城市发展的途径看，提炼出商业驱动型城市化的两种基本模式：专业市场模式和边贸城市模式。两类模式具有不同的发展背景和适用环境，出现了一些成功的实例。

9.3.1 专业市场模式

（1）概况

专业市场起初在农村自发形成，是在我国传统计划经济体制外，伴随着商品经济和新市场经济体制的发展而形成的具有一定规模、相对固定的商品交换场所。专业市场是商品流、货币流、信息流和人流高度聚集的地域，往往演变成特定片区的信息中心和交易中心。出于产业链衍生以及相关配套服务等需要，仓储、运输、交通、电信、饮食、旅馆、娱乐等产业活动在专业市场周边集聚，最终形成以专业市场为核心的、具有较大影响的经济圈。

---

❶ 万达旗下影院及地产双双申请上市　首创城市综合体模式[EB/OL]. 中国广播网, 2012-02-09[2012-03-04].http://finance.cnr.cn/gs/201202/t20120209_509144224.shtml.

专业市场是商贸小城镇形成和发展的重要途径。依托专业市场的小城镇具有几个特征：发展的不稳定性和批发市场的主导作用；城镇规模较小，但市场服务范围广；职能单一，商业职能是其主要的职能，兼有政治上管辖周围乡村的职能；批发市场时间和空间的合理匹配；优越的区位条件；引商转工，工贸联动（杨忠臣、陆玉麒，2003）。随着专业市场机制的发育完善，通过促进专业市场的创新和升级，可以实现区域经济增长方式的根本转变。改革开放以来，中国众多传统商贸小城镇通过专业市场，塑造了商业城市化的成功典范，如浙江义乌、绍兴、广东顺德等全国重点商贸城市就是这类成功的典型。

总的来说，我国现有小城镇中逐渐出现专业批发市场的内在原因是因为原有农村以零售为主、交易量小、经营范围窄的流通渠道无法适应经济体制转型时大量崛起的乡镇企业生产的技术含量低、数量大的产品销售需求。另外，城市的国营商业流通网络的进入成本高，同时城市居民的消费水平也高于农村，限制了批发市场在大中城市的落足。农村独特的生产单位规模小、生产数量大的经济结构和乡镇企业进一步发展的需要，呼唤新的与农村商品经济发展相适应的流通形式。因此，在具有资源、市场等优势的小城镇，应积极培育各具特色、分工合理的专业市场，逐步形成工业品或农副产品的集散地，提升这些小城镇或乡村地区的城市化质量和水平。

（2）实例

中国的专业市场模式在众多地区都有体现，在浙江、广东、江苏、山东等沿海发达地区尤为明显。其中，义乌地区的专业市场发展相对成功，形成了著名的"义乌模式"。改革开放以来，义乌市场从"鸡毛换糖"、"马路市场"起步，逐步发展成为具有国际意义的小商品市场，义乌也成为一座国际性商贸城市。义乌市场由国际商贸城、望园市场、宾王市场三个市场组成，现有经营面积300多万m^2，商位6.2万多个，从业人员20多万人次，日客流量超20万人次，日货运量超过10万t。2009年实现市场成交额556.1亿元，其中中国小商品城411.59亿元，连续18年位居全国各大专业市场之首，商品辐射215个国家和地区（龙腾紫，2011：47）。

"义乌模式"的主要特点是坚持"兴商建市"的战略，以小商品市场为龙头和核心，以市场经营者为主体，以要素市场和第三产业相配套，以现代交通通讯为媒介，"买全国人卖全国人"，同时以商强农，以商促工，工商联动，带动经济社会的全面整体发展（陆立军，1997）。从"鸡毛换糖"开始，义乌利用市场先发优势和集聚功能，发展以小商品流通为主的商贸业，不断积累资本、扩大经营规模，确立义乌在小商品生产和销售中的低成本优势。商业资本不断向制造业和城市基础设施建设等领域扩张，实现市场与产业、城市的联动发展（王祖强，2004）。市场秩序扩展、专业化交易组织成长与产业集聚发展的良性互动，形成了义乌独特的经济发展路径。义乌市场发展模式是通过构筑国际国内贸易共享平台和蛛网式购销网络，打造中心市场。义乌工业化模式是通过构筑市场与产业互动发展平台和产业分工协作网络，打造小商品制造业的产业中心。义乌通过城市建设与市场发展互动，通过构筑区域分工合作与城市建设与市场发展互动，通过构筑区域分工合作与交流平台和区域分工协作网络，创建了一种区域性商务中心的城市化模式（郑勇军、邱毅，2006）。

义乌的城市化动力来源于交易市场发展的推动，其扩张离不开小商品市场的发展。与小商品市场发展历程相对应，义乌城市化历程同样经历了三个阶段。首先是市场拉动阶段。义乌小商品市场从1982年创建到1990年，基本属于区域性专业市场阶段，这一阶段的城市化是典型的交易市场的推动。交易市场的快速发展使得区域性人流、物流、资金流向尚未城市化的义乌城区集聚，直接推动了小城义乌的城市基础设施建设快速扩张。第二阶段为工贸联动发展时期。从1991年到2000年，义乌市场从区域性的小商品批发市场发展成为全国性小商品流通中心。第三阶段为国际导向发展阶段。21世纪初以来，义乌市场进入了迈向国际性商贸中心的阶段（楼洪豪、陈修颖，2007）。

义乌模式对城市化的促进非常直接，市场的发展直接促进商业中心的形成，而商业中心是城市的核心。它通过土地增值与资源使用效率提高，直接推动了城区的迅速扩张（徐剑锋，2002）。随着商业发展的需要，服务业加快向商业中心集聚，中心区的商业特性进一步突显。而部分传统制造业与传统商业开始由城区向郊外以及中心镇转移。中心区部分居民因拥挤与混杂，也不断从中心区向郊区搬移。与此同时，城区与中心镇的联系进一步密切。城区与中心镇沿便捷通道相互膨胀延伸，城区与周边乡镇出现经济一体化趋向，城市爆炸性扩张，城市化水平迅速提高（图9-1）。

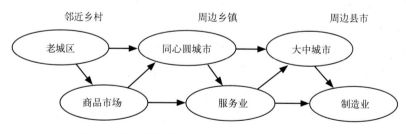

图 9-1 义乌城市化与产业集聚（徐剑锋，2002）

9.3.2 边贸城市模式

(1) 概况

边贸城市模式是位于不同国家或地区的边界地带，而且一般位于交通干线、交通枢纽附近，发达的物流、人流、资金流和信息流孕育了较为充分的市场，带动城市发展,实现人口和产业"非农化"的一种途径。从整体趋势来看,边贸城市从其最初的实物商品贸易形式逐步向工贸结合转型。茶马古道、丝绸之路等都是著名的传统商贸(城镇)线路。

茶马古道因"茶马互市"而得名,联通不丹、尼泊尔、印度等国,直到西亚、西非红海海岸。❶始于唐宋,兴于明清,在1950年代达到顶峰,延续1300余年,成为我国著名的边贸线路。茶马古道产生并带动了沿线众多传统商贸(边贸)城镇发展,在中国境内的重要城镇包括思茅、普洱、大理、丽江、香格里拉、昌都、灵芝、拉萨等。在工业化、市场化、全球化潮流下,众多传统商贸城市都经历了产业结构和城市发展模式的转变,如喀什、瑞丽等边贸城市更关注工贸结合及发展现代旅游产业。

(2)实例

瑞丽是中国对缅甸贸易的最大口岸,是通向东南亚、南亚的重要门户,交通区位十分优越。瑞丽距缅甸国家级口岸木姐4.5km,距缅甸旅游城市南坎县32km,距缅甸水陆码头八莫138km,距缅甸首都仰光981km。其间有瑞(丽)木(姐)、瑞南(坎)、瑞八(莫)、畹(町)九(谷)4条跨境公路相通。瑞丽拥有2个国家级口岸(瑞丽、畹町口岸)、2个经国家批准的经济合作区(瑞丽边境经济合作区、畹町边境经济合作区),是西南沿边对外开放的国际商贸旅游城市。瑞丽交通便捷,贸易兴隆,城市功能配套齐全,是中国大西南通向东南亚、南亚的金大门。2000年4月,国务院又批准设立姐告边境贸易区,是中国唯一按照"境内关外"模式实行特殊管理的边境贸易区。

古代瑞丽是南方丝路的重要通道,是中缅两国贸易的中转站和集散地,也是发展国际陆路运输业的交通枢纽。从汉代开始,瑞丽便成为我国与缅甸进行翡翠贸易交往的重镇❷。当时,从四川成都出发,经宜宾进入云南的昭通,经下关(大理南昭国)到德宏的瑞丽和姐告,进入缅甸的木姐、南坎到八莫,再到中亚;另一道,从德宏盈江县铜壁关出入缅甸密支那帕敢、坎底翡翠、黄金产区,然后直抵印度、中西亚,形成了一条"南方丝绸之路"。这条"南方丝绸之路"比北方"丝绸之路"还早几百年。从明代至抗日战争后期历时近500年,缅甸开采的玉石毛料几乎均运入勐卯、腾冲,一部分就地打磨加工,一部分经大理、昆明向东流入;一部分进入四川宜宾到成都,或从宜宾经长江运出,再远销内地和沿海;还有一部分运到东勐即泰国的清迈、清莱。

---

❶ 参见百度百科,http://baike.baidu.com/view/2169.htm。
❷ http://www.rlr.gov.cn/Gailan/Meiti/2008-12/23/RuiLi@081223106266.html

瑞丽与缅甸共同构成1坝（勐卯坝），2国（中国、缅甸），3省邦（云南省、克钦邦、掸邦），4区（姐告贸易区、畹町开发区、瑞丽边境经济合作区、畹町合作区），5座城市（瑞丽、畹町、木姐、南坎、九谷）的边境地理特色，以及一桥两国、一街两国、一寨两国、一院两国、一岛两国的特殊政治地理景观。基于上述历史上的丝绸之路商贸传统和现代边贸商业的发展政策支持，瑞丽的商业型城市化正以边贸城市的模式走在一条充满辉煌前景的康庄大道上。

（徐婉倩　执笔）

第十章 物流驱动型城市化

从现有城市化、城市物流相关研究文献来看，虽然城市化与物流之间的研究尚缺乏系统的整合，鲜有提及物流驱动型城市化的概念，但自 20 世纪初以来，对交通枢纽城市的研究就已经开始，并且形成了大量的理论以及案例研究的学术专著和论文，诸多的专家学者关注交通运输型城市的建设、发展及其兴衰。随着内陆交通枢纽中心城市的兴盛以及现代新型物流的影响，物流驱动型城市化的研究已经不再局限于港口城市的研究，逐步延拓至更加广阔的研究领域。

通过对不同类型物流驱动型城市化的概括、总结并进行系统的整合，本章着重探讨物流驱动型城市的概念以及形成机制，在交通区位优越的地区打破传统工业城市化的束缚，探索一种更加因地制宜、适合交通枢纽城市自身发展的新型城市化模式，在那些工业城市化遭遇发展瓶颈但具有优越交通区位的城市找到更加合适的转型道路，实现物流、交通城市的健康可持续发展。

10.1 物流驱动型城市化

10.1.1 港口运输与城市发展

自 1930 年代起，随着港口建设、港口驱动下的新城市兴建以及交通物流枢纽中心的城市化发展，港口城市的时空演化规律、发展动力机制、港城关系以及交通运输条件与腹地的互动关系等开始成为许多学者研究的新领域。学者们从区位选择、地域空间组合、港口腹地互动机制以及交通物流驱动力等视角进行了系统的学术探讨，为本书展开物流驱动型城市化的概念界定和深层研究提供了借鉴。

港口与港城的研究由来已久、著作颇丰。1934 年，德国学者高兹在其《海港区位论》一书中提出，良好的腹地是海港城市形成及发展的决定因素（转引自崔建新，2006）；萨金特则系统地探讨了海港与腹地的相互关系（Sargent, 1938）；而乌尔曼在其博士论文《移动性：工业海港与贸易中心》中讨论了海港与工业贸易中心形成之间的关系（Ullman, 1943）；1950 年代末，以麦耶、威根德、帕顿等为代表的研究者，通过对港口与所在区域的形成、发展等诸多因素的分析，并基于大量的实证研究，证明港口与周边区域的相互依存关系，明确阐述了港口对城市的驱动效应（Mayer，1957；Weigend，1958；Patton，1958）。伯德以英国港口城市为实证对象，对港城关系的演化过程进行了阐述（Bird，1963：21-22）。中国学者黄盛璋（1951）较系统地论述了我国近2000年历史中沿海港口城市的布局特征及其主要影响因素，认为经济发展是港口城市兴起的主要因素；之后，陈航（1984）对港口形成和发展的地理区域背景进行了系统分析和实证研究，并提出"港口地域组合"概念；至1990年代，日本学者藤田等提出影响新城市崛起的因素，即港口条件、制造品的替代程度和制造品的运输成本（Fujita & Mori，1996）。

高小真（1988）以我国北方若干海港城市为实证对象，以动力结构的演变为基础，探讨了海港城市的一般成长模式以及动力结构演变与发展的相互关系。郑弘毅（1991）从一般港口城市发展共性和港口城市发展个性的结合上，首次阐述了港口城市规划问题，同时也开启了国内港城关系及港口城市的总体研究；许继琴（1997）以宁波港为例，着重探讨港口和港口城市发展的促进作用和港口城市的发展模式，认为港口城市成长最重要的动力来源于港口，其动力是港城初始联系、港城相互联系、港城集聚效应和城市自增长效应；宋炳良（2002）从运输条件、产业聚集及其发展路径依存性的视角，结合近代上海开埠以来城市发展的实例，阐述了目前新贸易理论下港口城市发展理论模型的主要内涵及其现实意义。刘秉镰（2002）把港口城市的发展划分为四个阶段：生长期、发展期、成熟期和停滞期。

10.1.2 现代物流与物流驱动型城市化

过去八十年来，国内外对于交通运输与城市发展的研究，较长时间集中于港口、特别是海港与城市发展的关系领域。实际上，随着近现代铁路、高速公路与民航事业的长足发展，陆上交通、海陆联运、陆空联运等枢纽区位，也对城市发展和区域城市化进程产生了越来越重要的影响。在分析沪宁城市带的集聚和扩散演化机制时，刘青昊（1995）分析了构成沪宁城市带的两个层面之———沿沪宁铁路城市带，反映了铁路与城市带的发展紧密相关。涵盖国家铁路、城市轨道、磁悬浮轨道交通三种方式的上海虹桥综合交通枢纽轨道交通系统，与航空机场、长途汽车、公交巴士、出租汽车、社会车辆等交通方式共同形成了"轨、路、空"综合交通系统，形成多层次、多方向的综合网络，换乘便捷，建设用地少，运营成本低，使上海的交通集聚效应大大增强（陈东杰，2009）。城市间的密切、高频、快捷交通要求，促进了城际快速轨道交通的发展；反过来，城际铁路的建设，又大大促进了沿线城市的物流驱动型城市化发展。黄艳（2009）根据1992~2008年时间序列数据，对我国人均年货运量与城市化水平进行了实证分析，对研究中国物流业与城市化关系有一定的参考价值。基于职能多样化战略，张复明（2001）建议交通枢纽城市也要积极发展加工工业、商贸业、服务业、仓储业等相关产业，扩大优势领域的职能强度、规模、等级和影响尺度，不断壮大和丰富城市职能体系，增强城市发展的内力和后劲，尽快使交通枢纽城市成长为区域的增长中心。

航空运输是研究城市体系空间结构较为独特但又越来越重要的一个视角，周一星、胡智勇（2002）以航空港客运量和每周航班数为基础，通过分析航空网络的结构特点来揭示中国城市体系的结构框架，并依据航空网络结构形态以及国内外航空联系的变化预测未来城市体系空间结构的可能。于涛方、顾朝林等（2008）运用1995年以来的中国航空统计数据，分析了中国城市体系的格局和变迁。他们发现，城市体系和城市群互动符合"距离衰减原则"，上海、北京两大全球性城市强化了在全国枢纽机场的地位，西部地区则形成了若干区域性的枢纽机场；枢纽度最大的城市是京津冀、长三角、厦漳泉、珠三角、成渝等区域经济中心城市；辽中南、福建沿海、关中、江汉平原等地区经济中心城市的枢纽度则相对发展缓慢，甚至有所下降。

中国高速公路事业的迅猛发展，也对城市化特征和空间结构产生了重要影响。就一个城市本身的空间结构来讲，中心地区和外围次级中心之间沿交通干线的线状城市化过程表现明显。例如，北京从中心大区向西至石景山，向东沿京同高速路至通州，向西北沿八达岭高速公路到昌平，向东北沿机场高速公路到首都机场等沿线都是城市化过程比较明显的地区（何春阳、史培军等，2002）。

基于对国内外研究成果的梳理、思考和总结，本书将物流驱动型城市化界定为：以地域范围的资源、货物等的开发、交换和运移为核心，依托港口、铁路、公路、航空机场等物流运输中心体系，随着时空演化从而带动人口、产业在腹地内聚集而逐渐发生城市化的过程。在这里，物流驱动型城市化具有显著的空间地域特点，即港口、铁路、公路、机场等交通运输条件是其城市化的首要前提，腹地是城市形成和发展的基础，腹地大小决定了城市的建设规模和发展前景。

10.2 物流驱动型城市化的特征和衡量标准

物流驱动型城市化过程具有特定的社会、经济和历史根源，并且是多种驱动力协同作用的结果，遵循事物的时空演化规律，同时涉及诸多的要素、机理以及政策法规支持等。地理区位条件、商贸活力和工业技术是物流驱动型城市化的主要特征和衡量要素。

10.2.1 优越的地理区位及腹地条件

在传统物流驱动型城市化过程中，地理区位条件是决定城市形成和发展的重要因素,包括区域地理位置（沿海、沿河或交通枢纽中心）、陆域条件（港口码头、泊位、装卸机械、仓库、对外运输线路等部分）以及水域条件（进港航道、港池、锚地等部分），这在港口城市的发展过程中体现得尤为显著：港口区位作为一种城市主导性发展诱因和基本经济动因，使对外物流运输成为沿海港口城市的一种重要的城市功能，从而最终形成整座城市的综合性功能结构，实现城市形态的质变。如鹿特丹、香港等城市的发展均得益于其天然的区位及腹地优势。

闫小培、林彰平（2004）的研究指出，地理区位条件的差异是中国城市发展空间差异变动的主要原因之一。从山西省的情况看，交通枢纽城市空间区位条件和腹地区域条件优势十分明显，对此张复明（2001）做了全面阐述，他指出，在多数情况下，交通枢纽城市或者处于区域的门户要津，或者处于区域的地理中心，空间区位条件比较优越。交通枢纽的选择和确定，不仅要考虑运网作业的特点，而且要分析区域发展和经济联系的特点，优越的区位条件成为交通枢纽的首要布局因素。广阔的腹地区域得惠于优越的地理位置、位居中枢的交通地位和便捷的运输条件，这些因素共同决定了交通枢纽城市必然拥有较为广阔的腹地区域。随着交通网络的不断发展，枢纽的区域影响范围逐步扩展，影响程度越来越深刻。

10.2.2 物流运输频繁，商贸活力较强

商业贸易往来和交通便利是物流驱动型城市兴盛的重要原动力，城市化的难易程度在很大程度上取决于商业贸易的难易程度，而距离港口城市的空间距离的不同，必然会使各区域通过港口城市发生国内外贸易的难易程度产生差异（吴松弟，2006：13-16）。我国古代的许多城市都属于这种类型，由于商品交换的需要，物流运输频繁进行，人口的集聚带动了商贸活动的广泛开展，最终结果是当地逐渐发展为作为城市雏形的人口聚集地，并日渐发展壮大，形成具有一定地域范围的城市形态。如汉代的广州港、杭州港、温州港；南北朝时期的泉州港；唐代的明州港（今宁波港）、扬州港；宋元时期的福州港、厦门港等，这些城市无一不得益于商业贸易的繁荣。

城市是经济活动的重要空间，优越的区位、丰富的资源、发达的交通运输条件、已形成规模的工业、繁荣的商贸活动、多样便捷的服务和科技、教育、文化的发展等因素综合作用形成一个强大的引力场（陈玉光，2010）。在这一过程中，城市商贸功能的提升是增强城市活力的体现，也是城市功能进一步强盛的信号，研究城市商贸功能，进一步提升城市商贸功能强度，促进商贸流通业的区域联动和发展，需要城市地理学和区域经济学进行认真研究。城市商贸功能与区域经济发展和区域社会发展状况存在正相关关系，并且关联度很高（李亚，2008）。城市

对外来经商者的吸引力和支持能力，显示城市发展的动力大小。外来经商者在城市发展及市场形成和发展中的作用主要表现为：创造了人流、资金和商品流，建立了购销通道；外来经商者是城市商贸经济发展的现实资源，是消费群体和市场开发群体，是市场经营者群体和中小投资者群体，是城市的准市民群体（郭虹，2002）。

在市场经济下，城市作为区域商贸中心而存在。高文杰（1995）指出，不仅区域内的商贸活动以区域中心城市为活动基地，区域间的商贸活动更是以区域中心城市作为其交易的窗口；担负区域中、区域间商务活动功能的城市，必须规划与其功能相适应的商务区；商务区规划的合理与否，将影响到城市的发展前途和区域经济的发展。

10.2.3 工业技术发展与物流驱动系统

工业技术是物流驱动型城市发展的主要驱动力（陈航、栾维新，2010：130）。工业革命所带来的科学技术和生产力的革新，极大地促进了城市的建设和发展，如蒸汽机的发明促进了铁路交通运输能力的增强和航海技术的新发展，城市成为对外沟通、水陆枢纽和生产地与消费地之间的联系枢纽，工业技术在城市化过程中始终扮演着极其重要的角色，通过促进港口、铁路等物流运输能力，推动物流驱动型城市沿腹地发展壮大，加速其城市化进程。

交通技术的每一次创新都对城市空间形态的演变起着不可替代的作用，19世纪以来城市交通工具和交通设施经历的五次创新活动及相应背景下的城市空间形态演变就证明了这一点（杨萌凯、金凤君，1999）。集装箱多式联运、铁路交通提速技术、大型货机的投入使用，为城市间的物流运输、城市本身的快速发展提供了支持（白雪洁、王鹏姬，2002）。自1997年以来，中国进行了6次铁路提速，促进了沿途站点的经济增长。在整个铁路提速期间，相对于未提速站点，铁路提速将提速站点的人均GDP增长率提高了约3.7个百分点；同时，在铁路提速后期，其对经济增长的促进作用更为明显（周浩、郑筱婷，2012）。信息技术的普及和人工智能技术的发展，使城市有可能开发出一种基于多智能体技术的城市交通控制系统，并在该系统中的智能体模型中引入学习机制，初步建立一个具有专家系统特点、并且可以不断进化的分布式城市交通智能控制系统（承向军、杨肇夏，2002）。

除了交通技术的进步与创新，人们的观念革命同样推进城市交通事业的发展。中国城市交通状况出现各种问题，很多是由于理论和观念上的误区造成（李晓江，1997），只有改变和创新城市规划中解决城市交通问题所固有的观念，才能实现城市交通运输事业和物流驱动系统的提升。

10.3 政策导向

随着高科技产业在现代城市发展中地位的日益突显,无论是传统的港口物流运输,还是内陆交通物流或航空运输,或者依托信息科技的现代新型物流产业,都已经成为衡量城市经济增长的重要因素。城市物流在对城市化的推动效力加强的同时,其自身也发生着转型和优化。在城市化过程中对城市物流产业以及物流系统,需要遵循科学合理的规划原则,在政策层面上提供一些指引和导向,使其更好地在城市化进程中发挥驱动效力。

10.3.1 运用国家宏观调控手段,优化物流产业成长环境

自改革开放以来,我国的许多城市进入飞速发展阶段,而城市物流系统作为国家发展规划的有机组成部分,铁路、公路、航空、水运以及现代信息物流产业均呈现出前所未有的发展态势,然而物流涉及领域多,范围广,牵扯到经济活动的方方面面,任何一个部门或环节都难以全面承担物流行业的整体运作职能,需要一个综合性的协调平台来承担,这就需要进一步加强执行国家的宏观调控力度,建立多途径、多层次的协调机制,实现物流与城市化之间的功能互补,综合发展。

为了保证城市物流活动的通畅、准时完成,满足人们生产、生活的需要,需要摸清城市物流的基本规律、编制城市物流规划,从企业物流、行业物流、社会物流等不同角度分析城市物流与其他物流之间的区别与联系,在此基础上提高完善城市物流体系(程世东、荣建等,2005)。中国大城市、特大城市交通建设的指导思想,在客运交通体系方面,通常是以公共交通为主,以快速轨道交通为首位,公共电汽车、出租车和私家车相辅助的交通发展模式,构筑和完善地面、地下、高架、全方位、立体化交通道路网络系统,有效缓解道路交通阻塞状况(钱七虎,2004)。针对物流产业发展机制,要合理规划物流园区的建设,促进区域物流协调发展以及各种运输方式的衔接和配合,解决我国社会物流系统中供需不平衡的结构性矛盾,创造物流产业可持续发展的成长环境。

10.3.2 发挥区域联动效力,构建跨区域物流合作机制

物流产业的发展依托于其自身的地理区位条件,区域合作是极其必要和有效的。通过适当的政策引导,运用先进技术和管理理念,尽快建立高效完善、融合联运的区域现代物流体系,制定有利于利益共享、共赢发展的物流政策,实现资源共享、要素集聚、信息互通、共同发展,迅速提高跨区域物流企业服务水平,从而有效降

低全社会物流成本（史和平，2008），增强跨区域城市综合竞争力。同时，基于合作博弈理论，建设跨区域的物流产业网络，构建信息社会背景下的广义物流联盟，实现资源共享以及跨区域的有效合作。如进行物流枢纽、节点的建设，从而解决目前铁路、公路、航空彼此之间缺乏沟通，缺乏协调的弊端；在信息社会背景下，搭建以邮电通讯及网络为主的信息平台，逐步把网络技术建设应用于物流业，提高物流产业的信息化程度，增强物流城市化的可操作性和协调性，实现物流体系的均衡、协调发展。

从各个地区的区域协调推进情况来看，政府重视程度很高，但往往缺乏综合协调。例如，对长三角地区区域协调重大问题的研究发现，各地区在基础建设方面不约而同地提出要提升自身层次，培育区域交通枢纽的要求。建设始发或通过本城市的轨道快速通道、提升本城市港口发展等级规模等基础建设方面需求较为集中（杨俊宴、陈雯，2007）。另外，他们发现，长三角地区基础设施的重复建设问题已经相当严重，港口如此，机场方面也如此。在整个长三角区域范畴，重大基础设施建设缺乏综合协调，造成区域战略资源的低效利用；不同类型的交通设施建设缺乏协调，不同交通设施的规划、建设隶属不同的部门，交通设施建设不协调和无法有效衔接的现象尤为突出，不仅浪费了大量资源，也增加了换乘难度，降低了运输效率。第三，不同地区交通设施建设缺乏衔接，对跨地界的基础设施投资严重不足，无法发挥对区域性基础设施建设的调控功能，由于各城市经济实力存在差异，导致规划建设标准不统一或建设时序不能同步，不可避免地造成区域性的基础设施建设难以衔接，区域整体交通体系运行效率低下。第四，区域性的基础设施大多需要跨市域建设，必然涉及各城市的利益分配问题，但是现在区域性的基础设施建设，还缺乏相应的利益补偿机制，导致高速公路、轨道交通等跨地区设施建设中的"一头冷一头热"现象十分普遍。

区域物流平台是保证区域物流活动有效、协调发展的基础条件（肖三亮、杨家其，2001）。区域物流平台的构成是一个包括诸多因素的复杂网络体系。首先是基础设施，包括机场、铁路、道路与航路网络、管道网络、仓库、物流中心、配送中心、站场、停车场、港口与码头、信息网络设施等。其次是设备，包括物流中心、配送中心内部的各种运输工具、装卸搬运机械、自动化作业设备、流通加工设备、信息处理设备及其他各种设备。再次是标准，比如物流术语标准、托盘标准、包装标准、卡车标准、集装设备标准、货架标准、商品编码标准、商品质量标准、表格与单证标准、信息交换标准、仓库标准、作业标准等。目前，我国区域物流平台的构建仍然存在这样或那样的困难，要么是难以构建，要么是水平不高，难以支撑现代物流系统的高效运行。涉及跨区域、跨部门的协调任务和政策支持，需要我们加以认真对待，从整体上解决平台问题。

10.3.3　加快结构转型，推动传统物流向现代物流转变

信息化是现代物流的重要标志，也是实现物流跨越式发展的重要手段和推动力。物流信息化是现代物流的重要内容和重要标志，贯穿现代物流的所有环节和全过程（李日保，2005：前言）。高科技占主导的信息时代，传统物流已经无法满足现代城市的未来发展需求，物流产业系统亟待转型和升级。在传统物流基础上，充分发挥市场机制，引导物流向快速化、集成化、规范化、协同化和系统化的现代新型综合物流推进，推进现代物流系统驱动下的多途径城市化道路。如鼓励交通枢纽城市引进现代高科技的物流管理技术，建设新型物流园区或虚拟物流网络平台，促进传统物流的现代化转型升级，重构城市化过程中物流产业的动力机制。

传统物流与现代物流的区别是基于物流的非固有属性，如物流服务、管理、技术和经济上的区别，其固有属性并无实质上的不同（宋耀华、侯汉平，2004）。在传统储运企业向现代物流企业转型的过程中，需要建立起自身的核心竞争能力。基于核心竞争能力的物流企业资源整合是传统储运企业向现代物流企业成功转型的关键（刘伟华、骆艳江等，2003）。随着现代信息技术、电子商务企业化、特别是基于云计算的物联网的出现，为现代物流的转型升级提供了前所未有的发展机遇。

物联网就是"物品的互联网"（the internet of things），也称为M2M，是传统的物流信息化工作的进一步深化与综合，也是传统互联网的使用对象由人及物在应用范围上的延伸和扩展，将互联网的用户终端由个人电脑延伸到任何需要实时管理的物品（胡向东，2010），对进行复杂的区域物流体系的建设与运转、实施控制与管理，M2M创造了安全、高效、集约的条件。

10.3.4　整合分散物流要素，巩固物流产业集群效应

物流产业系统涉及各个领域和多个部门，只有通过各种物流要素的优化组合和合理配置，才能最大限度地发挥各种城市物流要素的作用，提升物流运输业的效率（中国物流与采购联合会，2011：9-10）。产业集群是未来产业发展方向，具有形成和获得外部规模经济、降低交易费用、提高创新能力的优势；从世界范围来看，国际投资不再向低成本方向转移，而是向产业集群方向转移（UNCTD，2001）。研究发现，港口产业集群理论对上海的临港新城建设具有启示和理论指导作用（刘志强、宋炳良，2004）。在全社会范围内对各种物流要素进行整体的优化组合和合理配置，打造物流产业集群，是推动城市的产业调整和升级所必须的。

为了克服我国目前物流产业存在的市场供需结构性矛盾突出、物流服务社会化程度低、物流企业"小、散、差"、物流市场不规范、物流发展盲目过热等问题，有必要对物流产业集群的形成及演进进行系统分析和研究，构建产业集群导向的物流产业发展政策体系框架，为现代物流集群化发展提供理论解释和学术支持（杨春河，2008）。

10.4 分类及案例研究

城市是一个人口、商品及生产要素等的集聚地，物流在其中发挥着货物、人流等的运输与迁移作用，并借助于便利的水运、铁路等交通工具来实现其城市化进程，因此，物流驱动型城市化在空间上具有显著的地域特点，即其城市化及城市发展的阶段性特征深受地域内交通技术条件的影响，在此，按照地域因素和交通因素相结合的原则，将物流驱动型城市化类型分为水运港口型、内陆枢纽型和空港驱动型三种主要类型。

需要说明的是，由于城市化过程的多因素主导性和综合性，几种城市化类型间并不存在严格的分类界限，一座城市的城市化过程可能兼具几种类型的特征，同时在几种类型中也可能会融合有其他一些诸如历史、文化等偶然因素，如非本土的新大陆的探索、移居和开发，殖民入侵历史背景下非自发性城市化等。

10.4.1 水运港口型

水运港口型城市化模式，是指在港口腹地内形成的港口城市化类型，即"以港兴市"，这里的港口既包括海港，也包括河港。国际上物流量的90%以上是由海运完成的，水运港口型是物流驱动型城市化的主要类型。依托港口的对外贸易及交通、区位优势，推动港口周边区域经济、文化的发展，并产生人口集聚效应，最终在港口腹地形成早期的城市形态；同时，通过临港产业的空间波及等综合作用，新兴港口的设立和扩张为推动周边沿海地域的城市化提供持久动力，这是港口驱动型城市化的一般演化规律。

在城市形成初期，港口是经济地域发展中心，其功能主要是引进区域外的优势资源及先进的技术和信息，首先打造一个区域物流中心，促进工商业市场的成熟和完善，进而在港口腹地形成一种呈"港口－腹地"体系发展的互动增长格局，从而推动了腹地各项基础设施建设，逐渐形成一种生产要素和产业的自发集聚，从而最终实现工业化导向的城市化（李南、刘嘉娜，2010）。港口型城市化遵循以下过程（图10-1）。

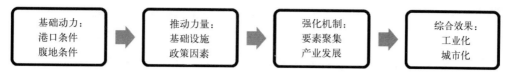

图 10-1　基于港口开发的沿海地域城市化过程图（李南、刘嘉娜，2010）

以沿海地域城市化过程为例，在沿海港口开发前后，沿海地域的城市化会表现出不同状态。在初期，港口开发建设作为诱发因子而促进沿海地区产业发展，提高区域整体的人口城市化水平，港口开发、临港产业发展与人口城市化呈现出逻辑上的先后次序。进入成熟期后，伴随城市化水平提高和人口集聚，对港口运输需求的增长产生正反馈，使港口开发与沿海地区城市化产生互动效应。

（1）鹿特丹市

鹿特丹（Rotterdam）是荷兰第二大城市，地处荷兰莱茵河与马斯河的入海口，其形成和发展依托于世界上最大的海港——鹿特丹港，这里有"欧洲门户"之称。现今，鹿特丹港集装箱吞吐量 980 万 TEU❶，港口年吞吐量已达 10 亿吨，素有"世界第一繁忙货柜港"的美誉，是世界最大的港口物流中心。

1340 年，鹿特丹被授予城市自治权，当时居民约有 2000 人。不久，荷兰伯爵威廉四世开始组织挖掘运河，连接了荷兰北方各市镇，鹿特丹开始繁荣，并逐渐成为荷兰、英格兰和德国之间重要的货运中转枢纽。此后，鹿特丹作为货运港的地位不断增强，并成为了荷兰东印度公司六处办公室的所在地之一，港口腹地也日渐发展壮大，人口集聚效应日渐显著。进入 20 世纪后，金融、管理、咨询和旅游等现代服务业给现代港口产业注入新的活力，港口关联产业向城市进一步扩散并成为城市现代服务业的重要组成部分，鹿特丹城市及其临港经济迅速兴起（钟铭、焦宁泊等，2007），在人口急剧增加的同时，鹿特丹的海运业达到全盛，成为欧洲最重要的货运港口之一，鹿特丹的城市化也进入到成熟阶段。

鹿特丹港口的发展带来了人口以及产业的集聚效应，为在腹地兴建城市提供了客观的物质和地理基础，随着港口在国际物流领域中地位和影响力的不断增加，其工业化程度与港口的发展程度也产生正相关效应，城市化水平随之提高❷。

（2）宁波

宁波的城市化进程可以称为是一部港城共兴史。唐代宁波作为"海上丝绸之路"的起点之一，与扬州、广州并称为中国三大对外贸易港口。宋时又与广州、泉州同

---

❶ TEU 就是 twenty-foot equivalent unit，是以长度为 20 英尺的集装箱（标箱），是一个表示船舶装载能力或港口吞吐量的单位。

❷ 维基百科 .http://zh.wikipedia.org/wiki/%E9%B9%BF%E7%89%B9%E4%B8%B9.

时列为对外贸易三大港口重镇。鸦片战争后，宁波被辟为"五大通商口岸"之一。1949年之后，宁波仍然是重要的港口城市之一，现今，宁波港作为上海国际航运枢纽港的重要组成部分，已与世界上216个国家和地区的600多个港口开通了航线（常冬铭，2008）。

在宁波城市发展的历史沿革中，港口始终作为城市化的重要驱动力，伴随着城市的发展壮大，宁波城市兴起的轨迹是"以港兴城、以商成市"。宁波本身自然禀赋一般，历史上也没有成为政治中心，其形成的重要原因在于其优越的港口区位地理条件；而宁波港的地理优越性，只有在海运发展的情况下才能通过港口显示出来。因此可以说，港口是宁波市城市化发展的根本保障，港口是宁波城市兴起的媒介和持续稳健城市化的重要驱动因素。

10.4.2 内陆枢纽型

内陆枢纽型城市化主要是指以铁路、公路等交通为基础，在交通枢纽中心腹地或交通线路辐射区域范围内实现的城市化类型。交通运输是城市选址时的主要考虑因素，因其在地理空间上的通达性，相比其他地区更易引起人口、资源等物流要素的迁移与积聚，因此，越是临近交通枢纽处越易形成城市。德国人文地理学奠基人之一的拉采尔曾作出过"交通是城市得以形成的动力"的著名论断，肯定了交通运输条件在城市化过程的重要作用（Ratzel，1882：781）。克里斯塔勒（中译本1998：58-61）也将交通运输作为独立的经济因素，认为其在城市化过程中起着"中间介质"的作用，在很大程度上影响着中心地城市的建设规模、居民地域和空间分布等。

城市化过程一般遵循着这样一种模式：从村落到市镇，从市镇到小城市，再从小城市到大都市，公路与铁路等交通建设对推进这种城市化进程的作用是非常直接的，即通过交通建设在交通枢纽中心或沿线形成产业集聚现象，并带动物流和人流的迁入，随着时间的累积，当人口集聚到一定程度，就形成了早期的城市（王磊、伍新木等，2001）。

（1）芝加哥

芝加哥交通运输区位优越，交通四通八达，被称为"美国的动脉"，是美国最大的空运中心和铁路枢纽，也是世界上最大的一个内陆港口。考证芝加哥的城市发展史，铁路枢纽中心的地域优势是其城市化发展的最强劲驱动力。1848年，沟通密歇根湖和密西西比河的伊利诺伊-密歇根运河建成，沟通了两大水道之间的航运。同年，芝加哥的第一条铁路开始修建。自此，芝加哥开始成为连接美国东西部的重要交通枢纽，极大刺激着物流产业的快速繁荣和人口的集聚。同时，芝加哥还是美国西部大开发建设中 11 条铁路的终点站，由铁路建设带动的工业化的迅速发展为城市化创造了雄厚的物质基础，从而极大地推动了芝加哥城市化的进程。

铁路枢纽中心对芝加哥城市化伴随着人口、资源等从乡村到城市的空间移动，芝加哥的城市化进程也顺其自然地向前推动着，并日渐发展成熟。进入航空时代之后，芝加哥的航空枢纽地位再次将芝加哥的城市竞争力提高到一个新的水平。奥黑尔国际机场（O'Hare International Airport）是国际上最繁忙的机场之一，占地面积达 7700 英亩（一英亩 ≈4046.86m²），每天要起降 2700 次航班，每年大约有 7200 万名乘客经该机场来往于世界各地。

（2）郑州

郑州是中国内陆中西部地区主要大城市之一，素有"中国铁路心脏"之称。铁路作为"有史以来最具有革命性的一种工具"（维贝尔，中译本 1981：251），对沿线城市发展具有重要影响。现代意义上的郑州城市发展源于清朝末期京汉铁路的诞生。京汉铁路地处中原，为南北交通要道，沿线人口稠密，物产丰富，特别是山西、河北大量的煤炭和河南的大宗农产品都要经由该路运输，通车以后客货运业务十分发达。其后，随着东西向的陇海铁路的修建，郑州成为铁路交通的十字路口，铁路枢纽地位更加稳固，其物流产业集聚效应也更为显著，"铁路与火车拉出了一个新的工业之城"是对郑州作为铁路枢纽中心发展的真实写照。

作为国家综合交通枢纽，如今的京广铁路、新欧亚大陆桥陇海铁路两大干线在郑州交汇。郑州的城市化进程与芝加哥拥有太多相似的传奇经历，但又融合着自身的特殊历史性。在一定意义上，铁路见证了这座城市的成长壮大。今天，郑州已成为中国中部地区第二大城市和主要经济中心，是国家批准建设的中原经济区的中心城市，对周边城区产生强烈的区域联动作用。在郑州城市化进程中，铁路的开通以及铁路枢纽中心的形成，带来了交通运输仓储、邮政业、批发零售流量的剧烈增加，物流产业的急剧繁荣也推动着郑州这座城市的城市化进程，铁路物流成为郑州这座城市的城市化烙印，最终引领城市发展为重要的物流集散地和铁路枢纽中心。

10.4.3 空港驱动型

空港驱动型城市化是最近几十年才日渐兴起和发展的，主要是指依托机场的兴建引发航空物流业的发展，带动机场辐射地区的土地开发和产业调整，逐渐形成的多功能综合性区域空间格局。这种新型城市通常也被称为"空港城"或"临空城"。

在新科技发展的带动下，航空业的发展日新月异，其方便、快捷的物流运输能力同时也顺应了现代人追求速度和效率的心态，发展周期的更新、资源配置与产品销售的全球化、灵活的定制化生产和迅速的送达，速度和快捷成为关键因素，"迅者生存"已然成为21世纪新的生存法则,而航空物流恰当地满足了这条法则:航空港促使物流从地面交通转向空中交通,带动一系列航空相关产业在周边地区聚集,使人口、物流和服务设施聚集,最终使周边地区高度工业化、城市化。可以说,如果城市要在一个日益以速度、便捷、远距离联系为基础的经济中进行竞争,机场就是必需的。航空港作为一种新型的城市化驱动效力,其对城市的长远发展是有深远影响力的。

(1) 迪拜

迪拜从18世纪末一个闭塞的小村庄发展为当今中东地区最大的自由贸易港、经济金融中心、购物中心和航运物流中心,被称作"航空大都市"的样板。数据显示,全球2/3的人处于迪拜8小时航程范围内,而1/3的人处于仅4小时范围内,足见迪拜航空港的国际影响力。同时,新建的以货物空运为主的迪拜物流城(Dubai Logistics City,简称DLC)位于杰贝阿里自由区和杰贝阿里港附近,充分展现出真正的连通性。集合了新的巨型机场和配有物流、仓储设备及航空服务的货运中心,可容纳超过6400家公司。它将成为全球最大的空运中心,每年货物吞吐量达1200万t,迪拜连通性的优势也由空中延伸至陆地和海上。货物可在1小时内完成机场与港口之间的运输,再从那里运往全球各地,许多人称其为全球首个真正的综合型物流平台。

迪拜的城市化模式可以概括为:依托其优越的航空港地理区位条件,充分发挥它强大的空港物流集聚作用,开展航空物流产业,逐步发展成为全球网络上的一个重要航空中转站,吸引世界各地的人口、货物等在此汇聚和流动,最终给城市带来持续的生长动力,最终实现其城市化。而今,依托航空港建立起的城市基础,迪拜已经发展成为一个集办公园区、商务酒店、商务购物、货运设施和工厂为一体的混合体。

(2) 法兰克福

法兰克福机场位于欧洲的心脏地带——德国莱茵河区域,其发展可以追溯到第二次世界大战时期莱茵—美因空军基地。法兰克福虽然不大,仅是德国的第五大城市,但由于法兰克福处在德国铁路、陆路和水路交通的最具关键意义的交叉点上,1930年代法兰克福机场的兴建,作为法兰克福再城市化的重要驱动力,促使法兰克福成为世界重要的航空物流中心城市。

1936年莱茵—美因空军基地启用,它是当时德国第二次世界大战时期第二大机场(仅次于柏林的腾珀尔霍夫机场)。战后,它成为柏林空中运输的主要基地;1972年机场新的航站楼(即现在的1号航站楼)投入使用,并逐渐成为德国主要的国际航班集散中心和物流集散中心。❶ 法兰克福机场的各项运营机制日渐成熟和

---

❶ 中国百科网. 法兰克福机场. http://www.chinabaike.com/z/shenghuo/pc/2011/0414/814256.html.

完善，带动了机场周边地区物流的迁移和汇集，繁荣了法兰克福经济和社会的发展，促进了法兰克福城市的再城市化进程。

　　法兰克福的再城市化模式为：利用其优越的地理因素和国际机场禀赋，积极发展国际会展、商务、物流等临空产业，繁荣周边腹地的工商业，提升城市化发展水平，进而打造以临空物流产业为主导、其他相关产业协同发展的新型城市化发展格局，实现城市的可持续更新和发展。

（刘社军、吴必虎　执笔）

第十一章　文化创意驱动型城市化

创意和文化创造活动是人类历史上早就产生的现象，并在全球各地留下了丰富的遗存。创意城市古已有之，几乎人类所有的创造性成就都与城市相关（Hall，1998：3-23）。21世纪初以来，随着创意产业蓬勃发展，创意城市已经成为不少城市制定发展战略时的目标之一。文化和创意产业正从艺术家和文化生产者主导的产业领域延伸到"公民—消费者"及其反身性概念下的创意社会（李蕾蕾，2008）。但过去几十年来，中国走了一条工业化主导的现代化道路，过度强调GDP，在很多城市工业化与城市文化已经成为对立面。创意产业与创意城市的迅速发展，是这些工业城市转型升级的一个难得机遇。与古代城市的创意活动只是城市的艺术作品之一不同，现代创意产业已经成为城市再生的重要途径之一。1990年代以来，创意产业在发达国家中迅速兴起并成为世界财富创造的新源泉，有力地推动了城市复兴、城市空间结构的功能重塑和城市治理制度与政策的全面创新（胡彬，2007）。

作为一个城市，将创意产业或将其与文化产业、旅游产业相结合选择为发展的主要驱动力，这还是一个颇具挑战的新任务，许多研究者和城市战略专家、城市规划师和城市管理者，都在努力探求更为合适的模式和可持续发展的路径，通过创造力对既有传统文化进行再创新和新突破，将知识的原创性与变化性融入具有丰富内涵的文化之中，并使之与城市经营结合起来，从而将沉寂的历史文化内涵转变成鲜活的现代生活产品，活化文化资源，为人们提供具有知识性、艺术性和趣味性的体验消费性旅游产品和其他产品。创意城市是推动文化经济、知识经济的关键。培育创意城市，能吸引文化创意人才与团体，通过创意产业的兴起赋予城市以新的生命力和竞争力，以创意方法解决城市发展的实质问题。可见，以知识经济为基础的创意经济时代即将来临，而创意城市的建设则是未来城市发展的必然趋势之一。

11.1　文化创意型城市化研究综述

11.1.1　创意产业与创意城市

英国文化媒体与体育部（Department of Culture, Media and Sport）曾经给创意产业下了一个定义：创业产业即为"那些基于个人创造性、技能和天赋，并通过智力财力的开发利用来创造财富和就业机会的活动。包括：广告、建筑、艺术及古玩、工艺、设计、时尚设计、电影、互动休闲软件、音乐、表演艺术、出版、软件，以及电视、广播等诸多部门"（唐勇、徐玉红，2006）。创意产业具有以文化为基础、以知识产权保护为必要条件、重塑传统产业以实现商业化等三大特点（王志成、谢佩洪等，2007）。1900 年，创意工作人员仅占全美国劳动力的 10%，1980 年为 20%。而进入 21 世纪以来，创意经济从业人员已占全美国劳动力的 30%；目前，创意部门创造的财富占全美国的 47%，服务业占 30%，而工业只占 23%。

2006 年被称为中国创意产业发展的元年，也是创意产业广泛普及并开始为更多人所关注的第一年。这一年，《国家"十一五"时期文化发展规划纲要》发布，首次将"创意产业"写入其中，表明这一新生事物已得到国家的认同和重视。2011 年，中国创意产业研究中心张京成领导的小组连续第六次发布《中国创意产业发展报告》。厉无畏、王如忠（2005）将创意产业视为"城市发展的新引擎"，以创意产业领航城市发展成为后工业化时代的新潮流。他们以上海为例，观察、探讨了通过创意产业的培育，提高城市综合竞争力，为创意产业提供发展空间。在全球化趋势不断加强、国际间竞争日益激烈的今天，以文化和创意为核心的创意产业的发展规模，已经成为衡量一个城市综合竞争力高低的一个重要标志（厉无畏，2009a）。

创意形成创意产业，创意产业构筑创意城市，创意城市又催生新的创意。当代创意城市研究的代表人物、美国城市研究学者雅各布斯把那些特别擅长工业创新和革新的城市称为"创意城市"（雅各布斯，中译本 2006：222）。兰德里等从文化经济学的角度进一步将创意城市定义为那些能充分利用艺术创造力、激发普通市民创意活动、拥有创意文化基础设施、专注于孕育创意产业，并能提升行政管理能力的城市（Landry & Bianchini，1995：11-15）。创意城市理论的研究是随着创意经济时代的到来才开始。兰德里等认为，城市要达到复兴，只有通过城市整体的创新，而其中的关键在于城市的创意基础、创意环境和文化因素（Landry & Bianchini，1995：11-15）。任何城市都可以成为创意城市，或者在某一方面具有创意。石忆邵（2008）指出，从产业、城市和区域协同发展的视角来看，创意城市发展可能经历从创意产业到创意城市、再到创新型城市乃至创新型区域的演进轨迹。创意产业在城市再生中的作用包括提高城市竞争力、增加城市就业、延续城市文脉、塑造城市景观特色等四个方面（王伟年、张平宇，2006）。

英国是世界上最早以政府名义提出文化战略和发展创意产业的国家，目前创意产业已经成为其产业体系重要的组成部分，正因为此，英国引起了研究者的广泛关注。李明超（2008）通过分析英国创意产业推动创意城市发展的经验，认为创意、创意产业和创意城市之间存在着密切的关系：创意城市是在经济全球化的背景下，由产业转移和产业升级推动、伴随城市更新和创意产业兴起而出现的一种新型的城市形态和发展模式。创意产业和创意城市都以创意为基础，创意产业是创意城市形成和发展的经济引擎，创意城市是创意产生和创意产业兴起的空间基础。

创意城市这种新的城市发展观点不仅对上海、北京这类大型综合性城市转型具有指导意义，对我国正处于产业转型期的老工业城市也具有启发意义。李顺成、胡畔（2010）就曾以老工业城市淄博市东部化工区搬迁改造工程为例，探讨了利用城市再生和创意城市的理念将旧城工业区改造成为文化创意园区的可能性。创意产业园区是城市再生的一种新模式（王伟年、张平宇，2006）。

11.1.2 创意城市产生条件

霍尔曾分别对公元前 5 世纪的雅典、14 世纪的佛罗伦萨、莎士比亚时期的伦敦、18 世纪晚期和 19 世纪的维也纳、1870-1910 年间的巴黎以及 1920 年代的柏林进行了历史性研究，最后他总结道：高度保守、极其稳定的社会，或者所有秩序已消失殆尽的社会都不是产生创意的地方；拥有高度创意的城市，在很大程度上是那些旧秩序正遭受挑战或刚被推翻的城市（Hall，1998：24-278）。这一历史经验证明，改革开放是创意城市产生和发展的必要条件。霍斯珀斯认为集中性（concentration）、多样性（diversity）、非稳定性（instability）3 个要素在创意城市产生发展中占有重要地位（Hospers，2003）。但人口高度集中只是必要条件而非充分条件，创新行为还需要得到社会的认可、激励和接受。多种文化的碰撞，尤其是非主流、边缘文化对主流文化所产生的冲击，往往是创意和创新能够勃发的必要条件（孙施文，2008）。从国际来看，创新型城市的产生和发展离不开下列背景：一是随着以信息技术为标志的第三次科技革命与知识经济的来临，经济发展从过去的资源、资本驱动逐步转向知识、创新驱动；二是随着区域经济一体化的推进，城市尤其是中心城市的空间极化与扩散效应进一步聚焦到技术等知识要素的集散；三是随着全球化的发展，城市在国际竞争格局、创新体系及产业链中的地位与作用日益得到提升；四是受人本化思潮与可持续发展观的影响，城市核心理念中越来越多地纳入了科学人文、节能减排、生态环保、社会和谐等元素（Hambleton，1995）。

斯科特从经济主因角度阐述了创意城市的发展条件，包括生产者网络、地方劳动力市场、创意场等要素的提供（Scott，2006）。生产者网络，用斯科特的话来说，就是生产者深深地植根于不断变化的社会劳动分工之中，这反过来又组成功能上与众不同的经济活动综合体或集群。当生产者在区位上紧密相邻时，他们之间多层面的网络联系使他们能在有限的时间框架内，相对容易地发现正是其需要的下家。因而，他们能够维持低库存，这样就能节约固定资本。当相关的企业集团在地理空间上集聚成群时，扩大了的地方劳动力市场总是围绕它们发展起来。产业综合体内具有促进学习和创新效应的结构，或一组促进和引导个人创造性表达的相互关系就是"创意场"(creative field)。在某种水平上，这一现象与组成任何综合体的企业和工人网络相一致，也与这些不同的决策和行为单位之间的多种互动相一致（Scott，2006）。在另一种水平上，它部分地是由基础设施和社会间接资本（诸如地方学校、大学、研究机构、设计中心等）组成的，这使这些网络的创新能力更完备。大学在创意城市的发展中起着举足轻重的作用。只有大学才具备前述佛罗里达教授指出的创意城市3T兼备的条件，通过与城市发展之间的互动，大学为城市发展提供了技术、才能和宽容的环境（诸大建、黄晓芬，2006）。荣跃明（2004）也观察到，创意产业发展受到技术、知识产权、专利制度、金融服务等条件的支撑。

王志成、谢佩洪等（2007）指出，城市发展创意产业存在两类主要影响因素：创意经营环境和创意资本基础，二者对消费性创意产业和生产性创意产业具有不同的影响机制。创意产业与创意城市在兴起的动力方面存在某些类似之处，除了来自于产业内部和城市区域的创新推动之外，创意产业还与政府政策、产业转型、人才培养和文化理论等因素密不可分（李明超，2008）。创意城市的建设离不开三大支撑条件，即创意阶层、创意情景和创意的技术条件，当然创意经济又有其自然的阶段安排和约束条件；综合运用创意经济、城市经济学与演化经济学等理论来求证和分析创意城市的经济学特征与发展路径，具有深化创意城市的经济学理论研究、探索创意城市在中国的发展之路等的重要意义（郑晓东，2008）。

王志成、陈继祥等（2008）通过对创意经济经典文献的分类综述，对创意经济的主要特征进行了分析。在此基础上，他们提出创意经济的发展受到教育水平、经营环境以及媒体平台三大支点的影响和制约。实证说明，三大支点对于创意经济的发展具有不同程度的正向影响。

11.2 创意城市的特征

霍尔对历史上的创意城市的共同特征作了如下归纳：这些城市虽然规模差异巨大，但它们均是所在时代中的重要城市；它们当时都处于急剧的经济和社会变革之中；都是大的贸易城市，并且除雅典以外其他城市在所在区域中都是最富有的；创意城市几乎都是世界性的，吸引着来自四面八方的天才；而天才的成长需要特殊的土壤，城市环境须是社会和意识形态剧烈动荡的中心；它们的城市政策像磁石一般吸引着天才的移民和财富的创造者（Hall，1998：279-289）。创新型城市通过创新带来经济的增长和品质的提高，它是涵盖规划创新、文化创新、科技创新、产业创新、组织创新、制度创新、管理创新等全方位创新的一种城市治理模式（韩瑾，2007）。

由于现代创意城市仍然处于发展的初期，关于其定义、内涵和特征，学术界尚未形成一致的意见。人们尝试从不同侧面探讨创意城市的主要特征、衡量标准、指标体系等问题（李博婵，2008；张科静、陈颖等，2009；胡斌、易华，2010）。城市创新能力评价指标体系可主要分为硬件指标和软件指标，硬件指标是激发城市创新能力的前提，硬件设施的数量、质量、多样性和可获得性对支持创新十分重要；软件指标表现在历史、危机感、内在创新能力以及组织能力、市民的价值体系或生活方式，以及市民对城市的归属感等方面（代明、王颖贤，2009）。

11.2.1 集中性创意产业

创意产业是创意城市得以成立的物质基础和社会条件。1980年代以来，全球创意经济呈现稳步增长，有着超越服务经济的趋势（盛垒、杜德斌，2006）。一个城市具有了发达的创意产业之后，将会支持和推进更为广泛的经济领域的创新（厉无畏，2009b）。那些名列世界前茅的国际大城市无不具有发达的创意产业，而更重要的是那里的创意产业还支持了其他产业的创新。

创意产业的内容创意、生产制造、营销推广、分销传播、交换消费等五个环节，与人力资本、产业资本、文化资本、技术资本四大生产要素共同构成了创意产业价值链系统。该系统在创意产业化进程中创造价值，并通过产业创意化和城市创意化两种途径进行拓展和增值（肖骁，2008）。不仅创意产业是个巨大的产业群，创意成果往往还成为其他产业的要素投入，向消费者提供新的价值元素。如米老鼠、芭比娃娃、哈利波特、流氓兔、凯蒂猫等都是创意产业的成果，形成品牌后被广泛渗透到玩具、文具、服装、服饰、箱包、食品等行业，大大提高了这些产业的附加值。创意产业中的音乐也可以录入芯片，融合到某些商品中提高它们的价值。创意策划几乎有助于一切传统产业去开创"蓝海"，并带动一批相关产业的发展。更重要的是，由于创意产业的发展，人们文化水平大大提高，观念更新，创意涌动，使各行各业都有无数的创新出现。

11.2.2 良好的金融和技术基础

任何产业的发展都需要一定的资金支持，资金支持对于创意产业更为重要，其发展需要有良好的经济基础。创意城市不仅要有政府提供的文化发展基金，还有许多民间提供的公益性基金共同支持科技和文化的发展。较发达的金融服务为创意产业提供产业投资、创业投资、风险投资等服务，是创意经济发展的重要基础。

创意产业未形成独立部门之前，它是以消费型创意资本的形态附着在相关的产品之中，以生产型创意资本的形态与其他资本共同起着推动生产效率提高的作用，此时创意产业是概念形态的，具有显著的资本属性。随着创意资本经济价值的提升，从事创意资本生产的部门从其他产业中游离出来，实体形态的创意产业最终形成，并表现为生产型创意产业和消费型创意产业两个类别（胡晓鹏，2006）。从生产者的角度看，在知识经济时代创意资本已经代替传统的物质资本、技术资本、人力资本，成为推动生产效率提升的主导生产要素和提升产业附加值和竞争力的引擎；随着价值创造的基本思维的不断突破，产业链不断分解整合，创意产业组织模式也不断演变（厉无畏、顾丽英等，2007）。

科技支持对于创意产业的发展同样至关重要。创意产业本身就是文化、科技、产业和市场的完美结合，没有现代信息技术的支持，哈利波特怎能在全球通过电影、电视、动漫游戏等获得数亿英镑的收入？没有科技支持，迪斯尼乐园又怎能吸引那么多游客？只有通过创意、科技和商业的跨领域整合，才能成功地实现创新（娄永琪，2010）。文化创意与科技创新是提升产业附加值和竞争力的两大引擎（厉无畏，2005）。科技创新在于改变产品与服务的功能结构，为消费者提供新的更高的使用价值，或改变生产工艺以降低消耗和提高效率。

高科技产业分布与人才吸引力之间存在密切关系，创意阶层一般教育程度都很高，创新和高科技产业与创意阶层等各类人才的区位选择呈正相关。人才与高科技产业一起促进更多的产出，是吸引高科技产业和形成更多区域产出的关键中间变量。美国高科技研发能力排名前20的地区有13个是排名前20位的创意阶层中心，有14个是排名前20的高科技产业发达区域（Florida，2002b）。

11.2.3 适宜创意人才生存发展的支持政策

通过对英、美、日、韩等国近几年来发展创意产业的比较分析不难看出，创意产业之所以能在发达国家和地区迅速成长并形成巨大的产业规模，除了创意产业本身具有极强的生命力外，还与各国和地区的政策支撑有很大关系；以知识产权保护为核心的法律法规体系是创意产业可持续发展的基本政策保障（吴俐萍，2006）。

创意城市不仅可以吸引集聚一批优秀的创意人才和经营人才，而且应该重视创意产业相关人才的培养。例如，柏林为创意活动的开展提供了卓越的基础设施和活动空间，各类创意人才如设计师、摄影师和建筑师等在此很容易找到他们的艺术自由和发展空间，较低的居住成本、便捷的网络、在设计方面的公共交流平台以及诸如包豪斯博物馆、维特拉设计博物馆等极具竞争力的条件，吸引了大量的设计人才和各个领域的创意企业。另一方面柏林还十分重视设计人才的培养。目前约有来自世界各地的5000名学生在柏林学习与设计相关的专业，在欧洲，能为学生提供那么多设计方面学习选择的城市几乎无出其右。

应该意识到，全球性创意经济的迅速崛起带来了创意人才的普遍短缺，中国的创意产业发展应该走"超越型"的发展路径，在创意人才的培育上树立"国家战略"，把握创意人才和创意阶层的成长规律与集聚特性，借鉴发达国家的经验，打造吸引国际创意人才事业发展的新平台，尽快构建起中国创意人才高地，迎接创意经济的"中国时代"（赵曙明、李程骅，2006）。如果说极富创造力的创意阶层（creative class）是创意产业活动转化为商业价值的核心，那么，什么地方能够为创意阶层提供良好的文化环境呢？陈倩倩、王缉慈（2005）的建议是创意产业集群能够为创意阶层提供发展的庇护；城市的创意产业政策应将重点放在建设效率基础结构（公共服务、运输、电讯等）和创新基础结构（研发设施、风险投资等）上。

11.2.4 良好的文化氛围和市场基础

创意城市不仅宽松包容，允许多样化的文化存在与发展，而且具有一定数量和水平的受众以使创意活动得以顺利开展。包容性对创意城市的意义在于能够吸引创意人才并能容忍各种奇思妙想，而多样化的文化交流更有利于创新。这样的文化氛围就可以吸引更多的创意人才和公司，产生更多的创新。

另一方面，任何产业的发展都需要一定规模的市场，对创意产业而言，其受众已不仅是消费者，他们与生产者的互动不仅引导着创新，甚至也会参与创意的生产。商品价值由功能价值（function value）和观念价值（concept value）两个部分组成。功能价值由科技创造而成，是商品的物质基础；观念价值因创意渗透而生，是附加的文化观念。随着经济发展和收入水平的不断提高，促进商品价值增值的基本趋势是沿着功能价值到观念价值的路径展开。从消费者的角度看，创意产业满足了消费者精神文化等更高层次的需求，为消费者创造了观念价值，契合了消费结构的升级；从价值实现角度看，创意商品的价值需要媒体推介才能充分挖掘出来（厉无畏、顾丽英等，2007）。文化创意为产品和服务注入新的文化要素，如观念、感情和品味等因素，为消费者提供与众不同的新体验，从而提高产品与服务的观念价值，因此，具有一定数量和较高水平的受众也是促进创意城市成长和发展的重要力量。在物质生产还不发达时，人们的需求更关注于使用价值，而随着经济的发展，物质生产日益丰富，人们对观念价值的追求也日益重视，于是创意产业的发展就有了广泛的市场基础（厉无畏，2005）。

11.2.5 创意产业的空间积聚

创意经济对城市物质空间、日常生活空间、城市新兴空间等具有重要影响。创意经济活动比较集中的地方就是创意空间。西方国家一些城市以促进经济持续繁荣为目标,致力于构建创意城市建设。创意城市的核心特征是创意产业在城市中生根强盛并与城市空间的发展变化紧密结合,其成功经验是强调空间资源整合与用地功能的混合发展,具体通过产业园区的物质形式加以表现,同时注重提升生活品质的设施建设(刘云、王德,2009)。

应用产业竞争模型、产业创新理论和交易成本理论证明:创意产业集聚区之所以形成,竞争、创新和集约也是其形成的3个重要机理(陈祝平、黄艳麟,2006)。为何会产生集聚?集聚能够获取企业间的紧密联系产生的高效率;集中布局可以获得溢出(spillovers)带来的收益;某些活动需要面对面接触,集聚更有利于面对面交流;企业集聚是为了吸引那些可以为创新和经济增长提供动力的人才群体的聚集,企业竞争优势便来自于这种从人才集结中吸引才能的能力(盛垒、马勇,2008)。

为了利用积聚产生的优势,中国不少城市采用人工方法试图短期内建设创意产业区。创意产业区的主要意义在于空间创新、新经济发展和城市功能空间更新。创意产业区发展对地区经济发展和创新及其进程有着很大的影响,如何在全球化背景下保持和培育新的竞争优势,需要从经济背景、演进路径、动力机制等条件出发,探寻创意产业区发展的经济空间动力模式和创新模式(肖雁飞,2007)。

面对空间上的集聚,李蕾蕾(2008)认为,现代创意城市更应强调关联型创意集群理念而非园区型集群发展模式。也就是说,要重视文化创意产业中的项目生态机制、创新和知识流机制的研究,通过创意基础设施的培育、创意环境的改善,形成文化产业和创意城市的文化生态,运用全球性和区域性网络关联策略,推动创意城市获取广泛的文化资源。张婷婷、徐逸伦(2007)也在长三角创意城市建设模式的研究中发现,创意城市建设主要采用园区型和高科技品牌精英型两种模式,各地不同程度地存在着将创意城市等同于创意产业,使得原本开放式的建城成为封闭式的造园,从而导致只见园区不见城市的现象;将创意产业局限于文化创意产业以及以经营城市为目的的定位,使得创意产业成为仅容特定创意阶层尤其是精英阶层所能参与的领域,从而导致大量普通市民和小资本额艺术家被拒之门外,最终创意城市成为城市精英独享的商业游戏,而非市民能参与并共享的舞台。这一点应该引起我们的密切关注并在实践中加以克服。

11.3 创意城市类型

从创意产业的分类体系来看，一些研究者将中国创意产业划分为 8 个大类、21 个中类、80 个国民经济行业小类[1]。根据经济与城市发展的历史进程，霍尔从历史发展角度，将创意城市归纳为技术创新型、文化智力型、文化技术型和技术组织型创意城市（Hall，1998）。与创意城市接近，也有学者使用创新型城市这一术语并将创新型城市大致分为两类，即文化创新型和科技创新型两种城市，其中文化创新型城市偏重于文化艺术产业，尤其注重培育各种创意产业；科技创新型城市通过在工业、制造业方面的创新投入，促使产业不断创新、发展，带动经济增长。前者是"版权"产业带动经济增长，后者是"专利"产业带动经济增长（韩瑾，2007）。

制定创意城市合理的目标定位，对于避免雷同和导致恶性竞争具有重要意义。根据各地不同情形，创意城市在进行定位时可以选择以下不同方向（张婷婷、徐逸伦，2007）：创意产业导向型定位，从创意城市的成果着眼进而营造创意氛围；文化资源导向型定位，从源头保护并振兴创意氛围；城市更新导向型，结合城市改造的需要提供创意空间；混合型定位，对于经济发达、社会结构复杂的大都市（如上海），单一的定位类型不能满足其发展需求时，就可根据自身特色与条件，进行多角度定位构想。

11.3.1 技术创新型城市

这类城市多为新技术得到发展甚至是技术革命的发源地，通常是由一些创新企业家，创造某一合作式、专业化与创新的企业氛围，促使城市繁华兴盛。在世界科技创新型城市中，美国硅谷、法国法兰西岛（大巴黎地区）、日本筑波等城市，都以其骄人的经济成就成为世界注目的焦点，分析和总结这些世界著名科技型城市的发展轨迹、发展模式等问题，无疑会对我国科技型城市的规划发展有重要的借鉴意义（申小蓉，2006a）。硅谷是位于美国加州旧金山湾南侧，由 32 条高速公路连接的 27 个中、小城市组成的城市群。这个城市群的布局既分散又集中，每个城市都有自己独立的工业区、商业区和居住区，有完善的服务设施。但硅谷在经济与科技快速发展的同时，也面临着日益严重的城市问题。其中住宅市场长期供给不足、房价居高不下的局面以及由此引发的交通拥塞、人才外流、城市空间蔓延等危机困扰

---

[1]《中国创意产业发展报告（2011）》权威发布我国创意城市分布呈现新格局. 人民论坛网，2011-08-17[2011-10-11].http://www.rmlt.com.cn/News/201108/201108171104034035.html.

硅谷已久，已经引起学者和当地政府的高度关注（朱华晟，2004）。

经济的全球化和信息化开始突破了地理空间的局限，使全球经济在信息的传输中联成整体，这为全球范围内新的经济变革和产业重塑创造了条件。在这样的背景下，过去那些远离世界经济中心，或者因位置偏僻、交通不便而发展受限的国家和地区，一旦具备了率先集中发展高科技产业、进行科技型城市建设的条件，就有可能实现跨越式的发展，从而扭转这些国家和地区在世界经济中的竞争地位，成为更广泛的区域经济的"领头羊"，并有机会跻身国际化先进城市之列（申小蓉，2006b）。

11.3.2 文化智力型城市

与技术创新型城市相反，文化智力型城市偏重于"软"条件，例如文学和表演艺术，通常都是出现在现存的保守势力和一小群具有创新思维的激进分子相互对峙的紧张时期。主张改革的艺术家、哲学家、知识分子的创造性活动引起了文化艺术上的创新革命，随后形成了吸引外来者的连锁反应。这类城市有文艺复兴天才们的佛罗伦萨、17世纪的伦敦（舞台剧）、巴黎（绘画）、维也纳（科学和艺术）和21世纪的柏林（歌剧）；现代的文化智力型城市则是那些生机勃勃的大学城，如英国的剑桥、美国的波士顿、德国的海德堡（唐勇、徐玉红，2006）。宗教信仰中心其实也是一种特殊的文化魅力城市，与表演、娱乐产业兴旺的现代软实力城市共同构成了两种风格各异的文化智力城市。

（1）沙特阿拉伯的麦加

麦加是一个因宗教朝觐活动推动城市化所发展起来的城市。它坐落在沙特阿拉伯西部赛拉特山区一条狭窄山谷内，面积26km^2，人口30多万，是伊斯兰教的第一圣地。"朝觐"是伊斯兰教为信徒所规定的必须遵守的基本制度之一，每一位有经济能力和体力的成年穆斯林都负有朝拜麦加的宗教义务。所有穆斯林，无论是男是女，都会尽最大努力争取一生至少要前往麦加朝觐一次。

整个城市中心是著名的大清真寺（禁寺），总面积16万m^2，可供30万穆斯林同时做礼拜。由于麦加特殊的朝觐职能，使得整个城市功能区分布以禁寺为核心展开。如今，沙特人扩大禁寺的规模，数百间房屋已被宽阔的大道和广场所取代。传统的房屋由当地的石材建造，通常有二至三层楼高。2008年，麦加都会区的面积已超过1200 km^2。目前，大清真寺南侧已开始修建高层建筑，以适应不断增长的朝觐者的住宿需求。

朝觐产业带动了交通运输、酒店住宿、建筑业等行业的快速发展。为整个朝觐过程服务所形成的朝圣产业每年会产生巨大的经济效益，是当地政府收入的主要来源之一。

(2) 长沙

近年来，长沙通过文化产业的创新，不断成为中国中西部地区最具竞争力城市和我国南方重要的中心城市。在《新周刊》评选的"中国创意城市榜"中，长沙以内陆城市后起之秀身份，位列北京、上海、广州、深圳之后，成为"有着独特的地位"的创意城市。长沙的文化产业涉及广泛产业部类，所依托的11个产业集团和3个产业聚焦区构成了基本的创意城市竞争力，其中传媒、出版、文体、动漫等领域湘军优势突出，形成了媒体传播、文化旅游、出版发行、娱乐文化、文博会展、文化体育、动漫产业7大支柱文化产业（欧阳友权、禹建湘，2010：11-14）。以湖南卫视、湖南经视为首的电视广播方阵所带来的不仅是大众娱乐的潮流，更是以传播渠道带动上游制作的创意产业链。蓝猫销售着近3000多个品种的衍生产品、长沙卡通艺术节、金鹰卡通频道开播，都标示着长沙的创意城市特色在中国有着独特的地位。

在长沙文化产业发展规划中，围绕重点的产业集团和产业集聚区进行布局，其中湖南广播影视集团、湖南出版投资控股集团、《湖南日报》报业集团、《长沙晚报》报业集团、长沙广电集团、三辰卡通集团、中南出版传媒集团、潇湘电影集团、湖南演艺娱乐集团、湖南新华书店集团和湖南文化电子商务集团构成了企业和产品为核心的基本结构；空间上则以一带、五园、七片形成整体功能区布局。其中一带就是湘江文化带，作为长沙山水洲城总体城市形象格局和历史文化、旅游文化、文娱休闲等文化活动的精华集中地带；五园包括长沙报业文化产业基地、长沙卡通产业基地、长沙印刷包装科技工业基地、长沙新广电中心、四湖（梅溪湖、后湖、西湖、月湖）文化园5个园区；七片是指岳麓山、天心阁、清水塘、金鹰、新世纪体育城、金星文化园、城南7个文化产业集中区域（欧阳友权、禹建湘，2010：168-170）。

11.3.3 文化技术型城市

霍尔曾提出"艺术与技术的联姻"，认为这种类型的创意城市将是21世纪的发展趋势，将互联网、多媒体技术与文化睿智地结合在一起，文化技术型城市将会有一个黄金般美好的未来（Hall，1998：503），这类创意城市兼有以上两类城市的特点，技术与文化携手并进，例如电影工业之于美国洛杉矶的好莱坞、印度孟买的宝莱坞，主题公园娱乐之于美国奥兰多，音乐工业之于美国孟菲斯市，时尚工业之于法国巴黎与意大利米兰，新浪潮音乐之于英国曼彻斯特，90年代多媒体工业之于加拿大多伦多，现场音乐演奏之于美国奥斯汀，娱乐与新媒体工业之于德国汉堡市。2001年，荷兰鹿特丹市被选为欧洲的文化首都，部分归因于该城市拥有建筑技术成就与电影嘉年华艺术。

(1) 美国奥兰多

奥兰多位于美国南部佛罗里达州，有老少咸宜的主题乐园群，包括迪士尼世界 (Walt Disney World)、环球影城 (Universal Studio)、冒险岛乐园 (Islands of Adventure)、海洋世界 (Sea World) 及无数的旅游酒店，造就了它举世闻名的文化、观光、娱乐目的地地位。其中，奥兰多迪士尼世界是全世界最大的迪士尼主题乐园，耗资 7.66 亿美元，总面积达 124 平方公里，拥有 4 座超大型主题乐园：迪士尼未来世界 (Disney's Epcot)、迪士尼动物王国 (Disney's Animal Kingdom)、迪士尼好莱坞影城 (Disney's Hollywood Studio)、迪士尼魔法王国 (Disney's Magic Kingdom)；2 座水上乐园；32 家度假饭店（其中有 22 家由迪士尼世界经营）以及 784 个露营地。自 1971 年 10 月开放以来，每年接待游客约 1200 万人。奥兰多设有 5 座 18 洞的国际标准高尔夫球场和综合运动园区，市中心还有迪士尼购物中心 (Downtown Disney)，结合购物、娱乐和餐饮设施，里面有夜间游乐区、杂技团、酒吧、各式商店和超过 250 家的餐厅。

(2) 意大利米兰

米兰堪称"时尚之都"，拥有全球半数以上的著名时装品牌，世界几乎所有著名时装都在此设立机构，半数以上时装大牌的总部驻扎在此，位列世界五大时尚之都之首。意大利米兰国际皮革展览会每年春秋两季举办两次，春季由国际皮衣展 (MIFUR)、国际皮具及箱包展 (MIPEL) 和国际鞋类展 (MICAM) 三个专业部分组成，秋季只有皮具箱包和鞋类两部分。该展会自 1962 年创办以来，已经举办了 100 届。主要展品包括各种高档真皮革、纺织纤维和其他仿皮材料制作的各类公文包、旅行箱包、运动包袋、手袋、背囊、钱包票夹、皮带皮具、手套等，是意大利唯一的高档皮革制品专业展，代表着意大利皮革工业最高的制造水准。米兰引领全球高级时尚的先锋形象与皮革展高档精致、美轮美奂的展品融为一体，更显得相得益彰。

(3) 中国深圳

深圳的文化技术型产业在 1990～1997 年进入创新成长期。这一时期，通过以民族特色和文化体验为主要内涵，深圳在全国率先开发、兴办人造主题公园，使旅游业发展突破了资源限制，迅速走在全国前列。"锦绣中华"微缩景区是深圳也是全国的第一个主题公园，标志着深圳旅游进入了一个全新的发展时期。它的成功不仅带来了旅游业的新高潮，而且使主题公园的建设在国内形成了一股强劲的浪潮。

主题公园观光旅游成为深圳旅游的重要特色。迄今为止，深圳已有了锦绣中华、民俗文化村、世界之窗、欢乐谷、野生动物园、海洋世界、明斯克航母、西部田园风光、东部华侨城等众多的主题公园。深圳的主题公园在踏入新世纪以来，逐步辐射全国，深圳华侨城在北京、成都、上海、武汉等地相继建设了欢乐谷。华侨城由原来的娱乐型主题公园开发，已经进入国际休闲度假区综合体阶段。此外，来自深圳的华强集团也在安徽芜湖、山东泰安、河南安阳等地建设了另一个娱乐产品品牌"方特欢乐世界"。

11.3.4 技术组织型城市

人类大规模集中于城市后衍生的大量人口供水问题、基础设施、交通与住宅的供应等问题，城市政府对这些问题的创造性解决就形成了技术组织型城市（唐勇、徐玉红，2006）。此类城市如罗马在凯萨大帝时期（引水渠桥）、19世纪伦敦、巴黎（地下捷运系统）、1900年代的纽约（高楼大厦）、战后斯德哥尔摩（耐用住宅）、1980年代伦敦（港区再造）、近期的巴尔的摩的城市更新、安特卫普的港湾再造、巴黎交通系统提升（地下捷运系统结合电车与轻轨、巴士系统），等等。相较于其他型态的创意城市，技术组织型城市是在政府主导下与当地商业团体公私合作推动创意行为的开展，共同为城市建设而努力，可称为地方层级的"公私合作"模式。

（1）英国格拉斯哥

英国的工业城市格拉斯哥是苏格兰第一大城与第一大商港，也是英国第三大城市。位于中苏格兰西部的克莱德河（Clyde）河口。格拉斯哥早先发展为一个面向出口市场的重工业综合体，由于严重的失业和随之而来的社会问题，其经济在1960～1980年代出现了衰退。通过经济结构转型、地方企业的现代化、吸引国内投资、劳动力再培训、扭转物质性退化和废弃、提升住房质量、改善周边环境以及投资交通和其他基础设施等，格拉斯哥变成为一个著名的集港口运输、文化休闲、会议中心、大学教育于一体的旅游城市（唐勇、徐玉红，2006）。

从1980年代开始，格拉斯哥在市中心及其周边，私人投资旅馆、酒吧、饭店、超市、现代剧院、夜总会和时尚公寓的活动有增无减，与此同时一些居民的生活方式发生变化，花在服装、娱乐、周末休闲和市中心生活的时间持续增加。在旅游、生活和游乐方面，格拉斯哥已经当之无愧地成为一个时尚、令人兴奋甚至是着迷的地方。由公共投资建设的博物馆、艺术馆、音乐厅和会议中心使这座城市更具吸引力，这些都是格拉斯哥作为一个现代服务业兴旺城市的象征。

（2）美国巴尔的摩

巴尔的摩（Baltimore）是美国马里兰州最大的城市和文化中心。巴尔的摩建于1729年，是美国主要港口之一，相比东海岸的其他港口城市更接近中西部的广大腹地。巴尔的摩的内港曾是移民到美国的第二大港口，也曾是制造业的中心。

巴尔的摩因为具有港口的优越条件，进出口贸易在城市经济中占重要地位。港湾内潮差小、航道深、入冬季不冻，有现代化的码头以及装卸和仓库设施，又处于美国东北部经济发达区内,航运十分繁忙。海轮南经切萨皮克湾或北穿特拉华－切萨皮克运河出入港区,进出港的货轮每年多达6000多艘。3条铁路线、多条州际公路以及1960年代就已建成的环城高速公路均通达港区,构成城市对外联系的陆路交通网❶。巴尔的摩－华盛顿国际机场位于城市南部,与首都的紧密关联使其更加具有密切的对外社会经济联系。

巴尔的摩城区环绕着帕塔普斯科河口湾展开,商业区位于西部,聚集各种商场、旅馆、饭店,以及政府机关和文化设施。商业区以东原是街道狭窄、建筑陈旧拥挤的老城区,通过近几十年来的重建和改造,出现了以办公大楼为主,包括各种商业、交通、娱乐设施和公寓住宅的综合性建筑群查尔斯中心城区。北部是高级住宅区,多公园和绿地。东部与港区毗邻地为低收入家庭住宅区,规模巨大的港区全面整治规划正在实施中,通过将码头改造为港口游憩商业区进行内港复兴,通过把会展产业发展与酒店开发、城市旅游相结合发展会展产业(唐勇、徐玉红,2006)。制造业衰退后巴尔的摩市通过技术组织创新,转向以服务业为主的经济体系,现在已经成为美国东北部的购物、娱乐和旅游中心。

(张敏、吴必虎 执笔)

---

❶ 百度百科.巴尔的摩.http://baike.baidu.com/view/48720.htm。

第十二章 旅游驱动型城市化

本章试图从人口学、经济学、地理学等视角，分析旅游驱动型城市化的基本过程，阐释旅游驱动型城市化的主要特点，设计旅游驱动型城市化的政策框架。旅游驱动型城市化是旅游经济的增长与发展作为推动城市化主要因素，引导人口向城市集中的过程，是基于后现代主义消费观和后现代主义城市观的一种城市发展形式（陆林、葛敬炳，2006），旅游城市化能够在推动城市化的基础上，进一步合理调整城市空间、改善生态环境和人居环境、提高城市精神文化内涵。同时，旅游驱动型城市化也是当下发达资本主义国家走到发展极限后实现再城市化的重要途径之一。2012年1月，美国总统奥巴马签署了一份促进旅游业发展的行政命令，并责令商务部长和内政部长牵头成立工作组就促进旅游业制定战略规划。5月10日，白宫宣布推出一项旨在促进旅游业发展的国家战略，目标是到2021年实现赴美旅游国际游客数量增长至1亿人次以上，以增加国内就业和刺激经济增长。预计这些游客在全美的消费将达2500亿美元❶。美国国家政策的变化，亦反映了后工业化时代的发展模式的变化，包括国际旅游业在内的现代服务业将会受到越来越多的重视。

由于受到长期工业化主导城市化的路径依赖的影响，很多城市口头上重视旅游，但实际行动上却仍然偏爱工业发展。在桂林这样的传统风景旅游城市，仍然有发展工业的冲动，风景资源不时受到开矿采石等的工业化行为的威胁。❷在风景区视觉范围内开山取石，实际上就是工业导向型现代化的弊端的体现。我们应该大声呐喊，在风景旅游城市，就应该坚定地走旅游导向型现代化之路。

12.1 旅游驱动型城市化解读

12.1.1 城市旅游与旅游城市化

旅游与城市密切相关。早在起草《雅典宪章》的1930年代，人们就已经认识到城市具有生产、居住、交通和游憩四大功能。随着经济全球化、交通现代化进程加快，

---

❶ 白宫发布旅游促进战略 未来目标吸引国际游客过亿. 侨报网，2012-05-11[2012-05-13]. http://www.usqiaobao.com/2012-05/11/content_1369972.htm.

❷ vitawang83. 新浪微博. http://weibo.com/u/1616638023 .

现代城市的游憩功能已经扩展为旅游功能（吴必虎、俞曦等，2010：16-22）。在观光旅游时代，并非所有城市都要发展旅游，但在商务旅游、会展旅游、观光旅游、休闲度假旅游、生态旅游、民族文化旅游、特殊兴趣旅游都被纳入联合国世界旅游组织的旅游定义时，几乎没有一个城市不是旅游城市了。现代城市具备多重功能并且各有侧重，在工业化时代，很多城市并不具备完善的旅游功能。但随着后工业化时代的到来、城市综合实力的增强、城市环境的全面改进及城市各种配套服务设施的完善，越来越多的大中城市在原有经济、文化、交通、政治等功能之外，旅游功能日趋完善，越来越多的旅游活动发生甚至集中在城市，旅游的城市化倾向成为一种趋势，成为旅游研究的重要课题之一（朱竑、贾莲莲，2006；陆林，2005）。旅游城市化是伴随着城市化的发展而产生的一种必然现象（黄震方、吴江等，2000）。与传统的工业城市化相比，旅游城市化表现在城市性质和功能向旅游城市转变；旅游业用地增长迅速；旅游业成为居民就业的主要渠道，并促进了基础设施建设的超常规发展（葛敬炳、陆林等，2009）。

　　旅游与旅行产业是世界上最大的产业之一。根据世界旅游及旅行理事会（WTTC）的统计，2011年全球旅游业总经济贡献达到5.987万亿美元，占全球GDP总量的9.1%，并创造了2.58亿个工作岗位❶。据国家统计局数据，2010年我国全年共接待入境游客1.34亿人次，国内旅游人数21.03亿人次，旅游业总收入1.57万亿元人民币，占当年GDP的3.94%。旅游业及其相关产业对GDP的影响逐渐增大，使得旅游在城市发展中的地位得到提升。尤其是在生态保护形势严峻、经济欠发达的地区，当地政府为了促进旅游业发展，积极编制旅游规划、制定鼓励政策、投资旅游设施，旅游业成为推动这类城市发展的主导因素，进而产生旅游驱动城市化的现象。在经济较早发达的沿海地区，由于产业结构调整、制造业出口下降、劳动力成本上升和人民币升值压力，旅游业也被提高到拉动内需、提升第三产业的高度得到广泛重视，出现了另一种模式的旅游导向型城市化方向。

　　马林斯认为旅游城市化是20世纪后期在西方发达国家出现的，基于后现代主义消费观和注重享乐城市观的一种城市形态，是一种建立在享乐的销售与消费基础上的城市化模式（Mullins，1991）。旅游城市化除了是一种现象外，还是一种旅游活动向城市集聚发展的动态过程。而城市"旅游化"则是城市为了满足日益发展的旅游需求，在城市规划建设过程中所进行的在功能、设施、标识等方面的主动迎合过程。旅游城市化和城市旅游化是一种互相促进、相互制约的关系。旅游城市化的进一步发展要求城市进行相应的"旅游化"建设，而城市的旅游化建设则可以更

---

❶ WTTC，2011，Travel & Tourism 2011年度报告．

有效地促进旅游城市化的进程（朱竑、贾莲莲，2006）。北京是中国较早进入后工业化发展阶段的先锋城市，2008年奥运会举办、首钢外迁标志着产业结构的重大调整和城市发展战略的重大转变，2011年4月北京市旅游发展委员会挂牌成立[1]，标志着北京已从工业化道路转向现代服务业道路。多途径城市化道路在首都北京展开，具有示范意义，对中国现代社会转型具有开创性引领作用。此外，长三角的旅游也普遍出现了城市化发展的态势，旅游景区、景点基本上被城市化区域叠盖，旅游活动主要集中在都市区。

12.1.2 旅游驱动型城市化

旅游城市化的提法很多，但单纯依靠旅游的发展推动城市化进程的案例研究很少。旅游城市化的提法涵盖了城市的旅游化和旅游区的城市化两层涵义，而旅游化与城市化是不同分野的概念，容易造成混淆。进入21世纪以来，世界各国产业融合与相互促进的趋势决定了单纯靠某一个产业推动城市化过程是不可能的，因此，旅游城市化的说法不够准确。针对旅游城市化可能产生的歧义，我们建议使用旅游驱动型城市化或旅游导向型城市化这一概念。旅游驱动型城市化强调旅游业是城市复兴与发展的触发点和主导因素，在此过程中，旅游业的发展也需要得到其他产业部门发展的支持。旅游驱动型城市化明确并完整地表达出旅游业发展对城市化的影响。需要指出的是，我们所提倡的旅游型城市化并不是完全排斥工业，而是建立在工业型城市化发展的基础之上的。

（1）人口学和社会学视角

旅游驱动型城市化过程首先促进了城市人口中第三产业人口的增长，经济上最活跃的人口集中于旅游服务业和建筑业、房地产业，城市居民在制造业就业的人数逐步减少，私人雇佣在城市中占有重要地位，当地居民以成人、外来人口、老年退休者为主，较多短期逗留人员。

移民是城市化过程中出现的重要现象，旅游在某种程度上成为移民的媒介。一方面，由于旅游目的地游客数量急剧上升，出现新的旅游服务行业或原有的旅游产业部门出现劳工不足，导致旅游产业积聚和劳工移民。另一方面，消费导向的旅游移民同时产生。在冬季，我国沿海地区和南方旅游城市，如北海、三亚、海口、昆明、西双版纳等城市因其温暖气候促进旅游业蓬勃发展，吸引了大量季节性迁移和退休的移民（杨钊、陆林，2005）。

---

[1] 国家旅游局局长邵琪伟在北京市旅游发展委员会揭牌仪式上的致辞 [EB/OL]. 中国网，2012-04-08[2012-04-12]. http://www.china.com.cn/travel/txt/2011-04-08/content_22319324.htm .

旅游人口聚集还会带来一些社会问题。现代服务业人口经常面临的一个问题是，较低的收入和就业的不稳定性。这些问题在旅游导向型城市化过程中同样会出现，需要引起研究者和决策者的高度重视。

（2）经济学视角

旅游作为一种特殊的经济活动，能有效地刺激商业、房地产、娱乐、饮食以及其他服务行业的发展，因而旅游产业链的结构要比传统产业复杂得多，所涉及的企业部门的宽度或幅度比传统产业链大得多（李万立，2005）。就旅游者需求多样性而言，没有任何一个单独的旅游企业能够生产出旅游者在旅游过程中所需要的全部产品和服务，任何企业都需要这个链条上的各个环节的协作和配合。旅游产业链涉及旅行社、交通、餐饮、酒店、景区景点、旅游商店、旅游车船以及休闲娱乐设施等旅游核心企业，还关联到农业、园林、建筑、金融、保险、广告媒体以及协会组织等辅助产业和部门。

把旅游业作为主导产业发展的地方，城市化具有以下特征：消费与生产关系密切；房地产投资与投机增长；存在大量季节性工作岗位；产生了新的消费场所，如购物中心、商业街、一连串的快餐店、机场、分户出售的公寓大厦等；新的与现代消费社会特征相关的目标体系嵌入。第三产业给城市化以"吸引力"是城市化的后续动力（汪冬梅、刘廷伟等；2003）。在此背景下，开发旅游业成为发展中国家，尤其是经济欠发达地区面对生态保护与经济发展问题时，提高城市化水平的重要手段与驱动力之一。

旅游为主题的房地产开发推动了以景区为核心的周边土地与房产价格的上升。由于资源的稀缺性和旺盛的旅游房地产投机需求，著名景点的旅游地产价值趋向于扩大化。根据三亚市有关部门统计，三亚外来买房者占总销售套数的85%。2003年至2010年，三亚房地产开发投资年均以48.43%的速度增长，占全社会固定资产投资比重也在逐年增长❶。旅游地产开发对城市化进程的推动与贡献毋庸置疑，且二者相互作用，缺一不可。新建的大型旅游地产项目如酒店、度假村、购物中心等，成为旅游驱动型城市化背景下城市化最直观的产物。

旅游驱动型城市化高度依赖于消费产业，其中又以劳动密集型产业为主，提供满足旅游者不同需求的服务岗位。尤其是在以观光旅游为驱动的城市化过程当中，旅游景点的淡旺季差异造成了旅游就业的季节性，这一点对旅行社、旅游景区的影响最为明显。"季节性"导致旅游业对就业的拉动作用波动显著，同时也会产生旅游城市在旅游淡季门庭冷落的"季节性空城"现象。

---

❶ 王存福.旅游地产或助三亚楼市"突围".经济参考报，2011-10-28.

(3) 地理学视角

旅游驱动型城市化过程本身是个空间过程。虽然优质的旅游资源西部十分集中，但中国旅游城市的空间分布，却呈东多西少、省域差异明显的特征（陈家刚、李天元，2009）。旅游城市的空间结构有其自身发展规律，当地居民和旅游者活动的地区呈现不同空间偏好。例如，武夷山市城市空间因城市功能定位不同而分为两个部分：整个城市沿河谷带状分布，北部为武夷山传统市区，行政与传统商业中心都在北部城市；南部为旅游服务区，大部分旅游接待功能都在旅游服务区完成，两区相对独立。实际上，居游分离的城市格局在丽江、阳朔、黄山等城市同样可以或多或少地观察到。

12.2 旅游驱动型城市化的政策要点

12.2.1 根据资源特点选择不同开发模式

(1) 保护是前提，开发有限度

多数情况下区域旅游发展需要建立在原有的旅游资源基础之上。面对所拥有的旅游资源，决策者首先面临开发还是不开发的问题，这一问题对于以自然资源为发展基础的地区尤为重要，对于生态脆弱、对人的影响敏感以及原始自然保留较为完整的区域，应当从国家层面严格保护，不宜发展大众旅游。此类地区需要谨慎对待发展计划、适当减少或迁移常住人口，确保自然生态的原真性。在制定严格保护规划的前提下，围绕生态敏感地区的边缘区域可有限制地开发替代性旅游（alternative tourism）、或通过科学研究建设少量低影响服务设施，确保资源核心区生态环境不受干扰。我们也要警惕出现景区景点城市化，任何一种天然的或历史形成的旅游资源都有一个最佳开发规模和产出规模，否则就会加剧旅游资源耗损程度，影响其生态恢复能力。

在以自然旅游为主要产品的地区，如果不重视资源保护和游客管理，就会出现旅游设施建设性破坏，导致旅游环境质量下降，长此以往就会影响目的地品牌，导致当地旅游业衰退，旅游经济萎缩，最终导致旅游城市化失败。为保证旅游可持续发展，协调资源保护与旅游发展是旅游驱动型城市化的基础。旅游城市化地区旅游资源与环境保护的基本对策，就是要增强资源与环境保护意识；明晰旅游资源产权关系，健全旅游资源环境保护制度；加强景区统一规划管理，促进开发与保护协调发展；保护自然生态环境资源，增加绿色空间；运用各种技术手段保护旅游资源与旅游环境；加强旅游资源与环境保护教育，引导公众参与旅游资源与环境的保护（黄震方，2001）。

(2) 文物护用并举，活化传统文化

中国五千年的悠久历史孕育了各地丰富的文化遗产。这些物质和非物质遗产，从视觉景观冲击力和历史文化氛围感染力等角度来看，具有不同的旅游吸引力。历史文化遗存丰富的地区，往往成为地方政府开发旅游最为集中的地区。文化遗产旅游利用成为绝大多数地区的必然选择。文物旅游资源和其他一些资源一样属于难以再生或不可再生的资源，对它的开发、利用和保护等问题关系到一个国家、地区的旅游业和经济的发展（裴巧玲，2006）。在此过程中，需要提倡"护用并举"的原则，也就是既要保护，也要利用；先有保护，后有利用。文物遗产为后人了解前人的历史、科学、文化提供了钥匙和园地。通过文物旅游，人们可以从中丰富文化生活，提高文化素质，实现文物保护与旅游开发的双赢（梁雨华，2004）。

文化遗产的保护是为了更长久地利用。我国的文化遗产理论上来说产权都属于国家，但是管理主体不明确（王晓磊，2011）。一方面，文保单位权属国家，但中央政府并未直接、持续、制度性保障维护这些文物的资金将其用以支持人力和物力方面的成本；另一方面，民间资本与地方政府虽有保护和利用这类文化遗产的诉求和愿望，但因法律法规的束缚或模糊界定造成的政策和投资风险而变得畏缩不前。在保护与利用过程中，需要制订谨慎而创新的计划，避免文物保护单位"破坏性保护"。研究表明，旅游开发有利于对文物的保护，但同时也给文物保护工作带来了一些不可忽视的副作用（李小丽，2008）。

另一方面，并非所有的文物都具有旅游吸引力。对于普通旅游者来讲，大量历史文化建筑、古迹遗址、名人故里仅有科学和文化价值，缺少视觉审美和休闲娱乐功能。拿历史古镇的旅游发展来讲，旅游小镇既要有齐备并且合理的旅游服务配套设施，也要有独特或深厚的文化内涵、有"活着"的当地居民的生活场景。两者融合为一个整体后才是真正旅游小镇❶。对于缺乏足够替代资源又需创造条件开发旅游的城市来讲，采取创造性表达、展示、再现和体验方式对业已消失或死亡、深藏于地下的文化要素，通过活化方式（rejuvenation），获得现代游客的关注和欣赏，已经成为很多地方的现实需要。2012年2月，作为新中国成立以来北京最大规模的"名城标志性历史建筑恢复工程"，北京市宣布将在6个地点实施历史文化名城标志性景观的恢复，这6处标志性景观分别为：北京外城西南角楼、永定门箭楼及瓮城、北京外城东南角楼、天桥地表标志、内城西南角楼、地安门雁翅楼。❷我们欢迎这些历史建筑的修复，但更期待文物部门能够与其他部门合作，从综合规划角度充分考

---

❶ 小乔关注．新浪微博．http://weibo.com/u/2196004043．
❷ 北京将恢复6处建国后被拆毁古城地标．新浪新闻，2012-02-24.http://news.sina.com.cn/c/2012-02-24/022923982429.shtml.

虑其公共游憩利用而非空关闲置。

文化遗产本身并不是旅游产品。没有进行产品的包装和创意，没有经过旅游规划或者是旅游营销，还不能成为旅游产品，这是如何利用文物进行旅游发展的巨大挑战。活化工程不是简单的重建，不是照搬过去的传统，不是复古仿古，也不是修旧如旧，活化是在对原有遗产资源和文化本底有了充分了解的基础上，面向以80后、90后为主体的现代社会成员的生活方式的需要进行创造性表征和再现工作。对待文化遗产不能做简单化、程式化的处理，要根据文化遗产本身特质如结构、布局等进行个性化处理，辅以现代人的使用需求与消费习惯，以可持续再生的方式实现文化遗产的活化。

活化方式在世界各国各地区已有不少实践尝试。香港借着重建、修复和保护古迹等方式，重新规划和重整旧市区，改善市区的生活质量，使其重新焕发生机。目前，香港政府在旧区活化方面，积累了丰富的经验，制定日益完善的法规政策，确保旧区活化的有序进行，为此专门成立市区重建局，专责处理市区重建计划（周丽莎，2009）。

12.2.2 重视旅游对城市发展的促进作用

（1）通过旅游发展提升城市整体水平

旅游是一个综合的系统，从软性指标来讲，涉及城市整体形象、投资吸引力、产业结构提升、环境卫生水平、现代服务质量等；从具体产业部门来讲，涉及民航、铁路、交通、航运、各类景区、酒店餐饮、商务购物、会展节事、文化创意、娱乐演出、地产开发、金融服务、医疗卫生、治安保障、公共服务等上百个行业。与许多其他产业不同，旅游业的产业范围较难界定，其产品生产的社会化程度较大、关联性强、依托和带动功能都很明显。政策对旅游业发展起到重要的影响作用，各地政府需要通过建立科学的产业政策体系，用以引导建立起一个竞争有序、分工合理的旅游市场体系（张凌云，2000）。

对于特大城市、工商业城市来讲，也许旅游业本身对城市经济贡献率并不大，但旅游业是否健康发展却是这个城市软实力和整体竞争力的一个晴雨表。现代城市应是多功能的城市，而旅游中心功能作为城市共性的功能会随着城市的发展越来越强化（魏小安，2001）。作为一个城市的决策者，对待旅游业的态度体现了当地政府和主要行政长官的远见和时代感。抓不好旅游发展的城市是没有长久竞争力的。因为旅游发展水平和服务质量代表着这个城市的现代化水平、现代服务业状态和产业结构合理性。在不同的地域和城市发展阶段，城市发展和城市旅游发展的行为表现出非线性特征和多种模式。驱动城市旅游增长的正反馈结构力量不够大，而旅游和城市增长引发的负反馈机制在短期内就会蓄积力量，限制城市旅游的进一步增长（徐红罡，2005）。

旅游业的发展不仅对城市产业结构有所影响，更在乎旅游业的联动性和表征性。但是长期以来中央决策部门和各级地方政府已经习惯于盯着工业化，抓住物质生产部门不放，只关注 GDP 的具体数字，形成了一种路径依赖，只有大搞工业开发区、大拆大建，以基础设施投资拉动 GDP 增长，才被认为是政绩，是增长，是正业。这就是为什么很多地方在文件上高度重视旅游业，但一到实际工作却自觉不自觉地又去重点抓工业的原因。这些传统观念和习惯性动作，非常不利于城市经济社会的发展。反映到旅游管理方面，就会出现事涉旅游产品开发和运营的国家政策的出台，径直绕过旅游管理部门，比如国家发改委、国土资源部关于主题公园发展的政策出台就是如此。[1]主题公园是名副其实的旅游项目，但国家旅游局却不是该"通知"的签署单位，是国家旅游局不赞成此"通知"，未被征询意见，抑或在批建项目上本来就没有发言权？[2]三部委此通知的出台是唯工业化思维的延续，一刀切式地限制主题公园发展是缺乏依据的，是计划经济思维的回潮。旅游局没有被授权过问大型旅游项目、重点旅游景区管理；景区与城市旅游发展的互动较少，形成"城市旅游孤岛"；旅游局没有足够资源组织、支撑其旅游政策的实施与示范。因此，在旅游驱动城市化过程中，条件成熟的地区需要成立具有更强综合协调能力的旅游委或者旅游集团，将比原来的行政管理体系更能起到推进旅游业发展的积极作用。

另一种情况与上述情形相反但病因却又相似，这就是地方政府对旅游业十分重视，急于求成，长官意志代替科学规划、忽视公众意愿。通常情况下，一个城市从普通城市建设成为旅游目的地城市，国际上成功的度假地都要经过十多年甚至 20 年左右的稳健增长期。但在中国，由于 5 年任期体制原因、追求政绩冲动和考核机制引导，地方决策者常常不能容忍超过 4、5 年的建设周期，这种情况下很难要求地方政府具备长远战略眼光，特别是缺少长期作战的动力和社会激励。地方政府发展旅游的迫切意愿让其发展旅游带上浓重的"情感因素"，很少认真思考消费者的诉求。政府在制定旅游发展规划时，要以市场为导向，切忌长官意志影响旅游发展方向。旅游是由市场需求来决定的，城市管理者要站在消费者的角度来考虑问题。

(2) 系统制定配套政策，支持旅游健康发展

一方面，旅游发展涉及众多产业门类和各个管理部门；另一方面，旅游发展是一个长期过程，旅游项目公益性强、投资周期长、收效慢，不可一蹴而就。因此，

---

[1] 2011 年 8 月国家发改委发布《关于暂停新开工建设主题公园项目的通知》，要求暂停审批、新建面积 300 亩以上、投资额 5 亿以上的主题公园。但作为主题公园旅游主管部门的国家旅游局却被排除在文件起草和发布单位之外。

[2] 王兴斌教授．搜狐微博．http://t.sohu.com/p/m/1789051326．

旅游发展需要系统地制定一整套支持政策，实现旅游持续而稳定的增长。为了构建旅游发展的完整配套政策，2010年7月，国务院下发《贯彻落实国务院关于加快发展旅游业意见重点工作分工方案》（国办函[2010]121号），分别从行业开放、消费环境、旅游方式、基础设施建设、产品多样化、消费热点培育、服务水平、旅游文化内涵、节能环保、区域协作、规划与法制、市场监督、人力资源保障、政府投入、金融服务、配套措施等多方面提出了明确、具体的框架，并分别指派了相应的政府执行部门❶。

城市旅游发展对于旅游基础设施平台建设具有依赖性。为了促进设施平台建设，需要在政府主导战略指导下加大投入，完善旅游配套政策体系（黄建军、廖志明等，2001）。政府应加大导向性投入，通过市场手段和利益杠杆有效地吸引和撬动外来资金和社会资金，广泛调动起全社会投资发展旅游产业的积极性。国务院[2010]121号文件中就明确提出对旅游业要加大政府投入和金融支持，放宽市场准入，鼓励各种所有制企业依法投资旅游产业。国家旅游局也加快了与现代金融相结合的步伐，与有关部门共同制定了《金融支持旅游业加快发展的意见》，推动符合条件的旅游企业上市融资，推动"中国旅游卡"等金融产品的研发作用，进一步丰富覆盖旅游活动各环节的旅游保险产品❷。

为推动发展目标的顺利实现，政府需加大对一般性转移支付和专项转移支付的支持，适时给予专项补助。如果是国家层面的旅游促进政策，还应有更高级别的发展政策，在基础设施、生态建设、环境保护、扶贫开发和社会事业等方面安排中央预算内投资和其他有关中央专项投资时，为旅游配套政策提供支持。在投融资政策上，适时引入外部资金，利用灵活的金融工具，支持旅游企业发行企业债券，设立旅游产业投资基金以及房地产投资信托基金等。

2011年10月，中共十七届六中全会审议通过了《中共中央关于深化文化体制改革、推动社会主义文化大发展大繁荣若干重大问题的决定》❸。这一决定对中国包括旅游产业在内的文化产业的发展提供了强有力的推动。与旅游业发展紧密相关的文化产业受到中央政府层面高度关注，有关部门将对文化产业的重视程度提升到了前所未有的高度。文化创意产业为遗产的活化、旅游的发展以及创新型旅游产品的开发提供了难得的机会。如何建立文化产业与旅游产业的紧密关系，从政策层面

---

❶ 国务院办公厅印发贯彻落实国务院关于加快发展旅游业意见重点工作分工方案的通知. 中国政府网，2012-07-26[2012-07-28].http://www.gov.cn/zwgk/2010-07/26/content_1664017.htm.

❷ 邵琪伟在2012年全国旅游工作会议上的讲话. 乐途网，2012-01-13[2012-02-13].http://www.lotour.com/news/20120113/647872-3.shtml.

❸ 新华社：中共中央关于深化文化体制改革 推动社会主义文化大发展大繁荣若干重大问题的决定. 新华网，2011-10-25.http://news.xinhuanet.com/politics/2011-10/25/c_122197737.htm.

推动两大产业的相互促进,需要研究界、政府和企业共同关注。

12.2.3 重视旅游用地对城市化进程的优化作用

就像任何产业的发展一样,旅游发展也需要占用一定面积的土地。但旅游用地又与其他类型的用地有较大的不同,其中允许一定条件下的多重功能和非排他性这一特点尤其突出。一片油菜花地,本来是农业用地,但春季的观光农业和休闲农业则可将其视为旅游观光用地,二者之间是互相兼容的。然而,受长期工业化、物质生产的传统观念的影响,虽然旅游产业是全球最大的产业,也是我国城市化过程中实现产业结构调整、带动人口就业的重要产业,并且绝大多数省、市、自治区政府也将其确定为各自的支柱产业,但在旅游用地支持方面,却缺少必要的理论研究和产业政策支持。可喜的是,随着各地政府对旅游业重要性认识不断提高,土地适宜性研究已经出现旅游用地适宜性日渐增多的趋势(史同广、郑国强等,2007)。

旅游用地是指风景优美、景观奇特等具有观赏价值的土地,包括人文因素在内的能吸引游客,满足旅游需求功能的场所。旅游用地具有为旅游活动提供物质源泉、活动场所、环境条件的作用(梁栋栋,2004)。现有旅游用地研究主要集中在旅游用地模式及空间分布、旅游用地评价、旅游用地相关者态度、旅游用地开发及可持续管理、旅游土地变化、旅游房产、旅游度假区土地利用、旅游用地类型及功能结构、旅游用地管理及可持续发展等方面(胡千慧、陆林,2009)。

广义上讲,具有游憩功能,可以被旅游业利用的各类土地资源都应视为旅游用地(胡千慧、陆林,2009)。旅游用地按功能分为三大类:旅游服务用地、基础设施用地和生产管理用地。旅游用地并非完全排他性的用地类型,旅游用地可以和文物保护单位,即公共设施用地紧密地结合,二者是兼容的。在旅游资源禀赋一般的地区,完全可以利用一些级别较低或者非文保,但却具有乡土特色的历史建筑进行旅游开发。在开发前与发展商做好文物保护的约定,对开发强度进行控制,保持其公共性、传统风貌和用地性质不变。

旅游业发展所需要的土地利用类型被归类为不同的用地属性,直接导致旅游项目业主在整合旅游资源过程中困难重重。在现行的土地利用现状分类国标中,酒店等固定服务设施被划分到商业服务用地类型;文化设施和风景区被划分到公共管理与公共服务用地当中。从整体上看,旅游用地还主要仅限于旅游业,而直接为其他行业利用的程度较低,功能结构单一,复合利用程度低(杨荣金、周申力等,2007)。由于种种限制,关于未来休闲度假旅游用地的供给,部分类型用地需求能够得到供给保障,部分用地需求则无法保障(董恒年、张妙弟等,2007)。

旅游用地规划是城市规划和旅游规划中的一个重要内容。我国旅游用地规划中还存在各种问题，有必要对旅游用地的管理和保护进行探讨，总结不同阶段旅游用地的特点，为旅游用地规划提供理论支持（梁栋栋，2004）。旅游业因其涵盖了众多功能使得旅游用地本身具有多重属性，单纯将旅游设施划分为不同类型无法满足旅游业复合发展的诉求。尤其是目前方兴未艾的旅游综合体建设，对土地功能与属性的高度整合与综合开发对现行的单一土地利用类型划分方式提出了更大的挑战。同时，旅游行业内部缺乏旅游与游憩设施标准与范式的研究以及相关的国家规范，例如对旅游集散中心分布大小、分布密度、设施配备都还缺乏相应的行业标准，这在城市化过程当中都应进行相应的深化。城市规划过程中应对未来的旅游规模和人口数量预留相应的旅游配套设施，为旅游发展留出足够空间。

未来休闲度假旅游用地变化及其研究可能会出现以下趋势：休闲度假旅游用地将呈现出集约化发展、复合化利用和向市域范围之外的周边地区转移；旅游用地时空演变的动态机制；旅游用地时空演变的环境效应、定量评价及监测与预测等（董恒年、张妙弟等，2007；赵莹雪、董玉祥，2009）。

12.2.4 协调城市旅游发展与本地居民利益分享的关系

长期以来，学术研究界、政府决策者和旅游开发商都信奉顾客至上、旅游者满意度第一的信条，从需求与供给这一对要素关系来看，这一信条并无不妥。但是在这一框架下，当地居民的需求并未被纳入视野，供需关系中，居民的"需"与游客的"需"，处于同等重要的地位甚至更为重要。实际上，一个城市发展旅游业的根本目的就是为了促进本地社会经济的全面发展，旅游发展首先就应考虑本地居民的意愿和需要，本地人的利益、当地社区的发展需要才是城市化的重要基础。在世界旅游组织和中国国家旅游局联合研制的《中国最佳旅游城市标准》中，就明确提出当地居民获益度、满意度和参与度作为9个专门的评估领域之一（吴必虎、冯学钢等，2003）。在这一过程中，要不断提高城市居民和旅游者的整体素质，使关心维护城市与旅游的可持续发展成为居民和旅游者自觉的行为，满足居民分享旅游发展成果、实现社区发展的要求，只有这样才能保证下一步的旅游开发顺利开展，这是旅游驱动型城市化健康发展的根本保障。

由于中国特定的国情和特殊的体制原因，社区或普通人民在旅游发展中参与决策过程和分配所得利益过程中，还远未达到西方公众参与的水平、也未获得相应的主张权。由于各自的社会制度和历史文化不同，中西方在公众参与旅游发展方面，如参与的社会意义、所追求的利益点、参与各方的主动性等都有很大不同，其中一个深层社会文化原因就是民主化进程以及相应的NGO与NPO民间组织的发育程度不同（保继刚、孙九霞，2006）。公众参与的首要方式就是通过公众参与影响城市旅游发展规划的决策。公众参与的过程分为四个阶段：通告、民众调查、分享决策权力、分享鉴定权，这四个过程每个过程公众都可以参加，并且在其中起着重大的作用（郑利军、杨昌鸣，2005）。

如何实现当地居民的利益分享、促进社区参与和提高居民满意度？具体而言，当地居民应被纳入决策体系，参与旅游发展的决策过程，促进旅游发展政策制定的透明化、公开化；旅游发展应促进当地人增收，其成果与利益应被当地居民分享。当前，我国各地出现的强拆事件绝大多数并非由于居民"勇当钉子户"，而是由政府和开发商主导了拆迁过程，并过分牺牲甚至抢占当地人的利益而产生。这违背了旅游发展是为了当地社会经济的繁荣、当地居民生活质量的提高的本质目的。同时，在旅游发展中应充分注意旅游移民对当地风貌与生活带来的影响，只有当地人和外地人共同努力、协同发展、互惠共赢时，旅游驱动型城市化过程才是积极的、健康的。

12.3 旅游驱动型城市化类型

城市化理论认为工业化、第三产业、经济增长和农业现代化是城市化的主要动力机制。旅游业发展推动了乡村城市化发展，在实现人与社区性质和功能等城市化方面作用明显。它作为一种特殊的经济活动，能有效地刺激商业、房地产、娱乐、饮食以及其他服务行业的发展，从而推动城市化进程。在风景区城市化现象中，旅游经济力是风景区的城市化现象的内在动力，而旅游经济力强弱来源于市场对于该旅游产品的认可（冯维波，2005）。

格莱斯顿使用"区位商"概念，将美国的旅游驱动型城市化划分为两种基本情况，一种是基于资本投入的文化娱乐驱动型城市化（capital-intensive tourist attractions），可称为资本驱动型；另一种是基于资源的疗养与海滨度假驱动型城市化（retirees and "sun, sand, and sea" tourism），可称为资源驱动型。在此两种驱动力作用下，分别形成了两种不同类型的旅游城市，一种是旅游都市（tourist metropolises），另一种是休闲城市（leisure cities），前者如大西洋城、奥兰多等，后者如那不勒斯、皮尔斯堡等，如表12-1所示（Gladstone，1998）。

由于旅游业发展最终通过不同的旅游产品消费实现，旅游产品结构很大程度影响了城市化驱动力的差异。结合吴必虎、俞曦（2010：165）"旅游产品树"分类，对旅游驱动型城市化按其产品导向可以分为资源观光度假导向型（类似于上文疗养与海滨度假驱动型）和休闲娱乐导向型（类似于资本投入文化娱乐驱动型）两大类型。

美国旅游驱动型城市化类型　　　　　　　　　表12-1

旅游城市化类型	旅游城市类型	大都市统计区（MSA）	娱乐服务业从业人员所占比率（%）	区位商
资本投入文化娱乐驱动型（资本驱动型）	旅游都市（区位商大于3）	大西洋城	11.40	7.50
		拉斯维加斯	9.85	6.49
		里诺	9.64	6.35
		奥兰多	6.03	3.97
疗养与海滨度假驱动型（资源驱动型）	休闲城市（区位商1.3-2.5间）	那不勒斯	3.22	2.12
		累克兰	2.84	1.87
		萨拉塔	2.58	1.70
		西部棕榈沙滩	2.58	1.70
		皮尔斯堡	2.34	1.54
		巴拉马城	2.18	1.44
		迈尔斯堡	2.11	1.39
		代托纳比奇	2.07	1.36

资料来源：Gladstone，1998.

12.3.1 资源驱动观光度假导向型城市化

资源驱动观光度假导向型城市化指以现有遗产资源为基础，发展观光旅游或休闲度假旅游为导向的旅游城市化过程。这一类型的城市本身具有一定旅游资源基础，围绕观光旅游、休闲度假产业逐步发展起来，是最为常见的旅游导向型城市化过程。这类旅游城市化可以称为资源驱动型观光度假城市或城镇。该类型典型案例有：海南三亚、云南丽江、广西桂林，以及美国的夏威夷等城市。

美国夏威夷群岛地处热带，拥有得天独厚的资源环境，风光明媚，海滩迷人，气候温和，是世界上观光度假最发达的地方之一。夏威夷岛上居民的大部分劳动就业、个人收入以及州政府的税收都依靠每年络绎不绝到夏威夷游览观光、休闲度假的700万国内外游客。旅游收入占当地总产值的60%，这使夏威夷的经济增长率始终高于美国经济的平均增长水平❶。

海南岛是中国大陆南端的热带岛屿，属于海洋性热带季风气候，一年四季、特别是冬季特别适宜旅游度假。海南岛的旅游资源得天独厚，资源基础被誉为"东方夏威

---

❶ 索佩敏. 国民休闲计划催热国内游景区航空成最大受益行业. 上海证券报，2009-04-01.

夷",发展模式时称"中国佛罗里达"。2003年总旅游收入占GDP的13.52%,已成为海南省的重点产业。根据统计年鉴数据资料测算,2010年底,海南的游客年接待量达到2587.4万人次,海南省实现旅游总收入257.63亿元,比上一年度增长21.68%,GDP贡献率达12.5%。与此同时,海南省城市化水平迅速提升,截至2010年提升到49.8%。❶

现阶段,我国各地城市利用观光旅游资源发展旅游产业,带动区域经济发展,进而推动城市化进程的案例非常普遍,但也存在一些问题,这些问题突出集中在过度依赖门票经济、衍生产品开发较为滞后;大量游客在旺季高度集中给当地旅游资源带来很大环境压力;民族文化为主的观光旅游城市对民族文化的脆弱性和原真性认识不足导致非物质文化有所损失;通过旅游产生的经济效益与当地居民的收益水平相关性较小等几方面。基于观光资源产生的旅游型城市化需要在这些方面研究对策、提升发展水平和城市软实力,才能实现更长期的发展目标。

12.3.2 资本驱动休闲娱乐导向型城市化

休闲娱乐导向型城市化指在资本高强度投入下,以休闲、娱乐和提高生活品质为目的的度假旅游作为主导因素推动的城市化进程。这类旅游城市本身几乎没有特别突出的旅游吸引物,但在特定历史条件下,由于受到强烈的政策导向或者大量资金投入,在一定区域范围内仍可形成具有影响力的娱乐休闲旅游城市,休闲娱乐活动成为整个城市社会经济发展的支柱。这类旅游城市化可以称为资本驱动型休闲娱乐城市或城镇。该类型典型案例有:美国拉斯维加斯和中国澳门。

拉斯维加斯是美国内华达州的最大城市,素有"世界赌城"的称号❷。从一个巨型游乐场到一个声誉鹊起的娱乐城市,拉斯维加斯在数十年间脱胎换骨,以博彩为中心,形成了庞大的旅游、购物、度假产品体系,逐步成熟为一个真正的目的地城市,吸引力也慢慢变得多元化,不再是"赌城"的代名词,而成为世界知名的度假胜地之一。在这里,你可以找到美食、艺术、娱乐,找到一个多元化城市的所有要素。每年来拉斯维加斯旅游的约3890万游客中,来购物和享受美食的占大多数,专程来赌博的只占少数。得益于宽松的政策和娱乐旅游的气氛,拉斯维加斯有个永不关门的婚姻登记处,平均每年有近12万对男女到这里登记结婚,其中外地人和外国人占65%~75%。拉斯维加斯是全美国发展最快的城市,1990年到2000年这10年里,拉斯维加斯的人口增加了80%。平均每个月有5000人移居到此地居住生活,市区道路以及公共设施已经跟不上人口的增长速度。

---

❶ 海南省统计局.2011年海南省统计公报.
❷ 百度百科.拉斯维加斯.http://baike.baidu.com/view/7637.htm.

在资本驱动型旅游城市化过程中，出现了各种旅游综合体，其中一种被学界称为 TOLD 模式（Tourism Oriented Land Development）。它是在中国休闲度假旅游日渐兴盛，而旅游地的发展阶段和开发模式还不能很好地适应旅游产业升级需要的背景下产生的，它是指在一片相当大规模的地区范围内，通过对旅游资源的创新开发、重新开发和补充开发等方式，以旅游开发为先导和主要功能方向，并结合房地产、户外运动、商务会展及其他更多业态进行开发、形成的多功能复合型的土地发展模式。

随着全球很多国家和地区进入后工业化时代，创意文化产业发展受到越来越多国家和城市的重视，休闲娱乐导向型城市化也在加快其发展的步伐。但是休闲娱乐型城市化也存在着一些问题：如产业结构比较单一，对市场变化比较敏感导致经济不够稳定；大量娱乐休闲游客的高消费行为引起示范效应不利于城市居民的资本积累和创业精神培育，使城市未来缺乏足够的竞争力；来源于外部的资金和技术输入，引起较大的资金漏损和金融依赖，使其缺少较稳定的本地金融保障。

（聂淼、吴必虎 执笔）

第十三章 城市游憩与旅游功能组织

13.1 城市的游憩与旅游功能

与居住、工作和交通三大功能不同,城市的游憩功能并非是随着城市的产生而产生的,游憩的发生需要具备两个条件:一是可自由支配的闲暇时间;二是可自由支配的资金(俞晟,2003:3-7)。经过工业社会洗礼之后,人们的工作强度大大减轻,闲暇时间大幅度增加,居民收入水平得到提高,在这两个因素的共同作用下,城市居民的游憩需求日益增长。

13.1.1 《雅典宪章》面世与城市公园运动

1930 年代初,在雅典先后产生了两部对世界建筑和城市发展有深远影响的宪章:第一部为 1931 年在历史古迹建筑师及技师国际会议上通过的《关于历史古迹修复的雅典宪章》;第二部为 1933 年在国际现代建筑协会(CIAM)会议上制定的《雅典宪章》(国际现代建筑学会,2007 中译本)。《雅典宪章》是一份关于城市规划的纲领性文件,相当于一部"城市规划大纲"。它集中反映了当时"新建筑"学派,特别是法国勒·柯比西埃(Le Corbusier)的观点,第一次明确提出了城市的四大功能:居住、工作、游憩和交通。

针对城市游憩功能,《雅典宪章》指出,城市中普遍缺乏绿地和空地,对于新建住宅区应预先留出空地作为修造公园、运动场及儿童游戏场之用;在人口稠密的地区,将毁损建筑物清理后的地区改作游憩绿地;在儿童游戏场附近设立托儿所、幼儿园或初级小学,公园适当的地点应留作公共设施如音乐舞台、小图书馆、小博物馆及公共会堂等,为集体文娱活动提供空间;在城市附近的河流、沙滩、森林、湖泊等自然风景优美之区,应尽量利用它们作为城市居民假日游憩之用。由此可见,在 70 多年前,城市游憩就在城市规划和设计中得到了高度重视。

在世界城市游憩功能发展过程中,一个典型时期是始于 19 世纪后期的美国城市公园运动。那时美国的绝大多数城市仍然没有地下排水系统,许多街区污水被直接排入江河之中,污染了饮用水源(孙群郎,2011)。由于城市环境恶劣,瘟疫时常袭击市民的身体。城市没有绿色植物和开阔空间,各种心理疾病也时常侵扰着人们。在这样的背景下,纽约中央公园开始修建,并标志着美国城市公园运动的发端。中央公园位于曼哈顿岛中部,南北长约 2.5 英里,东西宽 0.5 英里,拥有湖泊、山地、森林、草坪、喷泉、雕塑、林荫道、游戏场地、马车道等,可以进行各种休闲和娱乐活动(图 13-1)。继中央公园之后,美国 20 多个城市又相继设计开放众多的公园和许多林荫大道,将这些公园与居民区连接起来。公园运动迅速风靡美国,经过这场城市公园运动,城市游憩功能得到了较为充分的体现。

图 13-1 美国纽约中央公园(吴必虎摄)

在我国,较长时期以来,城市过于强调物质生产功能,特别是第二产业的工业,城市游憩和旅游功能并未受到应有的重视,造成较大的公共游憩空间和旅游服务功能的欠缺。在改革开放之后,特别是近年来随着经济增长方式由粗放型向环境友好型和绿色低碳化转变,同时伴随当地居民游憩需求增长、外来访客旅游需求增加,多数城市的游憩与旅游功能得到长足的进步,很多城市已经认识到提供各类旅游服务的重要性,使城市本地居民的游憩和外来访客的旅游功能得到了较大程度的改善。

13.1.2 城市游憩与旅游系统

"城市游憩"一般是指当地居民在城市内部及其周边的户外休闲娱乐活动,通常情况下,游憩者专指本地居民。"旅游"则是指游客抵达某一目的地的有过夜行为的出游活动。城市游憩与旅游系统是指由城市基础设施、旅游设施和其他服务设施,包括开放空间组成的,提供给当地居民和外来游客共同使用的娱乐、休闲、商业和旅游场所。

随着城市化发展和城市功能的演变,两者之间存在着城市游憩功能不断向城市旅游转变的过程,因而,城市的游憩系统也在转变为城市的旅游系统。在城市化早期,快速工业化带动的城市存在诸如环境污染、工作紧张、情绪低落等"城市心理病",因而居民的首选旅游目的地是远离城市的乡村、山野、海滨等自然旅游区域,城市中的休闲娱乐设施仅仅为城市居民的暂时游憩需求服务(吴必虎、俞曦等,2010:18)。

随着后工业化时代的到来,城市旅游在众多因素的作用下得到蓬勃发展。例如,城市竞争与目的地营销的推动(Law,2002:1-15)、新型旅游需求与模式的兴起(van den Berg, van der Borg et al, 1995)、城市更新与复兴(Hall,2005)、旅游经济带来的"旅游城市化"(Mullins,1991),等等。城市开始从旅游客源地的角色向旅游目的地的角色转变(Williams,2003),城市整体作为旅游吸引物面向外来旅游者提供各种旅游设施与服务,而原来的游憩设施和空间越来越多地服务于外来游客。

虽然很难将游憩与旅游设施截然分开,但为了研究与阐述的需要,我们仍然可以尝试着将城市的游憩与旅游系统根据主要的服务对象的不同,划分为2大服务组,11个主类,30余个干类(吴必虎、董莉娜等,2003)(表13-1)。

城市游憩与旅游空间系统的组成 表13-1

面向对象	主类	干类
主要面向本地居民	城市公园	市区级综合公园
		居住区公园
		动植物园
		儿童公园
		其他专业公园
	道路及沿街绿地和环境设施	沿街小游园
		道路红线内绿地
	大型城市绿带	环城绿带
		郊野公园
		公墓陵园
	文娱体育设施	文化场馆
		艺术影视剧院
		体育场馆
	半公共游憩空间	小区游憩空间
		单位内部游憩空间

续表

面向对象	主类	干类
面向外来游客及本地居民	城市步行空间	城市广场
		步行街
	城市滨水游憩空间	滨湖游憩区
		滨江、滨河游憩区
	文博教育空间	博物馆
		展览馆
		美术艺术馆
	商业设施	城市商务中心区
		会议会展场所
		城市特色商业街区
		娱乐场所
		食宿场所
	特色建筑	建筑综合体
		单体建筑
	旅游景点及设施	城市旅游公园
		城市历史地段
		旅游度假区（疗养区）
		宗教寺观
		高尔夫球场

资料来源：吴必虎、董莉娜等，2003.

13.2 城市的游憩与旅游空间

13.2.1 传统的城市旅游空间

游憩商务区（Recreation Business District，RBD）和环城游憩带（Recreational Belt Around Cities，ReBAC）是城市旅游空间模式中最为典型的两类结构。其中游憩商务区主要分布在城市建成区内部，甚至是城市核心区，基本上呈块状或带状；而环城游憩带主要分布在城市周边地区，主要服务于城市居民的休闲娱乐，基本上呈环状或条带状。

（1）游憩商务区（RBD）

游憩商务区是城市建成区内旅游空间组织的基本形式。RBD 的概念最早由斯坦菲尔德和里克特于 1970 年提出，是指为满足季节性涌入城市游客的需要，城市内集中布置饭店、娱乐业、新奇事物和礼品店的街区（Stansfield & Ricket，

1970)。类似的,贾法瑞在其《旅游百科全书》中也指出,RBD 指的是城市中很大程度上受旅游活动影响的特定区域,主要由各类住宿酒店、旅游吸引物、购物和零售商店组成(Jafari,2000:490)。RBD 的主要功能是城市休闲和旅游购物两方面,和城市传统 CBD 在功能定位上既有区分也有一定的联系,它主要是为了满足进入城市的旅游者的需要而产生的,服务的对象主要是外来旅游者;RBD 的业态构成是旅游和商业要素(刘松龄,2003)。古诗韵、保继刚(2002)定义的 RBD 的概念为城市中以游憩与商业为主的各种设施(购物、餐饮、娱乐、文化、交往、健身等)集聚的特定区域,是城市游憩系统的重要组成部分。

目前,国内已经有城市 RBD 的区域有:北京王府井旅游购物一条街、上海城隍庙地段、上海新天地、杭州上城区湖滨路、南京夫子庙地段和 1927 历史街区、成都锦里和宽窄巷子、广州天河城地段、广东惠州步行街、深圳华侨城、西安钟鼓楼及东大街地段等。城市游憩商务区作为旅游发展的一种重要空间在未来城市发展中将越来越得到重视。

(2) 环城游憩带

以城市居民为主、并拉动相当数量外来旅游者参与的游憩活动和支持这种活动的游憩设施和游憩土地利用,除部分地发生于城市内部空间,更多地推向城市郊区,出现了环绕城市外围、处于近城乡镇景观之中、与中心城市交通联系便捷,具有观光、休闲、度假、娱乐、康体、运动、教育等不同功能,其中周六前往、入住一宿、周日返回式的出游方式被称为"一夜游度假模式";这些土地利用构成的游憩活动空间称为环城游憩带(ReBAC,全称 Recreational Belt Around Cities)。(吴必虎、俞曦,2010:267)。这些地带正成为城市居民周末休闲度假的高频地区,其明显特征是旅游土地利用高度密集、交通运输高度集中以及高程度的环城影响(杨新军、霍云霈,2006)。

远距离的出游活动相对需要更多的交通成本和时间成本,而到近郊区和邻近腹地进行的短途休闲旅游活动明显成本低廉。为了满足日益增长的交通需求和缓解城区交通压力,环绕大城市的公路网逐渐完善,这为环城游憩旅游的产业发展提供了基本的交通条件和理想区位。便捷的交通使得城市居民能够去郊区休闲度假,郊区成为城市居民常选的游憩、休闲场所。

这种公共的和私人的游憩设施在城市周边高密度聚集,进而形成清晰的 ReBAC 现象。就国内情况来说,首先出现在像上海、北京这样的特大城市,一般人口规模都超过了 1000 万。近年来,类似的空间形态也出现在一些主要城市,比如成都、杭州、武汉等。随着城市化不断发展和人们可自由支配收入的提高,环城游憩带的规模将不断扩大,重要程度还会不断提高。

13.2.2 旅游功能在其他城市空间的嵌入

(1) 城市老旧社区改造中旅游功能的引入

中国城市中，传统的邻里社区空间（如北京的四合院胡同、上海的石库门里弄）以及1949年后单位大院等占了相当大的比例，在发展中，逐步形成了1~3万人口的中型居住社区，这里的居民大部分都已在此地居住了数十年，居民间情感维系度好，不少地方已经在居民中间形成地方认同和地方依恋。所以，不管从人文方面，还是动迁成本方面来说，在城市老旧社区改造中运用"推倒重建"的方式都是弊大于利的。因此，有效延续城市文脉和活力，有机整改社区的商业功能和居住环境，增强社区活力，延续已有的生活方式、空间特征和历史文化，是社区改造值得采取的模式。

在对这些老旧社区街道的改造过程中，引入游憩与旅游功能，创新发展形式，营造特色休闲场所、风情购物底商区、主题商业街、文化娱乐中心等具有多重功能的商业配套，同时对原有的建筑外表和立面美化修复，使得这种区域特色得以凝练，更加符合现代人们的生活观念和方式，同时提高社区的生活质量，也提升了城市品质。

北京的南锣鼓巷街区和成都的宽窄巷子，是老城区改造中十分成功的案例，通过对街道临街面的商业布局改造，引入文化创意、主题美食、文化购物、酒吧休闲等多种业态，依托原有的胡同和街巷肌理和周边艺术高校区位优势，在保留了当地居民原有社区生活空间的同时，让整个街区活力重现、焕然一新。

(2) 工业遗产区转型中旅游功能的引入

一般来说，对工业遗产的社会反应通常有4种：①彻底清除；②清除重建；③回收再利用；④综合性开发。由于大多数工业遗产为资源型产业，产业链的"锁定"效应明显，产业惯性使得其转型的难度很大。前3种应对方法对城市经济的发展所起到的作用甚微，而综合性开发利用时，引入旅游功能，或以旅游为导向的转型复兴，能够最大限度地利用工业废弃资源，通过较小的投入达到带动经济增长的目的（马潇、孔媛媛等，2009）。以原生工业遗产资源为主要依托，对遗产的内涵进行发掘、提炼和定位，按照其质量、水平、特征、式样进行二次包装、加工和创新，以鲜明的主题和特征再现工业遗产的精神世界，从而为参观者创造一个感受纯粹的体验经历。

辽宁阜新市在工业遗产转型建设中颇有心得，该市在开展工业遗产旅游方面紧紧围绕资源工业的现状和特点，以百年的煤炭开采历史为基础努力创造特色情境。以昔日亚洲最大、世界闻名的露天煤矿——海州露天矿为核心建设世界工业遗产旅游项目，目前露天矿已列为全国首批国家矿山公园，朝着世界级工业遗产主题公园方向发展建设。

北京的798艺术区原是国营798厂等电子工业的老厂区所在地，建筑多采用现浇混凝土拱形结构，为典型的包豪斯风格的建筑。自2002年开始，大量艺术家工作室和当代艺术机构开始进驻这里，大规模地租用和改造闲置厂房，逐渐发展成为画廊、艺术中心、艺术家工作室、设计公司、时尚店铺、餐饮酒吧等各种空间的聚集区，使这一区域在短时间内迅速发展成为国内最大、最具国际影响力的艺术区（陈艳，2010），成为中国工业遗产区改造的另一典范。

成都东区音乐公园是在1950年代的大型国营企业红光电子管厂的基础上改建而成，是成都东郊工业区东调后唯一完整保留的老厂区，由成都传媒集团投资重新打造，建成为全国唯一一家以音乐为主题，融合国际、时尚、经典元素的多元文化体验街区和音乐产业集聚园，开创新音乐体验方式和新文化商业模式，整合强势文化产业资源，打造全景式音乐主题文化消费体验，实现文艺明星资源积聚、衍生产业发展、多元文化互动、配套商业支持和新媒体产业接入。内部设立了中国移动无线音乐基地、专业DJ平台、音乐主题LIVE小剧场、音乐厅酒吧、爵士沙龙、无台口舞台、音乐书吧、唱片零售店、声音啤酒馆、精品酒店、会议中心、电影工厂、食堂主题餐厅等丰富的活动选择，吸引了大量本地居民和外来旅游者参观访问。

13.3 城市游憩与旅游功能的法规保障

我国的城市化法律制度是以《中华人民共和国城乡规划法》、《中华人民共和国物权法》、《中华人民共和国土地管理法》等各类资源、规划立法等为核心，加上各级地方立法机构和地方政府制定的各地城市化相关管理办法、实施办法等而建立起来的体系。这个体系一个显著的特点，就是赋予了行政机关在城市化进程中的全职全能地位，表现了我国城市化的"自上而下"政府主导型机制。纵观这类与城市化、城市规划与城市管理相关的法律法规，关于城市游憩与旅游功能的提供与保障，可以发现其中由于种种原因而造成的立法缺失和滞后，产生了以下各种矛盾和问题。

13.3.1 城市旅游功能建设缺少立法支持

旅游业作为战略性支柱产业，吸纳了众多城市化人口就业，其发展需要与工业、交通等产业一样得到立法支持。但迄今为止，全国人大主导的《旅游法》仍在等待审查与批准过程当中，旅游方面亟需这样一套完整系统的专门立法。在已有相关立法中，对游憩与旅游问题，也是基本略去不提或者简单提及语焉不详。我们可以看到，在2008年实施的《城乡规划法》中对"旅游"、"游憩"两个概念只字未提；其中第2条关于城乡规划的领域、第17条涉及城乡规划的众多强制性内容，这些内容同样没有涉及旅游或游憩。

1989年，《海牙旅游宣言》明确提出："旅游与人人相关，它已成为当代社会生活质量的重要结果和决定因素。"就是说不管是旅游者、政府、投资者或者是社区居民，都可以而且应该成为旅游活动的主体。但是，各部法规往往只涉及资源本身和资源管理者的责任，对资源使用者也定位于保护资源的角色，而没有在资源的保护和利用之间找到一个平衡点，人的需求和利益未被关注。从表13-2中可以看到现有资源立法在旅游方面的缺失。

与旅游相关但未关注旅游的已有资源立法体系　　　　表13-2

资源立法	与旅游相关的领域
《中华人民共和国土地管理法》	旅游用地类型
《中华人民共和国文物保护法》	遗产活化与历史文化旅游吸引物再现
《中华人民共和国森林法》	国家森林公园、森林游憩、生态旅游
《中华人民共和国环境保护法》	户外环境教育
《中华人民共和国水法》	滨水旅游度假、沿河水上风景道
《中华人民共和国海洋环境保护法》	海上、海滨、海岛旅游
《风景名胜区条例》	旅游产品注意到观光旅游（游览），未涉及休闲度假
《中华人民共和国自然保护区条例》	生态旅游
《地质遗迹保护管理规定》	地质公园与地学旅游

13.3.2　文物保护与活化利用缺少立法支持

中国传统文化的传承、中华民族文化的复兴、中国文化软实力的提升，需要文化遗产的保护与活化利用的立法支持。文物活化利用是一个很重要的问题，它关系到遗产的保护继承和旅游的开拓创新。活化利用实际上就是如何把遗产资源转化成旅游产品而又不影响遗产的保护传承。文物特别是大遗址活化利用，具有生态价值、文化价值、科研价值、审美价值、经济价值，是中国悠久历史文化大国社会发展和旅游发展不可回避的话题。现有《文物保护法》仅在第9条规定"旅游发展必须遵守文物保护工作的方针，其活动不得对文物造成损害"，其中未对旅游发展如何利用文物的情况加以明确说明，没有从法律高度进行引导规范。

经常看到有学者引用西方文化保护理念及技术模型来讨论中国遗产保护与利用问题。其实中国历史文化遗产与西方的有着本质上的不同，不可直接套用西方模式。中国土木结构与西方石质结构不同，相较之下传统建筑很难久存，中国古代文物建筑适时重修重建符合历史规律。在《岳阳楼记》中就有这样的记载："庆历四年春，滕子京谪守巴陵郡。越明年，政通人和，百废俱兴。乃重修岳阳楼，增其旧制。"可见在宋朝，古人就已不仅对历史建筑进行重建，而且还适当扩大了原来的规模。正是这种代代相传的不断重修重建，才形成了我们今天所见的岳阳楼、黄鹤楼、滕王阁和鹳雀楼。但在目前执行的《中华人民共和国文物保护法》第22条规定：不得在原址重建（已毁不可移动文物）；因特殊情况需要在原址重建的，报省级人民政府或国务院批准。原址重建立法虽有特殊考虑，但对如何重建活化未加界定。

由于认识到旅游立法的迫切性和重要性，2009年12月，《旅游法》起草工作全面启动。2011年2月，《旅游法》立法专家座谈会在京召开，与会专家普遍认为，正在制定的《旅游法》是一部国家的综合性法律，而不是一部部门法。因此，在立法过程中应坚持综合性原则，以国家立场和视角谋划资源保护与旅游发展。与会专家对旅游者权利、旅游经营者权益、旅游规划的体系和内容、行业行政许可、旅游资源等具体内容发表了各自的观点。2011年6月，我国首部《中华人民共和国旅游法》草案第一稿出台，目前已正式下发到全国各省区市旅游局，征求旅游行业主管部门和旅游各行业从业人员的意见。以公民权利的实现和保障作为目标和宗旨的《中华人民共和国旅游法》草案第一稿，专门针对旅游者、旅游规划、旅游经营、旅游服务合同、旅游安全、旅游监管、权利救济、法律责任等不同方面问题进行了分门别类的规范与保障。

（马世罕 执笔）

第四编　多途径乡村现代化

　　城市化绝不意味着消灭乡村。运用城乡阴阳平衡论构筑新型的城乡关系，呼吁尽早解决城乡二元矛盾冲突；在乡村地区建议引入多途径现代化而非全域城市化理念；尤其需要根据环城市乡村发展的特点，在乡村规划、土地利用与景观保护等方面设计多途径乡村现代化政策。

第十四章 城乡关系概论

14.1 城乡矛盾及其根源

14.1.1 城乡二元矛盾

我国作为一个发展中的大国，长期以来，二元社会经济结构特征非常明显。尤其城乡不同的发展政策，更是加重了城乡"二元社会经济结构"，拉大了城乡差距（叶翠青，2004；朱林兴，1995）。而这种城乡二元结构体制涉及户籍制度、财税制度、土地制度、教育制度、医疗制度、住房制度、保障制度、就业制度等公共品供给制度（张忠法、赵树凯等，2006；陶然、汪晖，2010；孙浩，2011；张秋、何立胜，2010；赵兴罗，2004），不仅不利于乡村社会经济发展和农民阶层个人发展，随着城乡二元矛盾冲突的加剧，将会严重阻碍我国经济和社会的全面、协调、和谐、可持续发展。

城乡户籍壁垒分明。1951年，公安部公布了《城市户口管理暂行条例》；1957年，政府实行了控制户口迁移的政策。1958年1月，全国人大常委会讨论通过《中华人民共和国户口登记条例》。该条例第10条第2款对乡村人口进入城市做出了带约束性的规定："公民由乡村迁往城市，必须持有城市劳动部门的录用证明，学校的录取证明，或者城市户口登记机关的准予迁入的证明"。这一规定标志着中国以严格限制乡村人口向城市流动为核心的户口迁移制度的形成。1978年改革开放以后，开始允许农民进入城市经商或打工，但乡村居民仍然没有在城市定居的权利，而是实行暂住证制度，而这种暂住证制度也可以看作城乡户籍壁垒存在的另一种形式。

2012年2月，国务院办公厅发布《关于积极稳妥推进户籍管理制度改革的通知》，虽然与此前的城乡二元户口制度相比政策有所放松，但对户口迁移政策，仍然坚守了限制性路线，主要是对设区城市的户口，特别是直辖市、副省级城市和其他大城市，即使有合法稳定职业满三年并有合法稳定住所、参加社会保险的流动人口，仍然不能获得常住户口身份；户口放开的只是小县城和更低级别的建制镇的户籍登记。这个新的户籍政策的颁布，意味着中国的城乡二元矛盾已经转变为中小城市与大城市之间的新矛盾。有专家认为，限制大城市的政策本身并未获得科学依据支持，大城市是就业和经济发展的机会所在；对设区城市明确提出"合法稳定职业满三年"的期限，专家也认为这个政策完全可以涵盖推广到副省级市和其他大城市❶。我们不禁要问一声，大城市，为何你用农民和小城镇的劳动力时不与户籍挂钩，需要你为流动人口提供社会保障时凭啥就挂钩了呢？

城乡收入结构失衡。据中国社科院发布的2011年《城乡一体化蓝皮书》，我国城镇居民人均可支配收入与乡村居民人均纯收入之间的比值，从1980年的2.5倍上升到2010年的3.23倍，而绝大多数国家的城乡人均收入比都小于1.6，我国这一比值已经达到了国际公认的结构失衡的程度。另外，城镇居民的可支配收入没有涵盖城市居民所享有的各类实物性补贴（医疗、教育、养老金保障、失业保险、最低生活费救济等）；如果将这些考虑进去，我国的城乡收入差距可能要达到四倍、五倍，甚至是六倍。

城乡社保及教育差异显著。社会保障的功能在于它通过社会保险、社会福利、社会救济等方面的运作，缩小居民间收入差距，减少社会不稳定因素（杜飞进、张怡恬，2008）。然而，目前我国的社会保障面太窄，只有城市职工享受，而农民却很少享受，而且社会保障水平存在差异。2010年第四季度，城市最低生活保障平均标准251.2元／人月，最低生活保障月人均支出水平179元／人月；乡村最低生活保障平均标准117元／人月，最低生活保障月人均支出水平70元／人月。❷此外，我国目前教育投资明显不足，特别是乡村地区和西部地区，加上农民家庭本身收入水平不高，因此用于教育方面的投入不足，这又进一步加剧了城乡之间以及东西部地区之间的收入分配差距，形成一种恶性循环。

城乡土地交换严重不等价。我国城市土地市场化起步较早，经过近30年的发展和完善，土地交易逐渐从无序到有序，市场价格和市场机制等逐渐形成（王小映，2003；刘彦随、倪绍祥，1996；刘彦随、邓旭升等，2005）。城市土地供应计划由政府统一制定和实施，城市土地的一级市场由政府统一控制和垄断，城市土地的开发和利用要严格按照城市规划的规定进行。而乡村土地尚没有明确的土地供应计划，农用土地由集体与农户签订使用承包合同确定，集体建设用地由集体用地单位申请并得到相关部门批准以后，由集体与使用者签订合同确定。建设用地市场巨大开发利益的诱惑和驱动，加上乡村建设用地管理的相对宽松，使得过度的农地转非农地，过度的乡村建设用地的开发、利用和入市成为必然。小产权房就是这种制度的产物。

另外，我国城乡之间土地交换存在严重的不等价。地方政府可以低价从农民手

---

❶ 国办推进户籍改革 就业教育新政禁挂钩户口 [EB/OL]. 新华网，2012-02-24[2012-03-06].http://news.xinhuanet.com/edu/2012-02/24/c_122746979.htm .

❷ 民政事业统计季报 [EB/OL]. 民政部官方网站，2012-02-12[2011-9-19].http://files2.mca.gov.cn/cws/201102/20110212093628359.htm.

中征用土地，高价转让给开发商，而农用地转变为城市建设用地的巨大增值收益便归地方政府，实现地方政府财政收入最大化。这也使得我国的城市化被扭曲为乡村土地的城市化，土地城市化快于人口城市化。1990~2007年间，我国城市建成区面积从1.29万 km^2 迅速扩大到3.55万 km^2，增长了175% ❶。

城市住房体系森严，乡村住宅流转受阻。改革开放以后，城市住房制度逐步实施市场化的商品房制度与保障性的经济适用房、廉租房等制度，高收入和中高收入人群通过市场解决住房问题，中低收入、低收入人群借助住房保障体系解决住房问题（张锦洪，2010；陈龙乾、马晓明，2002；赵之枫，2003）。同时，城市住房保障体系严格限定只有城市居民（有当地城市户口）才能享受和适用相关的保障性住房的规定。而这个户口条件对于外来的农民工来讲，几乎是不可能拥有的。

乡村住宅制度则是以户为单位向村集体申请宅基地，个人利用宅基地进行住房建设。有条件申请宅基地的必须是本村集体的村民，每户可以申请宅基地的标准是各地根据实际情况明确规定的。由于缺少对宅基地流转和退出的规定，也缺少相应的管理办法和有效运行机制，造成乡村住房空置或闲置问题大量出现，这种状况不仅加大了土地和住房资源的浪费，也束缚了农民外出发展的能力。

另外，村民对宅基地只能自用，不能进入土地市场进行公开转让，农民住房基本没有登记，也不能用于抵押或出售。这种不允许乡村宅基地上市流转的政策导致了乡村住宅流转困难，不仅阻碍了乡村经济的发展，限制了农民融资渠道，不利于农民财产性收入的增加，也影响了农民基本财产权利的实现。

14.1.2 城乡矛盾的根源

历史因素："剪刀差"政策。计划经济时期，国家通过"剪刀差"政策手段，人为压低农产品价格，提高工业产品价格，从农业中获取剩余以加快工业化的发展，把一部分乡村财富转移到城市。其本质是国民收入的一种再分配，将农业部门创造的部分国民收入转移到工业部门，以促进工业和城市的发展。1952~1986年，国家通过价格"剪刀差"从农业中抽走了5823.74亿元巨额资金，加上农业税1044.38亿元，34年间，国家从农村地区抽走了6868.12亿元资金用于城市和工业发展（王倩，2007）。1992年市场经济体制建立后，"剪刀差"被废除，但几十年来逐渐固化的原有体制，其政策惯性仍然影响着城乡分割的关系及城乡居民收入差距的扩大。如农产品的低价收购政策、限制农民进城政策、对农民的税收政策等，

---

❶ 陈淮.关于房价收入比的若干辨析[EB/OL].新浪网,2009-03-13[2011-9-19].http://finance.sina.com.cn/review/observe/20090313/09215971608.shtml.

都是原有政策的重要组成部分，尽管近两年国家逐渐取消了农业税，但农民增收的效果仍不明显。

体制因素：城乡二元制度。城市以全民所有制为主，农村以集体所有制为主，城镇主要从事二、三产业，农村主要从事第一产业，几十年来逐渐固化为"城乡分治，一国两策"的格局（王颖，2005）。表现在经济层面上，在所有制、流通、交换、税赋、收入分配、价格补贴等方面，在向城市重工业倾斜后，为使城市尽早实现现代化，又向城市全面倾斜；在实施积极财政政策的过程中，给低收入群体和高收入群体带来的机会不平等；将大量资金、土地等资源投向城市基础设施和房地产建设方面，使城乡差距越拉越大；"嫌贫爱富"的金融政策向城市偏斜，使农民贷款无门，极大地限制了乡村经济的发展。

在社会层面上，城市居民享有的文化教育、劳动保护、就业帮助、交通通信、医疗卫生、福利补贴、养老保险、社会保障及国家提供的公共服务等，对绝大部分农民来说可望而不可即，土地是农民唯一的生活与生存保障；政府对具有城镇户口的待业者给予众多就业机会，确保城市居民最大限度就业；乡村富余劳动力的转移和就业问题比城市更为突出，但户籍制度在很大程度上限制了劳动力的自由流动；特别是我国目前乡村地区，教育方面的投资不足，更进一步加剧了城乡之间发展的差距。

14.2 乡村城市化的反思

城市化是指乡村人口向城市集聚，以及乡村地域转化为城市地域的过程。乡村城市化是城市化的具体体现，其核心内容是工业化引起乡村人口的生产方式和生活方式的转变以及乡村地域类型的质变。因此，所谓"乡村城市化"是指在乡村逐步实行工业化，把乡村空间作为演变成城市的对象（唐培宏，1995）。除了农业地区，海滨地区的渔业生产空间同样受到工业化的挤压。江苏吕四海滨小镇，曾经是中国的四大渔场之一，工业化之前这里的渔民很富裕，工业化后，渔民们的渔船越走越远，因为近海的渔业资源正在被火力发电、风力发电、原煤码头甚至化工工业园区所吞噬❶。工业化、城市化大潮之下，保留一点乡村、渔港，才符合阴阳平衡之大道。

14.2.1 乡村盲目城市化的弊端

在我国社会转型的过程中，中国怎样实现乡村的发展，无论是理论界还是在

---

❶ 任广军．新浪微博．http://weibo.com/renguangjun．

实践中,都不同程度地存在着一种与我国国情不相符的理解,那就是片面主张推进全域乡村城市化,即认为城市化是乡村今后发展的唯一方向(张丽琴,2007)。在相当一段时期内,人们对乡村城市化所持有的态度非常乐观,并且寄予厚望,一些主流观点甚至认为,我国乡村城市化的主要问题是进度过于缓慢或者说严重滞后,不适应社会发展的需求,进而提出种种加快乡村城市化进程的方略。然而,这种对乡村发展的认识存在很多弊端,一些具有远见和忧国情怀的学者对此已经发出疑问:难道走工业化和城市化道路,和城市竞争,才是农村地区城镇发展的唯一出路吗?❶

人口流动、"空心村"与"城市病"。就乡村人口向城市的流动而言,我国乡村人口的城市化仅限于就业地点的改变,从户籍以及法律身份上讲还是属于农民,这种状况的出现导致两个问题:

首先是农民权利的虚化、乡村秩序的凌乱。进城务工的农民不可能在城市行使自己的政治权利,身处他乡也不可能在乡村行使自身权利;这进一步导致原来依靠村民自治建立并维持起来的乡村秩序在人口流动中被打破,乡村呈现松散、凌乱、冷清的局面。同时,随着大量劳动力外出务工,乡村出现了越来越多的"空心村",乡村"空巢"现象、乡村人口老龄化及乡村家庭养老问题、当地乡村教育及进城农民工子女教育问题等,这些已经成为乡村社会经济发展的焦点问题。据2000年"五普"统计,不能与父母外出同行的乡村留守儿童比例高达56.17%,6~16岁的青少年已达2000万人❷,这对留守儿童的生活、学习、心理等方面都造成了严重的影响。

其次是城市的管理危机。我国城市对农民工实施严格的管制,不管是原来的"收容"制度,还是至今还使用的"暂住证"制度及其运作机制,并没有为城市带来理想的秩序,相反,当前盲目的乡村城市化已经造成了一系列"城市病","民工潮"使大中城市出现了交通拥挤、住房紧张、治安恶化、用水用电告急,乃至出现了贫民窟的现象;农民工与城市政府、企业主之间群体冲突不断升级。

随意圈地,土地闲置。乡村土地城市化中的无序以及不彻底性表现在四方面(张丽琴,2007):其一,在很多地方,政府对乡村的土地享有绝对的处分权,出现以"城市化改造"为名、卖地挣钱为实的随意圈地现象,城市化的结果变成了不顾后果侵占乡村土地,使得城市建设用地不断增加,人均耕地不断减少。其二,城市化与工业化不同步,出现土地征用后因为资金短缺、配套设施不齐全、工业产品缺少创新

---

❶ 卓健. 新浪微博. http://weibo.com/aeramus.
❷ 新农村建设中的留守人口与社会政策[EB/OL]. 中国网, 2007-01-15[2011-10-2]. http://www.china.com.cn/aboutchina/data/xncjs/txt/2007-01/15/content_7657854_2.htm.

和市场竞争力等原因而闲置的现象,在我国乡村城市化过程中非常常见。其三,在已经建立起工业园的土地,没有与农业的产业化进行整合,很少是利用当地农业资源并能够促进农业产业化的,更多的是从劳动力价格低、环境保护政策宽松、税收以及其他管理费用不高等因素出发设立企业,这些郊区的乡镇企业与城市企业在生产产品上有高度的重合性,其竞争力通常不强,往往只是同类产品中的中下流产品。其四,在城市化的过程中,一些企业的设立受优惠政策的影响,具有明显的期效性,当这些优惠政策时效一到,不少企业便纷纷搬迁,对当地社区的经济发展和社会进步并未起到相应的推动和带领作用。为了防止地方政府追求快速推进城市化和强迫农民进城的情况愈演愈烈,2012年2月,国务院办公厅下发通知指出,农民落户城镇是否放弃宅基地和承包的耕地、林地、草地,必须完全尊重本人的意愿,不得强制或变相强制收回;要依法保障农民土地权益,充分考虑农民的当前利益和长远生计;在农民进城和留乡问题上,要尊重农民的自主选择权❶。

农业发展面临困境,乡镇企业举步维艰。对于中国这样一个拥有13多亿人口的大国,农业是安天下、稳民心的战略产业,在国民经济中占有重要地位。但是过度鼓吹乡村城市化,掩盖了农业现代化的迫切需求,导致我国农业发展在城市化中面临资金短缺、技术落后、人才匮乏等困境。提出乡村城市化的重要依据是乡镇企业成为东南沿海一带乡村城市化的直接推动力,苏南、温州和珠江三角洲的农民因工因商致富,乡村因此变为城镇甚至大中城市。然而,沿海地区乡镇企业的迅猛发展多得益于外资和国际市场、大城市优先发展的边缘效应以及先天的地缘优势和一定的工业化基础。这些优势条件对中西部地区而言均不具备,难以复制。中西部地区工业基础、经济实力、商品意识均较薄弱,在全球化工业集聚背景下,在东部沿海地区竞争压力下,结果出现中西部的乡镇企业办得多、亏得多,成了地方政府虚报功绩和劳民伤财的"泡沫企业",乡村工业化进程举步维艰。

传统文化遭遇冲击,乡村教育不切实际。乡村城市化对中国文化传统产生很大的消极影响。我国的文化传统有着相当的底蕴和厚度,它构筑了独特的东方社会生活、建筑和审美神韵,具有乡村味、田园情、和谐律和伦理性。但是伴随着过于快速的城市化进程,外来文化不断涌入,许多传统文化因素面临着冲击,如传统工艺失传,文物古迹大拆大建,传统景观及建筑风格遭到淘汰,邻里观念淡化等。另外,目前全国推行的撤并乡村学校的做法,以"高中阶段学校向县城集中、初中向中心镇集中、中心小学向乡(镇)所在地集中、新增教育资源向城镇集中"为原则的"一

---

❶ 中国新闻网. 国务院通知要求"农转非"不得强制收回土地[EB/OL]. 中国新闻网,2012-02-24[2012-03-14]. http://finance.chinanews.com/house/2012/02-24/3694182.shtml.

刀切"乡村教育战略,不考虑全国各地乡村、山区的特殊情况,撤并乡村中小学,迫使农民进镇,忽视了小学生对家庭亲情的依恋,强行推动住校寄宿,造成学生上下学交通不便、群众经济负担加重等问题,对孩子人格的培养也带来了潜在危害。这些计划经济色彩浓厚、工业化标准化思维切入乡村教育的做法,都给中国社会的健康发展埋下危害的种子。撤并乡村学校的做法,不仅是教育部一刀切并校政策的问题,其实还折射出中国过急推动乡村地区城市化、攀比城市化率的发展观问题。

资源能源短缺,生态环境破坏。城市和乡村作为两种不同的承载人类生产和生活活动的空间载体,对自然资源尤其是能源的消费有着量和质的差异(靳玲,2009),城市人均能源消费量远远高于乡村人均能源消费量,且随着城市化水平的提高,人均资源能源消费水平还将不断提高(耿海青,2005)。就我国目前情况来看,不论交通、住宅、日用品还是用水、用电、城市取暖等,城市都远远超过乡村,尤其随着城市消费主义的盛行,更增大了对资源的消耗,这对我们这个能源短缺、资源紧张的发展中国家而言,可谓是个沉重的压力,城市化水平何为最适、是否越高越好?值得研究者、决策者深思。

工业化和城市化带来严重的生态破坏和环境污染问题,特别是城市化将技术水平低、污染严重的工业向乡村扩散,造成了乡村地区的环境质量和生活品质日益恶化。随着城市化的推进,乡村生态及环境压力将日益紧迫和严峻。除了由城市产生的环境破坏给乡村地区带来的生态压力,没有节制的农业工业化本身也深隐各种对人类健康生存的威胁:异化的农业生产,不仅早已让土壤自我循环和更新能力受到彻底破坏,而且由于长期的人工影响和化学干涉,农作物本身的生长节律、遗传特征和食物滋味也在发生不利于人类身体健康的变化。在工业化时代里,市民希望用最少的钱买到最可口的食物,农民则希望投入更少的劳动收获更多的产出。但是,大自然不会永无止境地满足人们不节制的胃口和消费主义的迷梦,人类唯一能走的路径就是将农业变成工业,其结果就是,在食物生长的过程中,农药、化肥、添加剂等等化学原料甚至比阳光、空气和土壤还重要❶。这样的模式如果不加控制,到头来失去生存和发展价值的还将是人类自己。

14.2.2　社会主义新农村建设中的误区

2006年2月21日,《中共中央国务院关于推进社会主义新农村建设的若干意见》指出,建设社会主义新农村是中国现代化进程中的重大历史任务。要完善强化支农政策,建设现代农业,稳定发展粮食生产,积极调整农业结构,加快基础设施

---

❶ 三农直通车.新浪微博. http://weibo.com/cctcbb .

建设，加强农村民主政治建设和精神文明建设，加快社会事业发展，推进农村综合改革，促进农民持续增收，确保社会主义新农村建设有良好的开局。中国共产党第十六届五中全会也明确提出了社会主义新农村建设的要求：要按照生产发展、生活宽裕、乡风文明、村容整洁、管理民主的要求，坚持从各地实际出发，尊重农民意愿，扎实稳步推进新农村建设。

从以上中央政策和执行目标等角度来看，社会主义新农村建设全面加速了中国农村地区的发展步伐，对农村地区的基础设施建设、交通条件的改善、居住生活水平的提高，都有积极的推进意义。但由于中国各地情况很不一样，当地经济基础、社会结构、领导能力千差万别，一些地区将新农村建设的步骤、目标与干部政绩考核紧密挂钩，出现了急于求成、模式趋同、工作范围集中在撤村并镇、加快速度建设农村集中居民点等一系列问题，在新农村建设、城乡一体化等"运动"中普遍存在破坏乡村传统文化、快速土地城市化而人口并未城市化的怪现象。强调乡村地区存在的合理性和必要性，使其成为实现城乡阴阳互济的一个地理空间，保障国家粮食安全的耕地红线，保存中国传统文化基因的老家故里，为城市居民提供乡村休闲的旅游基地，可以较好地改变二元化城市化模式产生的这些问题。

农民主体意识严重缺失。在轰轰烈烈的新农村建设讨论与行动中，听到的主张和建议多来自于两个群体：官员和专家。而农民作为新农村建设的主体，却在这场关乎自己家乡建设和自身利益的新农村建设中集体"失语"，农民的声音和意见没有得到充分的重视，这也导致农民在新农村建设中的参与热情和主动性不够。在农民对新农村建设的一项调查中，24.8%的农民表现出了冷漠、怀疑和悲观态度，对新农村建设的执行效果和政策持续性表示担忧。❶

规划脱离实际，建设千篇一律。新农村建设所涉及的上百万个村庄在自然地理基础和社会文化条件上复杂多样、类型迥异，村庄内不同类型农民对新农村建设的认知、理解和需求等方面也存在巨大差异。但是目前大多数新农村建设活动没有考虑到新农村建设的复杂性，对全村的发展和建设缺乏长远的整体规划和合理布局；忽视了地区和农民需求的多元性，大多趋于形式化、表面化，各地存在"千篇一律"的问题，考虑的是形式上的集中，外观上的整齐，甚至在高山上可见拔地而起的楼房。规划建设很少考虑农民的生活和居住习惯，给农民生产生活带来很大不便。

资金缺乏，建设搁置。尽管推进农村金融体制改革成为社会主义新农村建设中的主要内容之一，但新农村建设中很多地方尚未建立新农村建设的专项资金，计划中的建设资金受到条块分割的限制，加之地方政府统筹条块资金的能力有限，致使

---

❶ 叶敬忠. 农民视角的新农村建设. 社会科学文献出版社，2006.

新农村建设无法开展实际的活动，多数村庄的新农村建设处于筹备和搁置状态。有的地方由于缺乏稳定的投入，水、电、路等设施不配套，农村公共资源共享性差，浪费现象十分普遍（蒋威，2008；赵明霄，2009；余美成、高军锋，2008）。

面子工程，本末倒置。农民的当前需求在于"生产发展"与"生活宽裕"，这也是新农村建设中应该优先发展的重点，然而很多地方的新农村建设却本末倒置，在次要的"村容整洁"上大作华而不实的表面文章，出现很多地方忙于修广场、建公园、"扒旧房、建新房"等"面子工程"，不少地方则是"大包大揽"、"大拆大建"、"贪大求洋"、"只见新房子，不见新农村"。在拆旧建新的过程中，一大批景观美丽、生态适宜、文化丰富、民俗醇厚的传统村落一夜之间被铲平，代之以规格统一、造型丑陋、服务不便、质量低劣的集中聚居点。与欧洲的乡村保护运动相比，我们损失了许多具有景观和文化双重价值、不久的将来可能成为重要乡村度假地的传统村落资源。这些传统村落实际上也作为中国悠久古代文明的物质载体，承担着传承中国文明基因特别是物质遗产基因的重要任务。

14.2.3 全域乡村城市化不可取

我国"大跃进"式的乡村城市化显然是无益于乡村地区经济、社会的健康发展，引发了人口、土地、经济、社会、环境、生态、文化等一系列难以协调的矛盾；而且刚刚起步的新农村建设实践有走入歧途，与农民需求相偏离的趋向。尤其令人担忧的是，成千上万的农民在城市化浪潮的裹挟之下，失去土地和家园，失去往日平静的生活，自愿或非自愿"上楼"、"进城"，背井离乡，面临新的生存方式的极大挑战；盲目推行全域乡村城市化的直接后果是乡村"空心化"，人去家空，没有土地的农民，没有农民的农业，没有农业的农村，没有农民的农村，并不是危言耸听。因此，"全域乡村城市化"提不得，使城市替代乡村的全域乡村城市化过程是不可取的，城市化不能作为所有乡村的发展目标和最终归宿。到处工业化，不符合可持续发展的要求。多途径城市化就是反对全域工业化和全域城市化，在土地资源、水热资源、市场条件较好的地区，可以推行现代农业、有机农业和生态农业的产业发展战略；在环城市乡村地区，可以推行田园城市与乡村景观交错的布局格式；在旅游资源丰富、生态条件良好、接待服务质量较高的乡村地区，可以推行休闲农业与乡村度假……总之，用多途径乡村现代化，代替乡村地区全域城市化，才是未来广大乡村地区应走的发展道路。随着城乡一体化与城乡统筹发展进程的日益推进，乡村城镇化、新农村建设等概念也深入人心。而事实上，在我国的新农村建设过程中，单一的城市（镇）化和工业化，并不利于我国乡村保存多样迷人的魅力，而实现现代化与保存地方特质才是城市与乡村发展的共同目标。

14.3 城乡关系新论

那么，乡村发展的出路到底在哪里呢？其实，乡村与城市同等重要，既然我们不能把全部乡村变为城市，那么乡村的发展，就是要在"乡村"上做文章，走非工业化道路，把"乡村"建设成真正现代化的乡村；实现城市与乡村的有机结合，相互促进，共同发展。

14.3.1 城乡阴阳平衡理论

乡与城同等重要。城乡关系是工业革命之后人类经济社会发展演进中最重要的一个关系。乡村的发展并不意味着要将所有乡村地域转化为城市地域，乡村作为一个地域空间概念会发生演化，但并不会全部消亡（纪立虎，2003）。美国著名城市学家芒福德（中译本 2005）说："城与乡，不能截然分开；城与乡，同等重要；城与乡，应当有机结合在一起，如果问城市与乡村哪一个更重要的话，应当说，自然环境比人工环境更重要"。这是关于城乡关系的精辟阐述。

乡村与城市有其分工之别又相互联系（何慧丽，2000）。乡村是从事农业生产的主要场所，其产业优势在于农林牧副渔以及自然资源的开发、利用和再生产；而城市是第二、第三和第四产业集中发展的地方；乡村为城市提供必要的粮食、原材料等物质资源，城市为乡村提供必要的生产资料、生活用品及其他工业、信息产品；城市产生更多休闲度假需求，是客源地，乡村可为城市提供足够的空间与优美的环境，更多作为目的地。乡村与城市各有优劣势。乡村的自然环境好，空气清新，水质良好，天地广阔，有田园情趣，住房宽敞，人际关系密切，农业生产是自然再生产与经济再生产融为一体的产业，最能体现人与自然的一体化，这是乡村的优势；它的劣势在于生产力低下，产业单一，交通不便，基础设施差，文明程度不高，信息闭塞。城市的优势是作为城乡的政治、经济、文化中心，交通便利，非农产业发达，基础设施好，文化气氛浓厚；城市的劣势是住房拥挤，人口密度大，生态破坏，环境污染严重，资源浪费严重。在城市化人口的来源地讲，城市居民即使长期定居于都市地区，但与乡村老家仍然保持着千丝万缕的情感联系：一个国家、一个民族，无论怎样现代化，那种本底的基因的物质，永远是不可或缺的❶。

"阴阳"二元哲理。城与乡的关系，可以进一步从我国传统文化典籍《易经》中"阴阳"二元理论的古代哲学文化视角来加以审视（顾益康，2012）。《易经》把天地万

---

❶ 吴必虎.新浪微博.http://weibo.com/wubihu.

物都归结于"阴阳两仪"的太极本体,许多事物之间都存在着"阴阳两仪"的二元关系。阴阳首先表现为同一性。因为不论是阴还是阳,都是从太极转化而来,所以其"体"是相同的,之所以阴阳表现出不同的性质和特征,是因为其"用"不同而已;阴阳相互依存,如果没有一方,另一方也不可能存在,阴是阳存在的肯定,阳是对阴存在的肯定。其次,阴阳双方又是相互斗争、相互否定的,因为阴是非阳,阳是非阴。最后,阴阳的同一性和斗争性是相互联结的:同一是阴阳对立面双方的同一,它是以对立面之间的差别和对立为前提的;斗争是太极统一体内部的阴阳斗争,在阴阳对立面的相互斗争中存在着双方的相互依存,相互渗透甚至可以相互转化。

乡城"阴阳"关系。乡村是农耕文化、农业文明的发源地,是农业的集聚地,城市是工业文明、现代文化的先发地,是二、三产业的集聚地。城与乡是同天与地、山与水、男与女一样的"阴阳两仪"二元关系。城为阳,乡为阴;城市繁华,乡村宁静;城市伟岸,乡村柔情。城乡分割必两败俱伤,城乡融合则分工协作、互促共进,才能构建和谐社会、实现可持续发展。在工业化、城市化的进程中,由于我们在相当长的一段时间内实行了城乡二元分割体制,这种"阴阳失调"、"城乡失衡"的问题使得城乡发展差距不断拉大,影响了我国现代化的进程,阻碍了我国经济和社会的协调和快速发展。要传承"阴阳"二元的朴素唯物辩证思想,推动城乡融合发展、和谐发展,形成以城带乡、城乡互促共进的体制机制。要按照"阴阳"二元差异和统一、浑然一体的思想,在乡村建设中充分体现乡村美丽、宁静、生态、和谐的特质,克服照搬照抄城市建设的弊病,形成城乡相得益彰、互促共进的新格局。

14.3.2 快城慢乡理论

进入 21 世纪以后,中国城市化进程迅速加快,受政绩考核机制和经济增长利益的驱使,地方政府官员对推进城市化的速度十分关注,但常常忽视了城市化的质量,整个中国出现了所谓的"快餐国"现象❶。从欧洲较早实现城市化地区的经验来看,增长过快并非好事,一些欧洲国家已经意识到慢生活、慢城市对于人类生活品质的重要。在意大利等已经率先完成工业化和城市化的欧洲,人们较早开始反省快速发展城市化导致的问题,意识到慢生活对人类生活品质的重要价值。在意大利,慢城是作为已城市化地域出现的一种反工业化、在快速发展中追求缓慢生活的一种体现。慢城是一种通过解决环保、经济发展和社会公平来实现可持续发展的方法,同时也是一个提倡保护地方传统特色、保护文化多样性、提高当地生活质量的途径。慢城运动通过依法制定并测量空气、水和土壤的质量,推广节能与替代能源的利用

---

❶ 顾永惠. 新浪微博. http://weibo.com/u/2169725395.

（再生能源、绿色氢、小型水力发电），禁止农业转基因技术（禁止种植基因改造的农作物），普及垃圾分类知识及处理特殊废弃物，环境管理系统的引进与应用等的环境保护政策，积极地保护当地的生态环境以及当地居民的生活环境。相对于工业化程度较高、城市规模较大的大中城市，那些还没被高度工业化而保留有较多传统文化特色的乡村地区对人们的吸引力显得越来越大，这样的乡村小镇成为欧洲慢城运动的策源地和大本营。

慢城运动传播到亚洲国家之后，其出发点及途径有了很大的改变。比如在韩国，慢城变成了一种乡村发展的新途径。《慢城宪章》明确限定慢城的人口规模必须在5万人以下，但亚洲国家人口密度较大，人口标准需要相应调整；亚洲国家很多地方并未达到高度工业化和城市化，因此，慢城建设并非为了本地居民的反城市化目的，而更多体现在为当地乡村的社会经济发展开创一个新的策略：吸引游客、提高旅游收入；支持当地特产和手工业、提高质量及保护传统生产方式与匠人；提高环保意识、保护当地环境；提供教育机会、提高当地文化水平，最后实现乡村地域的整体发展。

"快城慢乡"理论正是基于上述背景所提出的。"快城"是指在城市保持现有发展速度的同时，进一步提高城市化水平和工业化水平；"慢乡"则指用"慢城"理念指导乡村地区经济社会的发展。通过引入"慢城"理念，引导乡村地区经济的模式与方法，让乡村地区享受慢生活的途径。城市为环城市乡村休闲的发展提供丰富客源，乡村成为日夜奔波忙碌的城市人周末闲暇之余的港湾，"快城"与"慢乡"形成对立统一的整体，形成中国经济结构转型下的新型城乡关系。

如何实现快城慢乡？有很多方法。例如,可以尝试"告老还乡,减少大城市压力"的建议❶。现行的户口制度，不仅阻碍了对城市有税收贡献的人进入大城市，而且也阻碍了人们回归故乡的权利。自古以来，中国人就有落叶归根的优良传统，但是一个人如果有了北京或上海户口，也就失去了原籍户口。开放户口，鼓励人们告老还乡，不也就减轻了大城市的压力了吗？ 故地养老，也是乡村度假、乡村旅游的新方式，促进乡村多途径现代化。在解决异地医保问题后，越来越多祖籍宁波的上海人在退休后回故乡租房养老，出租上海的房子足够在宁波农村租房和悠闲的生活❷。其实，何止是退休之后人们可以从城市回到乡村，也有不少人现在就期待一种工作在城市、居住在乡村的生活❸。

---

❶ 吴必虎. 新浪微博. http://weibo.com/wubihu.
❷ 励永惠. 新浪微博. http://weibo.com/u/2169725395.
❸ Nicknju. 新浪微博.http://weibo.com/u/2168006250.

不要一味追求快速时尚，回归慢生活将进一步提升社会生活的质量。这一方面，江苏的高淳首先进行了有益的尝试。高淳桠溪镇作为中国第一个获得国际慢城组织认可的慢城，慢生活理念在当地得到高度重视并落实于相应的规划与管理措施之中。高淳县重视生态农业、有机农业发展，在产业布局中加大保护乡村生态风貌，鼓励发展手工业，保护濒临消失的地方特产及手工业。慢城品牌的营建，促进了当地旅游业的发展，游客纷纷涌向高淳县，高淳更提出了全力打造长江之滨最美丽乡村的口号。生态农业与旅游业密切结合，桃花村、杏花村、石榴村、七彩桥李、东篱菊圃、荆山竹海等景点与区域内的古戏台、古树、古庙、古井等历史人文景观交相辉映，特色乡村旅游的雏形已经初现❶。未来高淳的产业发展方向，就是要从传统居家型农村向旅游示范型乡村转变。

（董晓莉、吴必虎 执笔）

---

❶ 探秘"中国慢城"——央视《乡约》栏目走进江苏省高淳县桠溪镇[J]. 农村农业农民（B版），2011（09）:18-19.

第十五章　多途径乡村现代化

15.1　乡村现代化与传统继承

如前所述，城市与乡村总是相互依存、对立统一而存在的。因此，尽管世界的城市化率不断提高，乡村依然存在。同时，许多发达国家在城市化率达到一定程度（70%）后，会出现逆城市化现象（黄序，1997）。乡村与城市文明并存，从来都是世界文化遗存多样性的表现。近年来，"三农"问题一直是困扰我国经济发展、实现社会主义现代化的关键问题之一，怎样实现乡村现代化成为我国社会发展研究与实践的热点问题。就乡村发展而言，城镇化并不是其唯一的发展模式，多途径的乡村现代化才是值得探究的模式。

15.1.1　乡村的经济现代化与生活现代化

现代化。现代化的概念始于 1770 年代。迄今为止，各国学者对现代化的概念均有阐述。经典现代化理论认为：现代化指工业革命以来人类社会所发生的深刻变化，它包括从传统经济向现代经济、传统社会向现代社会、传统政治向现代政治、传统文明向现代文明转变的历史过程及其变化；它既发生在先锋国家的社会变迁里，也存在于后进国家追赶先进水平的过程中；经典现代化理论是指从传统农业社会向现代工业社会的转变过程及其深刻变化（何传启，2003）。

现代化的实质是社会作为一个统一的有机体不断吸收现代科学技术成果、不断继承本民族传统文化中的优秀成分、不断引进世界文化中的先进经验，以使这个社会有机体在方方面面呈现出不断吸收、不断创造现代文明的趋向（李正图，1996）。一般而言，现代化包括了学术知识上的科学化，政治上的民主化，经济上的工业化，社会生活上的城市化，思想领域的自由化，文化上的人性化等。

乡村现代化。乡村现代化就是指发生在乡村地区的经济、社会、政治、文明的转变的历史过程及其变化。乡村现代化是人们利用现代科学技术和先进的思想，全面提高乡村居民的物质生活条件和精神面貌，并最终实现乡村社会从政治到经济、从文化到思想等方面的全面发展过程（袁金辉，2005）。乡村是一个统一的社会有机体，需要明确应从哪些方面不断吸取、创造现代化文明；同时也要明确如何继承乡村本土文化与特色，二者缺一不可。我国"乡村现代化"的概念肇起于近代中国四大实业界人士之一的卢作孚，是卢作孚提出的国家现代化的重要理论组成部分（刘重来，1998；凌耀伦，1987），其提出的乡村发展核心是实现"现代化"。乡村现代化包括乡村的经济、社会、政治、文化四方面从传统向现代化迈进的过程。

乡村现代化的基本含义有两个方面：一是乡村经济的现代化，包括农业生产的规模化、机械化、集约化、商品化，与农产品深加工有关的产业的商品化、市场化；二是乡村生活方式、生活质量的现代化，即追求乡村的物质文明和精神文明现代化，有舒适的环境和健康的身体。乡村作为客观存在的社会物质载体，不存在天然的缺陷或落后，在乡村人口众多、经济收入较低、基础设施投资不足的情况下，重点在于改变乡村的经济面貌而非景观面貌。发展乡村应该在"农"上做文章，走有乡村特色的现代化道路，逐步实现乡村自身产业、生活方式和生活质量的现代化，使乡村全面实现农业机械化、经营产业化、生活现代化、管理科学化、保障社会化、人口知识化和社会文明化。

乡村经济的现代化。乡村经济现代化主要指农业的机械化、乡村产业结构的调整以及农民的物质生活水平的提高等。其中农业现代化是其主要内容，是指传统农业通过科学技术的渗透、工业部门的介入、现代要素的投入、市场机制的引入和服务体系的建立，调整农业结构和农业的专业化、社会化分工水平，实现农业总要素生产率水平的不断提高和农业持续发展的过程，使农业在形态上从传统农业转化为具有先进水平的现代农业（顾焕章、王培志，1997）。农业现代化要求转变农业增长方式，促进农业从粗放增长向集约增长转变；加快农业生产手段、生产方式和生产理念的现代化，建立起广泛采用现代生产工具、现代科学技术和现代管理方法的农业生产体系，优化农业生产的结构和布局，大幅度提高农业劳动生产率、土地生产率和农产品商品率（杨德明，1989；郭彦森、王连成，1996；张建勤，2000）。

现代设施农业是农业现代化发展的主要标志。设施农业具有以下几方面的特征（高海珠，2004）：农业现代化是用现代科技及装备改造传统农业的过程，是用现代农业科技知识培养和造就新型农民的过程。现代农业已从传统的单一的动植物、农田、初级农产品向微生物、草地森林、陆地、海洋、食品、生物化工、医药、能源等多种产品方向拓展。农业现代化主要是通过增加资本投入、应用现代科技和装备、适度集中土地和强化组织管理来提高农业效益和农民收入。农业现代化强调农业资源配置的市场化、高生产率和高效益。现代农业坚持以市场需求为导向，合理调整农业结构和生产布局，健全农产品现代流通体系，提高农产品市场占有率，市场机制对农业资源配置起主导作用。最后，现代农业以一体化的经营方式进行资源配置和利益分配，农业生产的专业化、农产品的商品化、农村服务的社会化全部纳入经营一体化的轨道之中。

乡村经济的现代化还有一层含义就是乡村地区的产业结构的转变。乡村地区并非只能开发第一产业。在现代服务业成为一个地区的主导产业的条件下，乡村地区可以提供某些特殊的第三产业服务，往往是城市区域所不能提供的。例如，乡村休闲度假、观光农业、乡村风景道等，以这类活动与产业为基础构筑的乡村产业，可以简单地称为"1+3模式"，即在乡村地区发展第一产业与第三产业综合的特殊业态。在乡村现代化过程中，要把农业的生产型经济和服务型经济并重，在庄稼地上开发多元的乡村度假、民俗旅游、庄园经济、农事博物馆、大地艺术、农耕体验、田园颐养等多元的价值，一二三产并重，培养产业农民，让农村多元受益，让农业也优雅，农业也时尚❶。

在全国若干条件较好的地区，如苏南地区，乡镇企业的异军突起，对转移乡村剩余劳动力做出了卓越的贡献，成为部分地区乡村现代化的主要途径之一。一部分乡镇企业依赖于传统家庭作坊、手工业而逐渐发展为规模的手工制造企业，实现手工业的劳动密集型生产，提高了劳动生产效率与效益；一部分是乡村农副产品生产初步形成了商品化、专业化和区域化的格局，涌现出一批农业生产的特色乡镇，如"花木之乡"、"果品之乡"、"苗猪之乡"、"禽蛋之乡"、"水产之乡"等，大大提高了农业生产的商品率和经济效益（张小林，1996）。还有一部分乡镇企业则依赖于乡村的特殊资源，如煤、石油等工矿资源发展的企业，以及为节约生产成本由城市迁至乡村的大型工矿企业，这部分企业依赖于乡村丰富的劳动力资源、低廉的土地资源与良好的生态环境而发展。因此，从一般意义上讲，乡镇企业的现代化发展将继续呈现规模化、集团化、产业化、市场化发展态势，对于乡村城镇化、转移乡村剩余劳动力、提高乡村居民收入以及实现乡村现代化具有重要作用。

乡村生活的现代化。随着乡村改革的深化，农村居民生活水平得到普遍提高，而社会生活方式也发生变化，越来越城市化。乡村现代化的目标归根到底要大幅度增加农民收入，使农民的物质生活和精神生活都得到大幅度提高。一方面，应改善乡村的住宅、道路、商业网、上下水、能源、通信、医疗以及各种文化娱乐场所等基础设施建设及配套，还应将社会保障事业扩大到乡村。另一方面，从提高农民的思想道德素质和科学文化素质入手，不断改善乡村的教育条件和社会风气，引导和教育农民，不断更新农民的价值观念和思想意识，提高农民的文明程度和道德水准，最终实现农民的生产方式、生活方式、思维方式和价值观向现代化的转变。

现代化后的乡村生活，居民生活节奏也在变快；日常生活产品逐渐电气化、网

---

❶ 茶博士小马．新浪微博．http://weibo.com/lanhuazhi．

络化；出行方式以车代步；娱乐方式也与城市更加贴近——KTV、网吧、溜冰、棋牌室等现代娱乐形式发展至乡镇地区。在许多乡村地区，居民告别传统的乡村住宅，搬入整齐的花园小洋房，衣食住行追求时尚现代。乡村生活方式现代化过程中，需要摈弃一些旧的生活方式，引入现代化生活理念。垃圾收集与处理问题，在传统农业社会以草木灰与人畜粪尿为主的生活垃圾作为循环经济的一个重要环节，自然融入农村生态系统而无环境污染之虞。但是，随着乡村生活方式的现代化，居住场所建筑、农业生产资料、日常生活消费品的包装等方式都发生了巨大改变，垃圾围村现象已经成为一个突出的问题。农民越来越富，污染却越来越重。毒垃圾渗入土地河流，不仅损害农村人的健康，也将污染城里人喝的水、吃的菜，最终将无人能够幸免❶。必须改变对农村资源的长期汲取做法，转而反哺农村和农业，在资金、技术、基础设施建设投入等方面向农村倾斜，才是解决"垃圾围村"的根本方法，这是乡村生活方式现代化必须走的一条道路。

所谓现代化的生活方式是先进、健康、文明的生活方式，但现代化的生活方式并不总是有利健康。现代生活的电气化、网络化，交通工具的快捷化等都为乡村居民生活带来了极大的便利，然而乡村生活方式在依赖这些现代化的硬件条件之外，也需要培养健康、自然、文明的软生活方式。经济发展带来的快速化生活、日渐流行的夜生活随着经济的快速发展，极大可能会影响乡村社会的生活。在越来越快速的乡村现代化生活方式变化中，邻里关系、人际关系渐趋淡漠；随着计算机的普及，越来越多的乡村居民使用网络作为交往方式，看似交际渠道发达，实则面对面的交流却日益减少。

面对乡村生活的现代化冲击，我们需要关注以下几方面的工作：加强乡村居民的文化知识教育和审美教育，普遍开展各类科普文化知识讲座，开展多样的文化活动，丰富乡村居民的精神生活，提升村民的文化素养，提升乡村居民的艺术审美教育，培养健康的审美情趣、审美文化，能够使乡村居民的情趣更高雅，加强乡村社会道德教育、法制教育，普及基础法律知识，全面提升村民的法制道德意识。

15.1.2 现代化与乡村文明传承

如上所述，乡村现代化是从传统向现代发展的历史过程，有些地方政府追求快速"农村城市化"的动机，其实是因袭了乡村落后、"城市总是比乡村好"的思维（何慧丽，2000）。而传统向现代的转变，并不意味着传统的摈弃，更应该有选择地发扬与继承优秀的乡村传统与特色，取其精华而去其糟粕，发展具有地方特色的现代

---

❶ 垃圾围村 [EB/OL]. 三农直通车网 .[2012-03-04]. http://www.gdcct.gov.cn/life/focus/ljmc/ .

化乡村社会，才是明智之举。同时，保护乡村优秀的传统与乡土特色，也是继承与延续乡村优秀历史文明的重要举措。因此，研究乡村现代化内涵与乡村地方特色的兼容具有重要意义。

现代化与传统产业的传承发展。乡村经济建设的现代化，依赖于乡村产业现代化的发展。主要指农业现代化、乡镇企业现代化发展以及乡村第三产业的发展，其中第三产业的发展则主要依赖于观光农业与乡村旅游为代表的相关服务产业的发展。设施农业、现代农业成为乡村地区多途径现代化的重要选择；同时家庭作坊、乡村传统手工业朝着乡镇企业规模化、产业化的发展也加快了乡村的现代化进程；而以观光农业为代表的乡村旅游等系列服务产业往人性化、标准化、特色化、生态化发展则更加为乡村产业现代化带来了勃勃生机。

然而，乡村现代化并不意味着现代农业全部替代传统农业，乡镇企业替代家庭作坊、传统手工，现代农业观光取代传统农业、乡土景观、传统乡村风俗文化旅游；相反地，保护传统乡村景观、保存优秀传统产业，对弘扬乡村文明、保持乡村特色，为快速的现代化城市化生活提供最后的安放灵魂的生态之地才是明智的选择。在传统产业的发展与保护方面，一些国家地区的经验值得借鉴。在绿色、生态持续的发展理念基础上，对高污染、高能耗的工业项目坚决限定，而对能为最美乡村提供经济保障的产业则加速发展。

快速的乡村产业现代化与传统产业的保存发展是共存兼容的。一方面，设施农业等现代农业的发展提高了农业的生产效率、规模效益，增加了乡村收入；另一方面，传统农业融合观光农业在乡镇企业中保存的传统匠人的手工业、家庭作坊等传统生产方式，为吸引广大城市居民回归传统、乡土自然、寻找悠然而自然的心灵归宿提供了契机，从一个特殊角度更加促进了乡村的现代化与魅力。因此，有选择地保护和继承传统产业，也是乡村现代化的另一种途径。近年来，一些实践者正在践行"慢种养"，把传统的耕作方式"请"回来：鸡散养，稻谷不用农药，按照动植物自然生长的传统农耕方式来生产种养农产品；不允许使用现代常规农业中使用的化学合成农药、肥料、生长调节剂和饲料添加剂、转基因技术等❶。

现代化与慢生活方式的保持。针对快速的城市化、现代化发展带来的生活节奏紧张、生态环境破坏、地方特色消失等问题；针对越来越多的乡村居民加入市场竞争，追求经济利益、物质化和时尚生活等问题，一些学者和地方政府认识到，传统的乡村慢节奏、淳朴自然的人际交往更有利于人的身心健康发展。在此背景下，出现了一种倡导人们保持传统乡村社区生活和节奏，建设可持续发展家园的思潮并逐渐得

---

❶ 三农直通车．新浪微博．http://weibo.com/cctcbb．

到认同,世界各地出现了一种推广"慢生活"的运动。

慢生活(slow life)运动始于1980年代的欧洲。当时,麦当劳等美式快餐随着经济全球化扩展到世界各地,冲击了意大利的特色饮食,为此,意大利人彼得里尼倡导人们放慢节奏,享受美食而成立了"国际慢食协会"抵制快餐的蔓延,改变过快的生活节奏,回归传统,在这种理念的推动下出现了"慢生活"运动。如今,"慢生活"的概念不断延伸、扩张,并被广泛接受和认同,成为一股越来越强大的国际时尚(覃立、马卫平,2008)。近年来,中国经济发展从单纯关注速度,转到注重结构优化、保障民生和国民幸福指数以及注重经济和社会的整体发展质量上来,越来越多的人开始重视生活的质量。我们倡导"慢食"和"慢生活",主张让生活节奏回归自然,透过适当而正确的方式享受生活,以使生命更有品质和尊严。

现代化与乡村传统文化的传承。乡村现代化同时也包含着文化生活的现代化。许多乡村地区,物质生活虽然快速提升,文化精神生活却并未同步提高,导致村民精神需求难以得到满足。在物质至上主义影响下,乡村居民价值观日趋庸俗化,农民的传统价值观也在这种大氛围下受到猛烈冲击,传统的道德价值标准发生了动摇,农民的小农自私性得以蔓延发展。抑制这些现象,需要倡导文明的乡村文化,开展丰富多样有益身心的乡村文化活动(曹海林,2003)。

随着乡村迅速现代化,许多传统乡村文化正在急剧流失,这种流失是乡村文化发展的一大损失。保护与发展传统乡村文化、继承优秀的乡村民风民俗与传统技艺迫在眉睫。许多传统的乡村文化精神值得进一步倡导,比如"精耕细作、日出而作、日落而息"体现的勤劳、务实的品质,尊老爱幼的社会伦理等都是值得发扬光大的优秀中华文化。在保护和传承历史文化和传统生活方式过程中,作为乡村地区的经济生活与精神生活的集中展示舞台,风貌独特、规模不一、景观多样的古镇,成为乡村地区遭受现代化浪潮冲击的第一个防波堤,有些保持了一定程度的旧貌,有些则被完全冲垮。城市居民的压力释放和文化怀旧需求,产生了大批古镇旅游客流。从这个角度来看,是旅游救了古镇,如果不是旅游者的需要以及他们带来的经济支持,城市化旋风迟早都会毁了大小远近不同的小镇。

15.1.3 乡村现代社会组织与宗族传统自治能力

我国乡村社会现代化途径正处于探索阶段,改革的方向就是更科学、更人性和更民主的社会组织体制。随着乡村综合改革的进程,乡村社会体制逐步改变,以前村域所有制结构逐渐转型为集体、农户家庭和新经济体三足鼎立的新格局。我国的实践与经验研究结果表明,现代化的乡村社会组织体制可往以下几方面改进:转变乡镇政府职能,强化公共服务,形成乡村综合服务体制和机制;把区县农村义务教育经费统筹和城乡教育资源统筹作为农村义务教育改革的关键；规范乡镇预算管理，均衡财政分配而又避免"大锅饭"；在维护乡村利益上下工夫，逐步缩小就业、就学、就医等方面的城乡差距，保障农民享有基本公共服务均衡化的权利（王景新，2008）。

现代化的乡村基层组织体制的引进有利于乡村的管理，然而以前为现代乡村体制所摈弃的乡村宗族管理、家族观念事实上并不是一无是处。与其他国家相比，中国的宗族传统厚重之特征分外明显，与思想背景比较接近的日韩等亚洲国家相比，中国的宗族传统及其自治作用较为明显。中国传统的宗族系统在维持传统乡村秩序过程中，形成了旨在劝善惩恶、协调邻里关系、稳固乡村社会秩序的重要制度规范——体现为族规家法的民间习惯法。对基于"血缘关系"的宗族共同体在传统中国乡村治理中的功能，宗族力量在现代中国社会中的影响，以及它在海外华商网络内的作用等问题，是学界已经关注和研究的领域（江扬，2011）。

中国历史上统治阶级利用国家政权的强制力量，利用宗法血缘的生理和心理基础，将氏族制发展为宗法制，用宗法血缘的纽带将"家"和"国"联结了起来。中国历史发展的独特路径，使中国人的家族观念很强。1949年之前，乡村地区农民不与国家直接发生关系，而需借助于宗族的力量实现国家与农民的沟通，不过1949年后，随着国家宏观环境与政策体制的变化，宗族丧失了这种中介地位，宗族治理作用与功能也丧失了（肖唐镖，2008）。在1950～1970年间，随着宗族合法性的丧失与组织形态的瓦解，族权被彻底地清除出乡村正式的治理体制。但是实质上，中国的宗族力量与家族观念并未完全失去其对社区的自治能力与潜在影响。在现代化、全球化过程中，家族影响力不过改变了其本身的表现方式和影响模式。与制度追求的组织性相比，华人家族企业及其商业网络的价值系统更具有自由灵活和分散性。它成为解释东亚经济起飞的另一种历史性视角，也可以补充市场竞争、制度组织和发展理论现状的不足（江扬，2011）。

通过对传统宗族系统的社会历史经验累积在现代化转型中的作用，对传统乡村治理结构影响的解析可以发现，集权中的官治并没有排斥民间社会的自治，"官民共治"的结构对新时期在城乡统筹背景下的现代乡村治理的建设仍然有着积极的启示和意义（曾宪平、谭敏丽，2010）。对于中国乡村社会的治理，我们需要重新思考，如何根据中国乡村政治文化的特点，充分利用宗法意识与宗族结构，建构官民共治的乡里制度，积极主动利用巨大的宗族内聚力，将国家权力渗透到乡村社会，从而实现对乡里社会的有效影响力，促进区域稳定与繁荣。一味模仿现代城市治理模式和西方社会制度，忽视中国乡村传统的宗族与血缘观念，并不是一个最简单、最有效的途径。

15.2 现代农业与乡村旅游：案例分析

乡村现代化的丰富内涵，有力地保证了乡村现代化的多种实现途径，而事实上除了依赖以往的工业化城镇化模式，第一产业与第三产业的结合模式是更适合乡村现代化的良好路径。农业与科技、旅游以及创意文化的完美结合，形成的现代设施农业、创意农业、观光农业的发展更快地推动了乡村现代化进程。因此，这一类的案例值得研究探讨。

15.2.1 设施农业：荷兰案例

（1）设施农业的特征

在农业现代化进程中，设施农业引领着乡村发展趋势。设施农业具有生产集约、高科技含量、高品质与种植效益的综合优势，对提高土地产出率、资源利用率和劳动生产率，增强农业综合生产能力具有重要的推动作用（谈春成，2011）。设施农业对提高农民收入，缩小工农差距和城乡差距具有重要作用，也是实现农业可持续发展的关键手段（高海珠，2004）。

设施农业具有以下两方面的特征优势（廖允成、王立祥，1999）。首先，发展设施农业是转变农业发展方式、建设现代农业的重要内容。设施农业的主要特点是利用科技设施对作物生长的自然环境条件加以适度的调控，减少或避免不利的环境影响，创造有利的环境条件，以最大限度地利用有利的自然条件和生物的潜能，转变传统的农业生产方式，在有限的土地上获得优质、高产、高效的农产品。设施农业通过工程技术、生物技术和信息技术的综合应用，按照动植物生长的要求控制最佳生产环境，具有高产、优质、高效、安全、周年生产的特点，实现了集约化、商品化、产业化，具有现代农业的典型特征，是技术高度密集的高科技现代农业产业。

其次，发展设施农业可促进农业结构调整、实现农民持续增收。设施农业依赖科学技术设施的保障，大幅度提高单产并保证了质量和供应的稳定性，极具市场竞争力，成为种植业和养殖业中效益最高的产业，发展设施农业不仅可有效地节约土地与其他资源，提高农产品的质量与产量，有力地保障了农产品的有效供给；也有助于促进农业发展、农民增收，解决农村剩余劳动力转移问题。现代设施农业是农业资源集约高效利用的重要途径，并最终促使中国农业实现由传统农业向现代化农业的飞跃。

（2）荷兰设施农业

荷兰位于欧洲西部，面积 41548km^2，地势低平，是世界著名的"低地之国"。

境内 60% 以上的地区海拔不超过 1 米，38% 的土地低于海平面，最低点为海拔 -6.7 米。人口约 1550 万，其中从事农业的人员近 40 万。面积虽小，但荷兰的农产品出口却列世界第三，仅次于美国和法国，其中蔬菜、鲜花、奶酪等均居世界出口第一，农产品的出口创汇占全国出口创汇总额的 1/4。荷兰农业的现代化程度之高主要归功于高水平的教育、科研与生产的紧密结合，工厂设施技术的应用和完善的农业产业化组织（农业协会、农业合作社和农民联合会）。荷兰设施农业发展有以下几点经验（李志，2003）。

技术先进。荷兰温室农业具有高度工业化的特征。温室生产完全可以实现按照工业生产方式进行生产和管理，玻璃温室蔬菜种植者得益于供应商建造的玻璃温室计算机控制系统，水肥供应、基质、气候、光照、作物育种、种子生产、作物保护、机械作业、内外运输以及分级和包装等方面，都采取相应的自动化控制系统。在种植过程中有其特定的生产节拍、生产周期，产品生产之后的包装、销售方面与工业生产如出一辙，因此，被称为"工厂化农业"，植物工厂是荷兰最具工业生产特点的现代化农业。在信息时代，荷兰还有高效的"农业知识网络"，农业科研的最新知识和技术成果可迅速在全国推广普及。

集约化、规模化、专业化生产。荷兰耕地不足，很注重提高劳动生产率，大多农业企业都采用集约化、规模化的生产方式。温室农业无论是蔬菜或花卉，一般都是专业化生产，多品种经营。如有专门生产西红柿的公司；玻璃温室蔬菜都由专业农场栽培，一般一个农场只种一种蔬菜，种植者集中精力专攻一门，在技术知识方面精益求精，产量提高，质量保障。

规范的市场运营。荷兰农产品销售是一个完整的体系，拍卖市场在这个体系中扮演了提供商品生产信息及产品质量标准、调节市场供需、控制市场进程的重要角色。规范化的市场体系为荷兰的温室产品快速进入消费领域提供了优质的服务和保障。温室产品市场分类较明确，比较集中的有花卉拍卖市场、蔬菜拍卖市场、温室作业机具和专用产品市场等。

重视质量和信誉。荷兰农产品的生产与销售非常注重品牌、信誉与质量，在农产品运到交易市场前要严格分级、包装，还要提供产品生产过程的全部情况（包括育苗、移栽、管理、收获、运输等）。温室企业生产的产品均标有生产厂家、注册商标和产品品牌，消费者就是通过产品品牌从市场上购买自己满意的园艺商品。

参与农业一体化服务组织。在荷兰，农户自发组织的适合市场经济的农业合作社发挥了重要作用，分为信用合作社、供应合作社、农产品加工合作社，销售合作社、服务合作社等不同类型，提供产前、产中、产后全程服务，其中包括采购生产资料、出售产品、加工和筹备资金等，基本上每个农民都参加一个或两个农业合作社。

高效率的生产、销售、服务链形成了荷兰特色的乡村现代化发展之路，高水平的教育提升了乡村农业就业人口的素质与技能，同时对环境保护的注重以及高科技与生产的紧密结合，使得荷兰农业实现持续发展与现代化的不断推进。

15.2.2　观光农业：法国普罗旺斯案例

(1) 观光农业的特征

伴随着近年来全球农业产业化发展的新趋势，传统农业正成为备受旅游业关注的一个新兴领域，地域农业文化与旅游边缘交叉的新型旅游项目——观光农业旅游应运而生。所谓观光农业，就是以农业活动为基础，农业和旅游业相结合的一种新型的交叉型产业（郭焕成、刘军萍等，2000）。它是在充分利用现有农业资源的基础上，通过以旅游内涵为主题的规划、设计与施工，把农业建设、科学管理、农艺展示、农产品加工及旅游者的广泛参与融为一体，使旅游者充分领略现代新型农业艺术及生态农业的大自然情趣的一种新型旅游形式（舒伯阳，1997）。观光农业符合生态要求的农业生产方式和经济化的土地利用模式，具有传递生态环境保护、可持续发展意识和科学考察的功能（张艳芳、李开宇，1999）。观光农业类型多种多样，从农业构成方面可以分为观光种植业、观光林业、观光牧业、观光渔业、观光副业、观光生态综合农业；依据其功能又可分为观赏型、品尝型、购物型、务农型（参与型）、娱乐型、疗养型、度假型观光农业等（郭焕成、刘军萍等，2000）。而本文的案例普罗旺斯薰衣草庄园则属观光种植业的范畴，同时也是观赏型的典范。顺应城乡居民休闲旅游的需要，观光农业将成为城郊休闲旅游的主要形式。

近年来，随着农业技术的引进与提高，国内开始出现高科技设施农业为主导的观光采摘型休闲农业，以企业为单位，大规模地在温室或改良后的土壤上发展农业种植与观光采摘。在我国众多乡村地区兴起的采摘农业、农畜认养、农地认耕、乡村俱乐部、乡村酒庄（酒吧）、乡村主题餐厅的多种业态，充分体现出现代农业发展的活力和潜力。休闲农业快速发展，呈现出资本与休闲农业快速对接的新趋势。

(2) 观光农业园

乡村观光农业被视为是继城市游乐园、主题公园之后我国旅游开发的热点之一，产生了各种形式的主题公园式观光农业园（肖光明，2004）。1990年代，乡村休闲农业在中国有了发展，出现了以北京"锦绣大地农业观光园"、上海"崇明岛生态农业园"等为代表的观光农业园。2011年8月，农业部颁布的《全国休闲农业发展"十二五"规划》更是指出要大力发展集农业生产、农业观光、休闲度假、参与体验于一体的休闲农业，到2015年，休闲农业要成为横跨村乡镇县第一、第二、第三产业的新兴产业，成为发展新型消费业态和扩大内需的支柱产业。观光农园对于乡村和城市的发展具有双重作用。一方面，观光农园是农业生产的一部分，提供农业产品，满足人们的物质需要；另一方面，它是乡村旅游的一部分，能提供旅游服务，具有休闲、娱乐和健身的功能，具有较强的参与性，游客可以通过参加农业生产劳动，体验农业生产、农产品自助餐饮的趣味，作为一种普及农业知识的方式，观光农业还实现了积极的户外教育目的。观光农业通过旅游及农产品贸易方式，实现着城乡之间的经济互动和社会交流。2010年，北京共有农业观光园1303个，涉及延庆、密云、怀柔、房山、通州等10个区县，解决了42561名农民的就业❶。受北京市地形地貌和城市发展的双重影响，观光农园主要集中于与中心城市交通联系便捷的区域。由于受交通条件和时间成本约束，使农业旅游资源开发呈现由近郊农业旅游向远郊农业旅游的空间开发顺序。

市民农庄是经营者将土地分割成块，租给城市居民，使其在这块土地上自主决定种何种农作物的旅游产品，耕种、管理等具体环节可以由消费者自行管理，也可以由专业的技术人员进行代管，收获的农作物全部归消费者所有。绿色食品、有机食品等安全食品广受消费者的欢迎，目前在北京郊区已经出现了这种产业类型。

(3) 普罗旺斯薰衣草农业观光

普罗旺斯位于法国的南部，从地中海沿岸延伸到内陆的丘陵地区，中间有罗纳河（Rhone）流过，拥有众多历史城镇，自古就以靓丽的阳光和蔚蓝的天空令世人惊艳。普罗旺斯不仅因其薰衣草浪漫的气质而名扬海内外，众多的历史古城镇、深厚的文化积淀、顶尖的葡萄酒生产基地，都是其久负盛名的因素。普罗旺斯的薰衣草品质堪称世界之冠，多数分布在僻远的山区。6、7月是薰衣草盛开的季节，花香袭人，漫山的紫色，高贵、忧郁、浪漫的气质吸引力成千上万的海内外游客前来观赏。普罗旺斯的薰衣草观光旅游是一种结合农业种植到生产销售香料、香薰农产品再到旅游的一种产业模式。其成功经验有以下几点❷：

政府支持。法国政府高度重视薰衣草产业的可持续发展，围绕提高农业生产率、增加农民收入、稳定市场以及保证高质量农产品专业化生产，出台了相关农业信贷政策、农业生产价格补贴政策、农用燃油减税政策等。在农业机械化新技术、新机具推广初期，国家对农机购买者给予补贴、优惠贷款等扶持政策，以鼓励高效低耗、高技术含量的专业化配套机具的研发、生产与推广，这些优惠和补贴直接给予农民。国家还专门组建了薰衣草产品研究机构，于1970年代就完成了种质资源的收集与品种培育等工作，培育品种达到300多个。

---

❶ 北京统计局. 北京统计年鉴. http://www.bjstats.gov.cn/nj/main/2011-tjnj/index.htm.
❷ 法国薰衣草特种香料产业发展给我们的借鉴 [EB/OL]. 百度文库 [2012-04-16]. http://wenku.baidu.com/view/4bd44f1efc4ffe473368abc4.html.

历史文化积淀。从中世纪开始，普罗旺斯居民便利用野生薰衣草制作香粉和药物，薰衣草种植户都具有丰富的香花香草知识，他们熟悉薰衣草的发现、发展、应用的历史文化。居民将薰衣草视为一种骄傲的珍贵物品，自发地为其做宣传。特别是薰衣草开放的季节，组织各种节庆活动，如薰衣草采摘节与薰衣草集市等。而要到花田亲近薰衣草，可采用自驾车、骑自行车或随团旅行的方式，不少旅行社推出了半日或一日"薰衣草之旅"，花农们还组成了一家名为"薰衣草之路"的组织，专门负责薰衣草宣传工作。

高度机械化栽培抬升种植效益。劳动力成本过高也是影响法国薰衣草产业发展的一大因素，因此，普罗旺斯的花农及政府一直致力于高机械化程度的栽培模式及相关机械的研究。薰衣草从种植到收获、加工基本实现了全程机械化。

观光旅游与产业延伸相结合。薰衣草旅游产品的开发，促使每年有数百万人涌入普罗旺斯的蔚蓝海岸，为了看一看风起云涌的薰衣草，塞南克修道院成为眺望薰衣草的最佳舞台，艾克斯则是世界上规模最大的薰衣草连片种植基地，这些地方因为薰衣草而成为人们神往的地方，旅游者吃饭、住宿、消费等成为拉动地方经济的主要源泉。旅游者到了这里，必然要对薰衣草的历史及文化有进一步的了解。农户除接待旅游团之外，还代售一些薰衣草产品，从而增加了农户增收的渠道。普罗旺斯的薰衣草庄园除吸引每年的观光游客之外，还将其生产的薰衣草香料、精油产品延伸至美容、香薰、按摩、保健、花草茶叶、家居饰品等诸多领域，各种产品开发达上千种。

高品质保证薰衣草庄园可持续发展。普罗旺斯成立了香料农业合作社和薰衣草委员会，根据地理条件和环境条件，把管辖区域进行产区划分。产品收获后，农户将提炼的精油样品送至薰衣草委员会进行初检，对精油进行人工分级，对符合要求的精油送至研究机构的实验室进行化学分析，合格产品则给予 AOC（原产地命名控制）标识，再根据化学成分含量进行产品销售和应用。在产品应用上，一般原生薰衣草用于医用、食用类产品，而混种薰衣草多用于日用品的生产等。多层环节的控制，确保了薰衣草产品的天然、原生态等优势，为薰衣草产业健康发展提供了重要保证。

15.2.3 乡村旅游：中国安吉案例

(1) 乡村旅游的特点

1990 年代后期，以国家旅游局推出的"城乡游主题年"为标志，乡村休闲进入了乡村旅游阶段。2006 年，以国家旅游局推出"乡村旅游年"为标志，乡村旅游进入乡村度假阶段。利用乡村独特的生态景观、民俗文化、传统产业、土特产品等优势，产生了乡村民俗旅游、生态旅游、文化旅游、影视旅游等多种旅游发展形式。乡村旅游产品内容丰富，有农业会展、观光采摘农园、市民农庄、民宿农院、休闲度假村和乡村别墅等几种类型。各种乡村休闲旅游产品并没有明确的划分界限，并且产品类型在实践中得到丰富和富有想象力的创造。其中，乡村体验不仅成为大众旅游市场新的需求趋势，直接以寻求独特乡野体验的小众旅游市场（利基旅游市场）也增长迅速，如乡村野营、乡村自驾、乡村摄影、乡野探险等。作为重要的乡村旅游开发形式，各种乡村旅游节也受到众多地域的青睐和热捧。这些与城市景观差异明显的各类地域形态，使乡村旅游具有丰富的开发形式和广阔发展前景。随着现代旅游者追求"生态"与"个性"的需求增多，现代旅游业的经营触角不断向未知领域延伸，乡村旅游就是这一新领域的产品。乡村旅游是以乡村特有的文化景观、生态环境、农业生产活动为基础的一种旅游形式；其主要旅游资源既包括乡村自然景观，也包括了乡村传统农业劳作、乡村农耕文化及民俗文化、乡村民居建筑等人文旅游资源（刘红艳，2005）。乡村旅游通常是不同产品类型的叠加，并不存在绝对单一的产品类型，这是由于乡村本身丰富的旅游吸引物和旅游者的不同兴趣所导致的。例如，农家乐就是融合了田园观光和民俗体验的乡村休闲类型。

乡村旅游及其带动的相关餐饮、住宿等服务产业是乡村第三产业的主要形式之一。乡村旅游是富民惠民，加快推进新农村建设的有力抓手。大力发展乡村旅游，是社会主义新农村建设的重要组成部分，是加快城乡经济统筹发展、实现产业联动和以城带乡的重要途径。科学保护和合理开发各类乡村风光，宣传文化和生活吸引，开展乡村观光、休闲、度假和体验性旅游活动，对进一步保护生态环境和弘扬民族文化，丰富和优化旅游产品结构、产业结构、区域结构和市场结构都有着积极的作用。

乡村度假是在乡村地域发展的，满足休闲、娱乐、疗养、商务、度假、会议、康体等多种动机的旅游开发形式。与观光农业相比，乡村度假具有经济效益高、逗留时间长、综合性接待等特点，一般采用企业化运营模式。但在开发初期，农户自行开发的民宿农院常常作为先锋产品进入乡村度假市场，该模式是农家自主经营，将自有的农家小院提供给游客住宿，并为其提供各种精品农家菜肴。游客可以通过住宿农院，感受当地居民的生活习俗，在住宿期间进行观光、采摘等休闲活动，住宿价格较低。另一种方式就是利用农民闲置的房屋，开发租赁性质的乡村度假物业，既充分利用了农民的闲置房屋，同时保证了其每年的固定收入，同样也为城市居民提供了感受农家生活的空间。

（2）浙江安吉乡村旅游❶

安吉位于浙江西北部，是全国著名的竹乡和首个生态县。区域面积 1886km²，

---

❶ 安吉乡村旅游资料由浙江省安吉县旅委提供。

人口 45 万。近年来，安吉县委、县政府坚持实施"生态立县"战略，以打造"中国美丽乡村"、"中国大竹海"两大县域品牌为抓手，全力推动休闲农业与乡村旅游的转型升级，全县休闲旅游产业呈现出强劲的发展态势。作为长三角地区生态山水优势明显、地域文化特色鲜明、经济后发优势强劲的发展中的山区县，近十年来，安吉县坚持推进长三角休闲经济先行区建设，乡村旅游逐步向规范化、精品化发展，旅游富民效应日益显现。促进各旅游重点乡镇有关基础设施、公共服务及全县乡村旅游交通大环线建设，全面实现"村村通"、"景景通"无障碍旅游。

作为休闲旅游业的重要组成部分，安吉的乡村旅游历经了培育、发展、规范、提升几个阶段。通过十余年的发展，规模不断扩大、管理日趋规范、质量稳步提升、品牌逐步打响，已成为安吉休闲旅游产业重要而又独立的特色品牌之一，被国家农业部和国家旅游局命名为"全国首个休闲农业与乡村旅游示范县"。学者们也对"安吉模式"给予高度评价，发展休闲农业与乡村旅游，使安吉农业资源和生态资源变成了农业资本和生态资本，在第一产业向第三产业转化升级的过程中，生产要素产生了重新定价，农民恰恰是生产要素重新定价的最大受益者。❶

在生态规划的大框架下，安吉修编完成全县旅游发展总体规划、休闲经济五年发展规划、打造休闲经济先行区行动计划等，优化休闲农业与乡村旅游发展布局，科学编制《安吉县"十二五"旅游目的地规划》，把深化乡村旅游内涵开发作为规划的主要内容，加强对文物遗迹和民居、街道等古老建筑的保护，充分利用安吉竹乐、畲族歌舞、舞龙等特色文化项目，开发具有文化内涵的旅游项目。目前，安吉共有农家乐 580 户，床位超万张，成功创建省级农家乐精品村 2 个、省级农家乐特色村 8 个、省级农家乐特色点 3 个（王长玉，2010）。全县有 6 个乡镇以乡村旅游业作为主导发展产业。全县乡村旅游经济发展初具规模，具备了一定的综合接待能力，形成了一定的产业优势（王长玉，2010）。扶持农户开展传统手工艺、农副产品加工，使更多的农民成为制作、生产乡村旅游商品的能工巧匠。鼓励企业与村、农户开展合作，按照公司化、市场化的模式加强对农林土特产品和本地特色旅游商品的深度研发，对乡村旅游商品的研发、技术支持、售后服务、品牌推广、物流等方面进行扶持引导。

15.2.4 创意农业：特征与模式

(1) 创意农业的特征

创意文化与农业的结合发展，促进了创意农业的兴起，为乡村地区的多途径现

---

❶ 班若川. 安吉模式：休闲农业与此昂村旅游发展的鲜活样本. 中国旅游报，2009-10-28.

代化提供了一种新的选择道路。创意农业擅长利用农村的生产、生活、生态资源，发挥创意、创新构思，研发设计出具有独特性的创意农产品或活动，以提升现代农业的价值与产值，创造出新的、优质的农产品和农村消费市场与旅游市场，具有加快乡村现代化进程的强大潜力。借助创意产业的思维逻辑和发展理念，人们有效地将创新的科技和人文要素融入农业生产，进一步拓展农业功能、整合资源，把传统农业发展为融生产、生活、生态为一体的现代农业，即所谓的创意农业（孙大鹏，2010）。创意农业的内涵就是将科技、文化、知识产权、人的创造力等各项资源通过创意的手法变成生产要素投入到农业，提高产业附加值，创造财富。其特色及其优势在于能够构筑多层次的产业链，通过创意把文化艺术活动、农业技术、农副产品和农耕活动，以及市场需求有机结合起来，形成彼此良性互动❶。具体说，创意农业是以市场为导向，以农业生产为依托，以创意为核心，将农业生产和艺术创意相结合，生产创意农产品和设计创意农业活动，以提升产业附加值、实现资源优化配置的一种新型的农业发展模式（秦向阳、王爱玲等，2007）。

　　创意农业起源于1990年代发达国家，跟随"创意产业"理念在英国、澳大利亚等国与地区形成并迅速向全球扩展。将农业与农村的自然资源以及农民的智力资源通过创意转化为动力，推动农业与农村的发展，这是发展创意农业的共同出发点。这种将科技和文化要素融入农业生产，进一步拓展农业功能，提升农业附加值的新兴特色农业成效显著。而将创意与各类农业资源结合在一起，就形成了典型的创意农业案例，比如创意酒庄、创意果庄、创意农庄、创意生态园、创意农场、创意茶园等。

　　伴随着农业技术的创新发展，创意农业在我国也发展起来。中文"创意农业"一词最早由厉无畏提出，创意农业实践者马达飞指出❷：创意农业是中国农业现代化的探索过程，创意农业是创意经济的有机组成部分，通过创意打破一产、二产、三产等产业之间业已形成的壁垒，通过产业联动，重组为一种新型的经济形式，符合国家发展文化创意产业的总体国家战略。因此也可以说，创意农业为乡村现代化提供了一个新视角。

　　农业会展业是创意农业的高端形态，是世界农业最新、最前沿成果的集中展示，是农业国际贸易的平台和信息中心，被称为农业发展的风向标（张文茂，2010）。北京农业会展蓬勃发展，昌平国际草莓节、第三届北京国际现代农业展览会、第十四届中国国际花卉园艺展览会等一系列国际性农业会展在京举办，也标志着其进

---

❶ 创意农业基本[EB/OL]. 百度文库, 2010-05-02 [2011-12-17]. http://wenku.baidu.com/view/0f25507302768e9951e7382d.htm.
❷ 马达飞. 创意农业——传统农业的创意革命. 新浪博客. 2011-12-08[2011-12-17]. http://talk.weibo.com/ft/201112082917.

入了一个国际化领域。农业会展不仅可以为业界提供交流平台，同时也是市民旅游的新项目。农业会展的举办需要具有便利的交通系统及完善的配套设施，因此，举办地多为会展中心或距离城市较近的农业示范园区，如北京草莓博览园距城中心约35km，举办第三届北京国际现代农业展览会的中国国际展览中心距城中心约7km，举办第十四届中国国际花卉园艺展览会的北京展览馆距城中心约6km，可见农业会展的空间分布与展览馆的分布情况具有相关性。

创意农业的理念指导农民将农业的产前、产中和产后诸环节联结为完整的产业链条，将农产品与文化、艺术创意结合，使其成为具有高文化品位、高知识化、高赢利性、高附加值的产品，通过智能化、特色化、个性化、艺术化，创造出既具有观赏价值、充满文化韵味，又具有科学教育、娱乐意义的新型农产品，实现资源优化配置，产生更高附加值，促进农业增效、农民增收的多重效果，是建设社会主义新农村的一种新型农业生产方式❶；此外创意农业的发展不仅可提高乡村居民的创意能力、审美情趣，也可提升他们的文化素养以及生态意识；为加快实现乡村现代化建设提供有力的支持。

（2）创意农业的几种发展模式

目前国内外较受认可的创意农业模式可以分为创汇模式、生态模式、社会模式和综合模式等几种类型❷。

创汇型模式。荷兰创意农业是以创汇经济功能为主的创意农业，由荷兰高度发达的设施农业发展而来。主要是以园艺业和畜牧业为主的出口型农业。荷兰借助于发达的设施农业，集约生产经营花卉、蔬菜及奶制品，使其人均农产品出口创汇居世界榜首，成为世界创意农业的典范。荷兰创意农业重点发展具有设施园艺技术辐射、园艺产品集散、农业生态观光功能和地区专业分工的创意农业生产体系。

生态环保型模式。法国创意农业就是属于以生态环保功能为主的模式，以大田作物为主，采取较大规模的专业化农场生产，逐步减少小型农场。巴黎的创意农业对城市食品供应的功能并不明显，突出农业的生态功能，利用农业把高速公路、工厂等有污染的地区和居民隔开来，营造宁静、清洁的生活环境。

生活社会功能型模式。德国创意农业主要形式是休闲农庄和市民农园。市民农园是利用城市地区或近郊区之农地、规划成小块出租给市民收取租金，承租市民可在农地上种花、草、蔬菜果树等，让市民享受耕种与体验田园生活，树立新的生态价值观，在人类与大自然之间建立一种新型的伦理情谊关系，人类才会从内心深处

---

❶ 袁华. 创意农业. 百度文库, 2011-03-07[2011-12-17]. http://wenku.baidu.com/view/0a18a6d87f1922791688e800.html.

❷ 创意农业. 百度文库, 2011-01-19[2011-12-17]. http://wenku.baidu.com/view/93bbd5c6aa00b52acfc7ca73.html.

尊重和热爱大自然。

综合功能模式。日本创意农业发展重点是设施农业、加工农业、观光休闲农业、多样化农业，属于综合功能的创意农业，重点开发农业的绿色、环保、体验、休闲和示范功能，建设以高新技术产业和镶嵌式多功能的"绿岛农业"为两大特征。日本的创意农业主要集中在三大都市圈内，即东京圈、大阪圈和中京圈，以蔬菜、水果、多作物、多品种生产为主，主要为市民提供优质农产品和满足绿化环境的需要。

马达飞指出：创意农业从类型上可分为生产型农业和服务型农业两大类，并将其公司发展的创意农业方向定义为三个模式：第一、社区农场——把城市社区与自然农作物相结合，打造一个小型农场与住家相结合的生态体系循环的田园城市，让建筑物的顶楼、阳台、楼前空地以及办公空间都能种上绿植，让城市人足不出户就能感受到大自然的气息。第二、城郊农场（近郊型农业），在城市近郊设置休闲农场，城市人可以在农场里面进行土地领养、采摘、休憩、度假，享受田园生活和绿色假期。第三、远距农场（远郊型农业），在偏远的地区设置农场，通过土地认养以及互联网络远程监控，实现网络订单，提供城市居民远程种植或团购订制食品，令人安心、放心地食用安全农产品。❶

15.3　高尔夫驱动型乡村现代化

随着休闲旅游的需求增加，高尔夫及其相关度假旅游的发展在中国也呈现较快发展态势，虽然政府特别是中央政府对高尔夫发展一直持谨慎和限制态度，但中国高尔夫事业随着高球被纳入夏季奥运会竞技比赛项目、中产阶级的逐步形成和壮大，中国高尔夫产业的发展已经成为不可回避的话题。但是，由于高尔夫运动占地较大、使用灭虫剂和化学肥料可能会产生土壤污染，每个场地参与运动的人数容量较小，以及精英阶层参与较多、普通民众对高球运动的社会距离较大等原因，中国在相当程度上存在对高尔夫运动的妖魔化现象。实际上，如果加以适当的引导，高尔夫发展完全可以成为带动其周边乡村现代化的一个积极推力。

15.3.1　中国高尔夫发展现状与趋势

从欧美国家体育休闲行业发展经验看，人均收入达到6000美元时进入快速发展阶段，休闲体育消费构成发生较大变化，高尔夫等项目消费突增。据预测，2015

---

❶ 马达飞．创意农业——传统农业的创意革命．新浪博客，2011-12-08[2011-12-17]. http://talk.weibo.com/ft/201112082917.

中国人均GDP和高尔夫球场总数的关系　　　　表15-1

年份	球场总数	人均GDP（美元）
1985	2	290
1990	10	341
1995	23	601
2000	98	946
2003	210	1270
2008	287	3404
2009	348	3739
2010	395	4382
2011	—	5184

资料来源：International Monetary Fund[1].

年中国人均收入达到5247美元，届时中国高尔夫将会产生突增的变化。1985年中国仅有2个高尔夫俱乐部，2009年增加至348个，表15-1显示出人均GDP的增长和高尔夫球场数量增长的紧密关系。

据中国高尔夫协会的统计，自1984年广东中山建设中国第一个高尔夫球场以来，中国高球人口数从无到有，逐步增加。2001年中国高球人口约30万，到2010年时增长到500万，预测2020年将上升至2000万，相应地，球场数量也会突破1000个。与发达国家相比，中国的高球人口数在总人口中的比例以及每万人拥有的球场数都明显偏低。美国总人口3.2亿人中，高尔夫人口达3000万人；日本总人口1.2亿人中，高球人口为1600万人；韩国4800万人中有500万人打高尔夫。这些国家的高尔夫人口都大于总人口的10%。而中国目前13亿多人口中仅有300万人打高尔夫，高球人口仅占总人口的0.2%，显示未来数十年需求存在巨大增长空间。据《2011-2015中国高尔夫市场研究预测报告》预测，根据中国经济持续、稳定、高速的增长水平，2015年中国高尔夫球场数量将赶超日本，达到2700座，年消费将突破两亿场次。

高尔夫产业与多种产业具有较强关联作用，高尔夫度假村可以建设成为复合型旅游目的地。在乡村地区，以高尔夫度假村为核心，在先期规划与后期管理推动引导下，可以促进周边地区的城市化进程。通过高尔夫度假村的建设，可以完善城市基础设施，改善城市环境，促进城市更新。高尔夫旅游的开展可以使乡村地区的剩

---

[1] International Monetary Fund, 2011, World Economic Outlook Database, [2011-10-29]. http://www.imf.org/external/pubs/ft/weo/2011/02/weodata/index.aspx.

余土地获得新的利用价值（经济与社会价值），促进乡村经济的发展。高尔夫度假村可以改变原有传统的经营模式，不断地开发各种休闲、娱乐、健身产品，来满足度假客人的多样化需求。在产品开发过程中增加相关产品的开发，从而增加新的利润增长点，提高附加值，带动地方经济。除了休闲度假功能外，利用高尔夫球场举办球赛不仅可以带来大量的游客消费，还可以吸引媒体，提升当地形象。

15.3.2 高尔夫驱动型乡村现代化的发展模式

高尔夫驱动型乡村现代化是指以高尔夫为主的休闲度假村开发带动周边的现代化与城市化过程，以高尔夫度假村作为乡村地区现代化的一种动力，形成以它为主要产业支撑点的旅游小城镇，使区域经济转型或区域功能多元化。通过发展高尔夫，实现了从原始乡村向以第三产业为主导的旅游城镇的转变。与过去以工业化为主导的城市化不同，高尔夫驱动型乡村现代化在城市化进程中，经过正确的制度设计与政策引导，尊重自然环境和文化遗产，可以实现与当地社区发展的有机结合，是一种差异化的现代乡村发展之路。高尔夫休闲度假产品具有海外吸引力，对自然禀赋良好、经济不够发达的地区来讲，或许是一个可以考虑的发展模式。

高尔夫驱动型乡村现代化模式重视人口职业转变、产业结构转变和土地及地域空间转变，形成以高尔夫为核心吸引物，兼容多种旅游或非旅游活动，集中多样休闲、游憩、娱乐、商业、运动、度假等多功能的综合开发产业链，形成一套完整的地块高端综合发展模式，实现从原始乡村向以第三产业为主导的现代旅游城镇的提升，为当地带来环境效益、经济效益和社会效益，从而推动乡村现代化进程。

高尔夫驱动型乡村现代化的发展模式分为三个部分，第一为环境建设，第二为项目建设，第三为配套设施建设，最终使原始乡村形成旅游城镇。从土地及地域空间来看，原始乡村可以通过地块的禀赋分析，打造因地适宜的自然景观，建设独特的高尔夫球场。球场并非一定占用良好农田，并非一定绿草如茵，美国沙丘高尔夫俱乐部享有很高的知名度。在重视生态保护的基础上，进行环境建设，使原始乡村得到一系列的改进，基础设施提升，交通体系完善。此后引进运动、休闲、康体、度假、养生类项目，直接吸引海外游客和远程游客。项目经营为当地带来可观的经济效益，使原始乡村积累足够的建设资本，从而提升配套设施的建设，形成兼酒店、社区、配套商业、高球产业为一体的综合产业。

综合型高尔夫度假村的建设对周边地区的带动作用，除激活地方经济、增加就业机会、扩大地方财政以外，还具有促进当地社会文化发展、提升环境质量，提高乡村的发展水平，促进实现乡村健康现代化的目标。在项目规划建设和开张运营过程中，要引导开发商注重本地乡村地区的现代化发展，原先主要从事第一产业的农村剩余劳动力可以参与环境建设、项目建设、配套设施建设，建设后期接着为高尔夫度假村提供各种劳务服务，实现人口职业从第一产业向第三产业的直接转变，实现就地就业。通过乡村高尔夫度假区建设提高改善基础设施和多种现代公共服务，使当地农民享受城市的生活质量，真正提升乡村居民的幸福指数。

15.3.3 乡村高尔夫与社区关系

乡村高尔夫与社区经济发展。高尔夫休闲产业已成为当今世界最具发展前景的朝阳产业之一。高尔夫产业与其他行业相结合，产生的连锁效应将促进当地经济发展。乡村高尔夫度假村产业是利用观光、休闲、运动、酒店、餐饮、交通等旅游休闲基础设施，生产出各种与旅游相关的商品，并与其他产业相关联的综合服务业。高尔夫产业并不是一个独立的产业，而是以高尔夫为中心形成的横竖交叉的产业结构网，而且随着世界经济的发展和人们生活水平的提高，其结构网更加紧密，发展潜力十分广阔。布莱索利斯提出GCD (Golf-centered Development) 模式，即以高尔夫为中心的发展模式，强调了高尔夫是当地区域发展的原动力 (Briassoulis, 2007)。高尔夫旅游已经是全球化的现象，并成为重要的旅游细分产品，而且高尔夫游客为旅游目的地社区带来巨大的经济利益 (Hennessey, Yun et al, 2010)。高尔夫产生的财政效益及其对经济、社会文化、环境上的影响，已经成为了全球的讨论热点 (Davis & Morais, 2004; Palmer, 2004)。

高尔夫度假村带动地区经济的案例俯拾皆是。北京京城高尔夫球场的前身是一个传统的农业村庄，当地农民靠种玉米为生，是重点贫困乡村。建设高尔夫球场时投入近千万元作为村庄的移建及补偿费用，为140个当地农民提供了球场就业机会，该村成为当地有名的富裕村。其后周边农村开始宅基地改造，并有一批房地产项目应运而生，改善了当地的经济环境。

乡村高尔夫与周边社会发展。社会化是高尔夫对于乡村地区现代化过程中的一个贡献，具有带动该地区的社会现代化的作用，当地居民能从高尔夫发展中受益、参与、获得就业的机会以及社会交流。在目前各地高尔夫建设中，并未重视推进高球运动的社会化作用。所谓高尔夫社会化，是指高尔夫的供给公共产品化、使用者大众化、场内外成员建立良好社会融合渠道等。通过鼓励建立更多公众高尔夫球场，限制会员制等侵占公众利益的高尔夫球场的建设，以综合土地开发模式（TOLD）建设高尔夫导向型旅游小城镇，促进社区融合，从社会、经济、体育、文化需求等层面综合考虑，防止开发孤岛化，建设良好分配机制，实现高尔夫的社会化。

从社会发展的视角来看，高尔夫不仅体现了文化传播的作用，在城市与区域规划方面，高尔夫行业的发展改善了一个城市或区域的社会环境，促进当地的绿色工程建设和可持续发展，提高文化品位。在个人需求、市场供给和政府职能等各方面的推动下，高尔夫大众化成为中国高尔夫发展的必然趋势。由于过去较长一段时间以来，中国高尔夫球场的高投资、高消费的定位，使得高尔夫运动失去群众基础，陷入了封闭性经营之中，制约了产业化发展，在开始转变的前期，高尔夫度假村大众化经营必然需要面对遭遇到的各种困难。

高尔夫社会化在其他国家已经有例可循。在亚洲的韩国，高尔夫球作为一项户外运动虽然起步较晚，但是，1997年参加高尔夫球的人数也达到了200万人次。在韩国，政府强制要求建设会员制高尔夫球场的开发商必须同时建设公众高尔夫球场。在建设大众球场遇到用地、工程费用等困难的情况下，法律规定会员制球场需要提供相等金额的公众高尔夫球场建设费用。在政策和市场需求支持下，据韩国高尔夫经营者协会的统计❶，2000年韩国建有108个会员制球场，到2010年增加到213个，10年内会员增加97%；由于每建设一个会员制球场开发商都要拿出相应的公共球场赞助金，公众球场数量从2000年的40个，增加到2010年的169个。据Korea Leisure Industry Research Center（韩国休闲产业研究所）2011年统计❷，2010年韩国公众球场的经营利润率达到34.7%，远高于会员制球场的11.8%。可见，韩国的高尔夫早已脱去了"贵族"气息，逐渐趋于平民化、社会化。

要求高尔夫面向大众，不仅仅是发达国家的普遍趋势，还基于中国休闲资源短缺的基本国情。中国观光资源非常丰富，但休闲度假资源非常短缺。中国大众休闲度假需求的日益增长与度假旅游资源供给严重不足的局限性，导致了休闲旅游产业的发展缓慢。借鉴发达国家的高尔夫政策措施及实证案例，提高高尔夫球场的大众使用率，无疑是中国休闲、度假目的地建设的一个重要战略选择。

乡村高尔夫与生态环境控制。随着中国高尔夫球场数量的迅速增多，"高尔夫球场是否会给周围环境带来不利影响"成为公众关注的焦点问题。高尔夫度假村的开发确有污染环境的可能性。过去若干年来，很多高尔夫球场没有采取保护生态环境、污染防治及节水等环境保护对策，普遍存在环保审批、验收手续不完备等情况，这需要政府部门、管理机构、环境组织、高尔夫球场本身的共同努力。

高尔夫度假村的环境影响，主要涉及高尔夫球场建设对生态系统的影响，高尔夫球场养护草坪树木过程中施用化肥、农药对水体和土壤产生污染，以及高尔夫球

---

❶ Korea Golf Course Business Association. 2010 National Golf Course status. 2011-02-14.http://www.kgba.co.kr/media/press_view.asp?mode=23&searchItem=2&keyword=265%&id=797910.

❷ Korea Leisure Industry Research Center. Analysis of 2010 Golf Course's actual operating results. 2011-04-18.http://kolec.co.kr/bbs/view.php?id= kolec_1&no=130.

场耗水量大等问题。为了挖掘高尔夫产业的潜力，实现有竞争力的可持续发展，对高球开发一定要高度关注环境影响，实施有效的管理和控制（Videira, Correia et al, 2006）。由于耗水量是普通草坪的数倍、喷施化学农药对地下水造成污染、增加水体的氮和磷含量等，高尔夫球场被认为占用大量的土地，并污染环境。

如何降低环境方面的不利影响？我们认为将有机农业模式引进高尔夫球场管理，能够实现低碳环保的高尔夫开发。就像有机农业那样，可以提出"有机高尔夫"概念。第一、政策的支持和投入科研经费，来制定有机高尔夫的标准体系。要把环境影响评价作为球场建设和运营过程中污染防治的重要手段，健全针对生态环境保护及定期监测等相关政策；第二、创新球场规划设计规范，不使用人工合成物质如化学农药、生长调节剂等，采用一系列与生态和环境友好的景观设计技术，遵循生态系统原则，满足更广泛休闲度假者需求，减少热点地域环境压力，还可以有利于环境状况的改善。通过建设有机化高尔夫度假村，给当地居民勾勒健康的区域发展蓝图，引导形成区域开发的共识，提高人与自然的和谐绿色城镇形象。如果持之以恒地做下去，在合理的养护管理条件下，高尔夫球场的建设和运营不会对环境造成明显的不利影响。而且在很多情况下，高尔夫球场的建设往往会推动环境质量改善，对城市绿化、扬尘控制等方面有积极作用。

15.3.4 高尔夫驱动型乡村现代化案例

美国夏威夷和韩国济州岛高尔夫度假村均属于以群岛和海湾发展的观光度假游为主动力，推动城市化与乡村现代化发展的模式，度假村的发展与当地旅游发展模式具有较大的一致性（Prideaux, 2000）。

（1）美国夏威夷

夏威夷的经济主要以旅游业为主，其美丽的热带风光每年吸引数以百万计的世界各地游客。夏威夷的高尔夫度假村产业随着旅游的发展而壮大，从1927年维艾勒伊乡村俱乐部（Waialae Country Club）正式对外开放以来，目前球场数量已经达到130个，高尔夫产业收入占夏威夷总收入的60%（Kim, 2007）。夏威夷经济繁荣贡献最大的产业部门就是旅游业，作为夏威夷旅游业中心的檀香山（Honolulu），2009年在全球生活质量排名为28位。檀香山是人口87万的小城市，而具有35个高尔夫球场❶。檀香山的高尔夫球场运营形态非常多样：当地居民使用的球场（Municipal）；任何人都能使用的大众球场（Public）；军人及其家人的球

---

❶ State of Hawaii Data Book. Resident Population of Islands 1950 to 2000.http://www.hawaii.gow/dbedt/info/ecnomic/databook/db2004/section01.pdf.

场（Military）；会员专用的会员制球场（Private）；平日给非会员开放的半会员制球场（Semi-Private）；给度假村酒店客人优先权的度假村球场（Resort）等。1970年，夏威夷也发生过当地居民反对高尔夫球场建设的事件，反对的主要争论是高尔夫球场建设会对环境、社会和文化产生影响，与传统夏威夷独特的生活方式相冲突（Wyllie，1998），但是官民双方通过共同调查得出结论：高尔夫是夏威夷的主要产业，因此，夏威夷官民双方都为高尔夫旅游发展而付出了努力。外国游客优先的高尔夫球场预定系统，对当地经济带动作用显而易见。

(2) 韩国济州岛

发达国家与发展中国家的城市化区分为是否基于工业化。发展中国家城市化的特点是第三产业为主的人口现代化，韩国庆熙大学 Song（1980）认为韩国属于后者。韩国大多数城市的第三产业人口比第二产业人口多，第三产业的贡献值决定此地域的城市化（或乡村现代化）推动力是否为第三产业。基于该理论，在韩国第三产业乡村现代化的最佳案例是济州岛，在济州岛除了济州市以外的大部分区域是乡村状态。旅游业、度假村与酒店业、高尔夫休闲体育业、交通业等整个济州岛第三产业可谓是济州岛的最主要经济动力（Song，1980）。

1991年，韩国政府通过济州岛开发特别法之后，在济州岛开始建设了大量的高尔夫度假村。据2010年济州岛地方政府的统计，目前在济州岛运营中的高尔夫球场有28个，加上建设中的球场，总共35个。数量占韩国高尔夫度假村总数8%以上，每个球场平均雇用职员150名。在济州岛，高尔夫度假村被评价为具有巨大经济效益的项目。

济州岛三大产业之一的高尔夫体育产业是引导济州岛经济快速增长的绿色产业，济州岛的高尔夫体育产业包括高尔夫休闲度假村、高尔夫比赛、高尔夫选手转地训练、高尔夫旅游等。据济州发展研究院2009年的报告，济州岛高尔夫度假村的经济效益可分成三方面：举办体育比赛带来的经济效益；训练团访问带来的经济效益；高尔夫游客访问带来的经济效益。此三方面的经济效益产生了三方面的增长量：生产值增长，附加值增长，雇用人数增长等❶。

济州岛高尔夫度假村带来了济州岛当地居民的产业结构变化，目前济州岛的第三产业从事人口达到77%，而且第一产业从业人口的比率为19.6%，和全国6.6%比较是非常高的，这种产业从事人口比例证明济州岛独特的城市化过程，正是保护原始自然环境和当地居民的农用土地，加上高尔夫度假村和旅游休闲服务产业的积

---

❶ Jeju Development Institute, 2009. Strengthening the competitiveness of the industry of golf in Jeju island scheme research report.

极开发,引导地区经济发展,实现绿色现代化。

(3) 中国海南岛

中国的高尔夫球产业正面临着巨大的历史机遇,经济的发展和奥运的推动使中国也正在向大众普及快步前进。高尔夫进入奥运会,对高尔夫是一项健康的体育运动的理念会有深入的推动。在中国高尔夫快速发展的大环境下,云南、海南和山东是高尔夫旅游开展较好的省份,这些省份的政府与旅游部门进行合作,把高尔夫旅游作为促进地方经济发展的新增长点。海南经过建省以来 20 多年的发展,旅游业已经成为支柱产业,在国内也成为首选的旅游度假目的地。目前,海南已经形成了两大重点产品:一是滨海度假,二是高尔夫球场。

海南是集合休闲度假、体育娱乐、观光游览的旅游目的地,其拥有开展高尔夫旅游不可多得的资源优势。根据海南省统计局 2008 年的研究报告,海南拥有的高尔夫球场数量仅次于广东、北京、上海,在全国排名居第 4 位。在海南 18 家国际标准高尔夫球场分布在东海岸沿线上,大致可分成海口、博鳌、兴隆、三亚四大片区,这四个地区也是海南岛已经开发出来的主要旅游区。海南省政府明确指出,高尔夫产业是建设国际旅游岛的重要产业,也将成为海口打造"中国高尔夫旅游之都"的全新发展目标的有力支撑,为全国高尔夫市场的形成、职业高尔夫运动的发展、高尔夫旅游的崛起做出了特有的贡献。高尔夫吸引国内外高端客源,有效地延长游客停留时间,是促进海南由观光旅游为主向休闲度假旅游为主转变的重要抓手和主要产品。我们相信,经过政府引导和企业与社区的共同努力,海南通过乡村高尔夫事业的发展,必将成为当地乡村现代化、城镇化的重要推动力之一。

(朴志娜、肖金玉、吴必虎 执笔)

第十六章 环城市乡村发展模式

环城市乡村某种意义上相当于城市郊区,但有时会与城市行政管理范围并不一致。大城市郊区是中心城市与经济腹地联系的通道,区位条件优越,交通便捷。作为城市的外缘地区,城郊地区是城市地域结构的重要组成部分,是城市环境向农村环境转换、城市功能与农村功能的过渡地带,是城乡建设中最复杂、最富变化的地区(崔功豪、武进,1990;廖静娴,2007)。在城市内边缘区,城市因素不断增加而乡村因素正在迅速衰退,社会经济结构和生活方式都表现出许多现代城市特点,从而形成了一个城市功能和乡村功能互为渗透、社会经济发展特殊而又十分活跃的地带。对于环城市地区,学术界有很多不同的术语,包括"城市边缘地带"、"乡村—城市边缘带"、"城乡结合部"、"城市交错地带"、"城市影响区"、"都市郊区"等诸多名词表述,所概括的都是一个城市功能与乡村功能互为渗透、互为影响、互为作用的地区。由于这一地区的发展背景非常独特,环城市乡村的发展必然具有自己的形成规律和特殊模式。

16.1 环城市乡村概述

因受城乡二元体制长期影响,中国城乡经济社会发展存在严重的不平衡现象,这种不平衡已经成为目前中国经济和社会发展中的一个严重问题。在环城市乡村地区,因为双方相互作用更强,这一矛盾显得更为突出。如何提高环城市地区农民收入,实现乡村经济社会的健康发展,更好地与城市社区的互动对接,推动环城乡村社会的和谐进步,是中国大规模城市化进程中一个不可忽视的重大现实问题。

16.1.1 环城乡村的特征

环城市乡村是乡村的一种特殊类型。所谓乡村,在不同的社会发展阶段具有不同的含义。进入 21 世纪的中国,乡村仍是一类相对独立的具有特定经济、社会和自然景观的地域综合体。根据我国行政区划,将国家行政建制设市市区以外的广大地区都归类于乡村地域,包括城市郊区、建制镇及其他农村(渔村、牧民聚居地)地区。界定"乡村"需要满足如下条件:①有别于城市环境和纯自然的荒野环境,有较低密度人口的人文聚落散布于其中的地理空间；②土地利用中，农业（牧业）和林业等土地利用特征明显；③小体量、低层次的聚落，建筑物与周围环境具有景观一致性；④在较为质朴的乡村生活环境中，当地居民持有较为传统的乡村行为方式（孙明泉，2008：52）。广义地来理解，乡村地域还应包括城市建成区以外的各类非城市景观地域，如草原、湿地、丘陵、山地、湖泊等。与一般乡村地区相比，环城市乡村在具备上述基本特征之外，还具有其自身独特性质，需要予以专门的研究关注。

环城乡村一般为城市管辖的一类特殊社区，在生态、文化、经济上与中心城市均有密切联系：从生态上看，环城市乡村承担城市绿带建设与保护责任，起着重要的生态补偿功能；从经济上看，环城市乡村与城市有着紧密的经济联系，其生产的商品和服务也主要为中心城市提供，是城市的蔬菜、肉食品、水果与花卉苗木基地，具备仓储功能，是城市的服务基地、会议培训基地和城市居民休闲度假活动领域；从文化上看，环城市乡村是城市本土文化的基因库，城乡文化交织，人口流动密集而频繁，文化均质性不强（表16-1）。

环城市乡村的主要特点 表16-1

总体特征	与城市有紧密交流的农民、农村、农业为主要特色
生态特征	城市生态屏障、城市绿带、生态补偿、碳平衡基地
经济特征	工业开发区、副食品基地、仓储用地、休闲度假会议活动场所
社会特征	本土文化基因库、教育功能、流动人口密集、文化冲突、社会隔离
基础设施	外部可达性基础设施集中、给排水与垃圾污水处理、民政服务设施
客源市场	稳定的城市客源市场，重访率高，有季节性

城乡差异性是客观存在的，城市和乡村发展各自面临的问题可以通过城乡互补加以修复。环城乡村存在的价值，就在于它对城市发展具有的互补作用。如何基于环城市乡村独特的地域空间环境，根据环城乡村的自然资源、乡村风光、乡村居所、生产形态、民俗风情、生活形式和乡村文化等自身条件，利用城乡差异来引导环城乡村的可持续发展是本章锁定的一个重要研究目标。

16.1.2 中国环城乡村现代化的困境

环城市乡村地区的发展，与其中心城市的发展具有千丝万缕的联系。在沿海发达地区，包括江苏、浙江、上海、广东等省市，大中城市周边乡村通过乡镇企业崛起的形式，接纳了当地农村人口和外来地区的富余劳动力，完成了现代化的原始积累，原有农村经济结构瓦解，当地农民生活水平迅速提高，生活方式与现代城市生活方式基本无异，呈现出城乡一体化特征。与此同时，信息化带来的分散化浪潮使先行发展和崛起的大城市，出现居民向郊区和附近小城镇迁移的逆城市化现象。这些沿海地区城市周边的乡村地区，已经面临较大的来自双向的人口流入压力：一方面来自其他省区的打工者，另一方面来自中心城市的外迁居民。沿海地区城市与周边乡村之间的经济关系呈现逐渐递减的圆锥形落差格局。

但是，我们应该注意到，在更多的非沿海地区，各级城市周边的乡村地区，由于并不具备孕育和支持乡镇企业发展的条件，或者在全球化工业集聚背景下工业产品市场竞争中的普遍败北，大多数环城市乡村地区的发展并未与中心城市建立起如同沿海地区那样普遍广泛的联系，出现了所谓圆柱形的城乡经济发展落差格局：城区经济水平明显高于周边乡村，城乡之间出现突然降落的经济陡坡。普遍推行的工业化并未让乡村地区实现现代化或者提高相对生活水平，相反地，出现了离城市地区越来越远的差距。

尽管东西部之间环城乡村经济格局具有不同模式，但改革开放30多年来，中国多数环城市乡村地区却都有类似的发展问题，乡村以工业化为主要途径实现了一定程度的现代化，但与此同时带来的乡村与城市的同质化、乡村生态破坏等问题应该引起我们高度注意。大量工业企业外迁至环城乡村地区，将会产生两方面的影响，一方面促进了当地的现代化，另一方面破坏了当地的生态环境。在工业已经蔓延入侵的地区，广大乡村地区短时间内集中了大量工厂企业、生产和生活设施，改变了原有乡村的生产方式和生活方式，乡村生态环境特别是大气质量和水体质量出现普遍的恶化现象。由于并未意识到乡村发展模式的特殊性和保留乡村对城市具有的生态价值，环城乡村一味比照大城市发展模式，产生"畸形"城市化，迎宾大道、中心广场、政府大楼成为新时代乡村建设"必备的三件套"。

在环城乡村发展出现的诸多困局中，最为严重和突出的问题是对"被城市化"的村民土地的褫夺和从土地增益中利益分配权的剥夺。为了加快当地城市化、城镇化步伐，赶在短短的官员五年任期期限之内做出显著的政绩，各地普遍出现了求速度、赶进度，忽视社会和谐与工程质量的"白加黑、五加二"大跃进现象。环城市乡村地区农村集体土地大量被征用、失地失业农民不断增多，"土地城市化快于人口城市化、职业城市化快于社会城市化"等问题大量存在，使得环城乡村居民成为彻底"无地、无技能"的"无产阶级"，对我国城乡社会稳定产生了不良影响。城市化不简单等同于城市的建设，也应该包括所有经济空间领域的建设，但这一点却常常被忽视，城市化变成了简单的土地占用先行、地产先行，产业跟进常常脱节❶。

在对城市周边乡村土地的征用拆迁工作中，由于政策导向、利益分配和官员腐败问题难以克服，在速度压倒一切的思想指导下，出现了一系列的强拆行为，地方政府与失地农民之间就拆迁安置与经济补偿问题常常达不成共识，引起大量官民纠纷和频繁上访，导致政府形象受损、社区矛盾激化，影响了环城市乡村地区的社会稳定和整体发展。究其原因，就在于征地补偿理论与制度设计上的缺陷（高勇，2004）。土地征收使当地农民就业率下降，失地农民缺乏长期的生存保障机制。

为了防止失地农民生存状况恶化，解除失地农民后顾之忧的根本措施在于做好失地农民的就业安置和社会保障（刘乐、杨学成，2009），鉴于我国实情，应当首先为失地农民建立社会养老保障和医疗保障制度，其他社会保障措施也应及时、逐步建立（陈信勇、蓝邓骏，2004）。减小失地农民的维权成本、增加失地农民的征地收益、加大对地方政府违法征地的惩罚力度，可以促使地方政府与失地农民之间的博弈均衡更合理化，可以有效抑制地方政府违法征地的冲动，减少失地农民上访维权的现象，避免征地冲突的发生，促进社会经济和谐发展（谭术魁、涂姗，2009）。

16.2 中心城市对周边乡村地区的影响

上文已经述及，环城市乡村地区的发展必然与其所在的中心城市存在紧密的关系，要探讨环城乡村的社会经济发展，同样离不开中心城市对其产生的正面与负面影响的分析。城市与乡村不同的发展方向和各自承担的不同功能，并不妨碍两者在现代化进程中发生有机的整合。城市边缘区发展变化的每一个方面都涉及城市总体环境系统的不同要素，并与城市地区一直保持一种密切的空间关系。因此，两者的发展是相互依托的（崔功豪、武进，1990）。

16.2.1 郊区化

城市与其周边乡村为一有机整体，其间亦有能量交换和扩散。从扩散角度看，更多的是从城市向乡村辐射。城市功能结构的转变及空间结构的分散是现代城市发展的趋势，这一点在欧美地区更为明显，学术界称之为人口的郊区化。第二次世界

---

❶ 李国平. 地产先行不能与产业跟进脱节[EB/OL]. 网易, 2012-04-06[2012-04-17]. http://bj.house.163.com/12/0406/14/7UDQLLST00073SD3.html.

大战后，随着高速公路的发展及计算机的广泛使用，美国城市化进入由聚集转向分散的郊区化时期。在这一进程中，人口、传统的制造业及传统的服务业由市区向郊区转移，城市则由制造业中心转变为智力中心（徐和平，2000）。从发达国家走过的道路来看，主要经历了4次从中心城区向郊区外推的浪潮，即人口的郊区化、工业的郊区化、商业的郊区化和办公业的郊区化（周一星，1995：100-102；石忆邵、张翔，1997）。

第二次世界大战后，美国的城市郊区化主要分为3个阶段：第一阶段：政府大力建设公路网解决这一过程中交通的问题，实行优惠政策鼓励市民将住宅迁到郊区，1950年代到60年代是居民外迁的高潮期；第二阶段：在郊区城镇建立大型购物中心等商业网点及将工厂企业搬到郊区，从而使城市中心的功能发生巨大的变化；第三阶段，在周边郊区的基础上建立具备居住、购物、娱乐等城市功能的新城镇，并将一些企业迁往郊区，提供就业岗位。到1990年代大约有一半的人口已经迁居于郊区。

在我国实施加快城市化战略的过程中，在全国或区域中心城市的中心凝聚力逐步得到增强的同时，也出现了类似的郊区化现象，中心城市对近郊城镇及乡村的城市化进程产生了巨大的影响。这种影响包括：①工业企业外迁人口向郊县扩散；②交通道路（高速环线等）等基础设施建设向郊外扩散；③房地产开发向郊外扩散；④大型城市公共设施（娱乐中心、超市等）建设向郊外扩散；⑤建设范围突破了行政界线的限制等（刘丽嘉、李婧等，2011；高向东、张善余，2002）。

实际上，人口郊区化与工业郊区化是相伴而来的孪生现象：随着中心城区产业结构的调整，一些原先布局在市中心的工业企业搬迁至城市郊区，出现相应的人口扩散现象。以上海为例，1990～1999年间，由于大量工业企业外迁，就业岗位分散，企业多数新建于浦东新区、闵行、宝山、嘉定等城市近郊区，人口和企业以同心圆式向外迁移扩散，其结果是离市中心2.5km环带内，人口减少约18%，2.5～5km环带内，减少约12%，5～7.5km环带内，人口增加约8%，7.5～10km环带内，增加约50%（高向东、张善余，2002）。

人口郊区化带来一些新的社会问题值得政府及学界注意，例如，城市拆迁安置小区向郊区移动，安置区居民的人口结构层次降低，交通出行不便、费用和时间增加，生活服务设施使用不方便，以及迁居带来的较长时期的心理冲击。师资力量不强，造成就业、就学困难不愿意外迁，这种人户分离的状况给小区管理带来诸多不便，给社会治安和邻里关系带来隐患（贺崇明、邓毛颖，2001）。

与农业级差地租相比较，土地位置和土地资本对城市级差地租的形成起决定作用（陈征，1995）。由于土地级差地租的经济规律的作用，在中国改革了土地无偿划拨使用的机制之后，人口、产业、城乡关系的格局及其变化出现了与土地使用成本直接挂钩的现象。正是基于这样的级差地租作用，推进了工业郊区化的发展。王桂新、魏星（2007）曾对1996~2001年间上海从业劳动力的空间分布及其变动特征进行了分析，发现第二产业主要表现为由中心城区向郊区扩散的较大范围的单向均衡化变动；第三产业从业劳动力空间分布的变动则相对更向中心城区集聚，上海城市功能分异正向中心城区以"商"为主、郊区以"工"为主。

中心城市与周围地区存在着明显的发展梯度，然而由于两者之间的社会经济关系十分密切，所以，经济地域结构是过渡性的和可进入性的，而不是嵌入式或板块式的二元结构。依托大型交通枢纽城市所发展而成的区域性中心城市，可能会形成环圈式区域层次结构：紧邻核心城市的是以郊区为主体、一体化程度很高的内环区域；其外是受到城市强烈辐射影响的中环区域；再往外则是城市影响相对较弱、处于城市经济区边缘地带的外围区域（张复明，2001）。多重郊区化的结果，可能会在某些地域围绕中心城市形成若干边缘城市（edge city），这一概念最初于1991年由美国学者埃尔·嘎罗（Joel Garreaul）提出，又称外围城（outer city）、卫星城（satellite city）或郊区城市（suburban city）等，是指在原中心城市周围郊区发展起来的兼具商业、就业与居住等职能的综合功能中心。"边缘城市"是美国城市郊区开发的产物，代表了美国城市发展的新趋势，即在扩散中又相对集中，城市结构则由单中心向多中心转变（赵鹏军、彭建，2000）。

国际发展经验表明，大都市生产者服务业具有强烈的向中心商务区聚集的特征，但同时随着产业分工深化和技术进步，也具有向郊区扩散的趋势。不过，与工业郊区化速度相比，中国各地城市服务业的郊区化过程尚未进入明显发展阶段。例如，在分析了北京市的金融服务业、信息咨询服务业、计算机服务业三大类生产者服务业的空间分布和聚集情况后，发现北京的生产者服务业向郊区扩散的趋势并不明显（邵晖，2008），说明中国目前的郊区化尚还停留在人口与制造业郊区化的阶段。众所周知，工业郊区化与商业及生产者服务业（办公业）相比，产生更多的环境风险；这个阶段性特征，给环城市乡村带来更多的是生态环境压力，中国环城乡村面临着比西方更大的挑战。

16.2.2　社会示范

中心城市对其周边乡村地区的另一个重要影响是社会、文化方面的引领和示范作用。本书第三章曾经述及人的个体及社会发展需求也是城市化的一个动力。为什么人们希望从乡村进入城市、从中小城市迁移到大中城市？为什么大城市的生活方式、思想观念会对中小城市和乡村地区的居民产生某种程度的影响？除了物质便利的诱惑，也有精神领域的感召。中国长期以来实行的户籍控制人口向大中城市自由迁移的政策，更进一步强化了人们的移徙期望。但与大量观察、分析中心城市对其腹地区域的经济影响文献（崔功豪、武进，1990；吴良镛、武廷海，2002；余泽忠，2004）形成强烈差异，学术界较少关注中心城市对周边地区的社会、文化带动与示范作用。实际上，城市与环城市乡村在文化上的单向影响关系，深刻地改变着环城市乡村的社会变迁和文化发展。如果说，乡村地区的传统文化对城市本身的可持续发展仍然具有正面的作用的话，如何防止环城市乡村传统文化及其景观的过快消失，应该成为学术界、决策者和当地社区十分关注的问题。

城乡之间区域交通条件的改善，很大程度上加快了城市对乡村地区文化和社会生活的影响。在直接层面上，无论是城市的对外交通，还是城市与郊区之间的内部交通，都会对城乡之间的文化交流、更主要的是城市对乡村地区的文化与社会生活产生很大的影响。不同的交通轴线对周边地区带动作用有不同的影响（朱杰、管卫华等，2007）。在间接层面上，城市与乡村地区之间存在的经济地位和社会地位上的不同，也会对环城乡村带来文化方面的影响（刘海洲、唐秋生等，2007）。

城乡之间的户口控制，不仅在医疗、养老制度和中小学教育质量等物质方面有差异，也无形中暗示、强化了城市对乡村地区的等级位差。很多地方政府为了躲避社会责任，提出了"离土不离乡"的人口移动政策，即接受了乡村地区的劳动力但又不愿承担这些已经进入城市的人口的社会保障义务。今后的改革方向应是"离土又离乡"的劳动力转移方式，但这一改革有赖于户籍制度的改革（王君，2002）。

城市土地市场和住房市场的建立，对城市及其周边区域的社会空间结构产生重要影响。顾朝林、王法辉等（2003）对北京的城市社会区进行的研究结果显示，土地利用强度在形成新的城市社会空间结构过程中发挥了关键的作用，其分布呈同心圆模型。这一结果说明城市区域的形态类型、权力大小、社会示范作用等，都呈现从市中心向郊区逐步变化，主要是逐步减弱的现象。城市社会对郊区社会具有较强的影响力。基于这样的观察，如果环城市乡村不注意当地文化的保护和再开发，就很有可能在城市中心区的示范作用的影响下，逐步被同化而消失。

16.2.3 乡村旅游客源地

城市发展到一定程度后，大量城市居民进入周边乡村进行观光游览以及相关休闲娱乐活动，从而推动乡村观光旅游业的发展和兴盛，是世界范围内城市发展过程中出现的普遍现象。城市居民的出游中，40%以上的目的地是城市周边的乡村地区[1]。巨大的市民周末游憩市场在近距离出行规律的作用下，频繁地指向郊县区（吴

---

[1] 国家旅游局，国家统计局.2000年"十一"黄金周旅游统计报告.旅游调研，2000(49).

必虎，2001）。

在传统的城乡关系中，乡村农产品主要销往城市以满足城市居民的生活所需，乡村以此获得经济来源。但与销往乡村的城市工业品相比，传统农产品的经济收益越来越低。现代城乡关系中，更常见的情况是，中心城市凭借强大创新能力和管理水平，生产、销售面向周边乡村地区的各种产品，乡村居民需要出钱购买城市提供的这些产品和服务。就环城市乡村来讲，乡村地区能够向城市居民出售的产品，除了传统农产品，更重要的就是乡村休闲度假服务，城市居民愿意出钱购买乡村的现代服务。此外，乡村地区为城市提供生态环境服务，城市应该为此向乡村支付生态补偿，也属于这种情况。

在此情形下，中心城市大量的休闲度假客源是现代城市对周边乡村地区产生重大影响的一种新的表现形式。农业旅游的发展，可以进一步增加城市与乡村之间的经济互动，通过旅游业的附加值，乡村地区取得更多的经济利益，从而促进乡村的发展，形成良性循环。乡村旅游在促进乡村经济多元化、扩大就业率、推动地方经济等方面的积极作用（World Tourism Organization，1993；1997）❶。多数学者都认同城市居民流向郊区的乡村旅游对乡村经济产生的促进作用（李慧欣，2003；Oppermann，1996）。例如，北京市农业观光园年收入从 2005 年的 78810 万元增长到 2010 年的 177958 万元，增幅近两倍之多，城市居民对北京农业旅游的推动、对乡村地区经济增长的贡献十分显著。

16.3 环城市乡村发展规划

面对城市化进程不断加快，新城、卫星城不断在城市郊区涌现，环城市乡村地区如何应对城市向外扩展的影响，如何保持"乡村性"这一自身魅力，并实现经济效益、社会效益和生态效益的协同发展，是环城市乡村发展规划必须要关注的问题。

16.3.1 规划原则

城乡一体化。城乡统筹是我国全面建设小康社会提出的"五个统筹"之一，充分体现了国家对于农业、农村和农民问题的重视。城乡统筹的主要目的是建立城市带动农村、工业反哺农业的长效机制，促进城乡协调发展，最终通过城乡互动实现城乡共赢的发展格局（孙业红，2011）。在城乡统筹的战略高度上全面对环城市乡村地区进行科学规划，达到城乡人流、物流、资金流等资源合理流动和优化配置，

---

❶ 北京市政府关于加快全市乡村旅游发展的意见．索引号：01618087-8/2010-00083，2010-12-01．

在城乡统筹的战略高度上对环城市乡村地区进行规模化、规范化、产业化运作，这需要政府主导、市场推动、各方参与。信息化的瞬时性、低成本、不受物理交通可达性限制、渗透性和倍增效应，对推动城乡一体化具有重要意义，对乡村发展和创新具有前所未有的积极影响。

可持续发展。环城市乡村的可持续发展原则，要求实现资源可持续利用、环境可持续支持、居民邻里与外来访客之间和谐相处。资源利用的可持续性是指在乡村的开发经营过程中，要保证自然和文化资源能够不受或者少受损害，以使资源可以永续利用。只有保证资源利用的可持续性才能实现乡村的健康和谐发展。要实现自然环境的长期可利用、居住生活环境要实现优美整洁，防止乡村环境污染，保持卫生质量，居民之间、居民与访客之间，皆能持友善、好客态度，使城市居民能够体验田园牧歌式的生活，使当地居民从乡村发展中获益。

乡村性及其保护。乡村性包括乡村性空间和乡村性意向感两部分。从空间上来看，"乡村性"是城市之外，在城市-乡村-自然的连续空间中与乡村社区有密切联系的地域空间单元。从景观上来看，乡村景观主要由乡村聚落形态、乡村建筑和乡村自然与社会文化环境所构成。乡村旅游目的地一般缺乏高品位的观光资源，同时城市郊区由于受到城市化影响明显，其乡村性日益丧失，所以生产、生活、生态三位一体的乡土性休闲空间和场景是核心竞争力之所在，是乡村旅游的独特卖点。也就是说，乡土性越明显，与城市的差异性越大，乡村旅游的竞争力越强，对城市居民的吸引力越大。因此，乡村旅游目的地进行开发规划时，首先应该坚持乡土性原则，应当充分利用当地的乡土元素，保持乡村资源的乡土性和原真性，营造乡村意象，尽量采用当地传统民居建筑风格；绿化树种的选择多采用乡土植物，不轻易大兴土木，尽量保持原有乡村景观结构；采取适当的鼓励措施，保持当地农业文化形态（孟明浩、顾晓艳等，2006）。在乡村建设过程中，要克服照搬照抄城市建设的弊病，充分体现乡村朴素、宁静、生态的特质。

社区参与。由于受到城市人口和工业郊区化和中心城市社会文化的示范作用的双重压力，环城市乡村地区往往在社区发展过程中处于被动、失权的境地。如何在政策保障、程序设计等方面充分体现对当地居民的公众参与的权利的尊重，使其有更多机会参与到乡村发展决策过程之中，需要我们予以更多重视。这样做，不仅可以为当地社区带来更多的福利，有利于资源与生态环境的保护，也有利于农村产业结构的调整和当地居民形成对地区开发的正确态度。环城市乡村发展的目标之一就是增加当地居民的收入，促进经济社会的快速向前发展，只有当地居民充分参与到开发的过程中去，才能使其有较长的时间品尝到乡村开发带来的经济成果，从而调动他们发展乡村经济的积极性，实现农村经济社会的健康稳定发展。

16.3.2 土地利用规划

在快速工业化、城市化的中国，环城市乡村的发展之所以那么引人关注，其中一个最直接、最关键的因素就是城市在向外扩展、膨胀过程中不可避免地出现对环城市乡村土地占用的需求。在实现土地功能转移的过程中，中央政府的价值观、地方政府的财政依赖、开发商的利益空间、当地居民的利益分享等诸多诉求，难分难解地纠缠在一起，构成了这个地带土地利用规划的高度复杂性和不稳定性。按土地功能和利用类型的差异，环城市乡村土地利用形成了主要的6种发展途径，即生态用地、农业用地、工业用地、基础设施用地、休闲游憩用地和房地产开发用地。

（1）生态用地规划：环城绿带

环城市乡村地区具有丰富的自然资源，是城市绿肺功能的生态载体，发挥着城市绿带、都市农业的绿化、净化和美化作用，营造着人与自然、城市与乡村和谐的生态环境，促进城市的可持续发展。早在19世纪末，霍华德就提出田园城市（garden city）理念，主张在城市周围保留充分的自然绿地，以防止城市无序扩张并提升城市生态环境。实际上，在城市周边保存和设立特定的生态绿地（绿带）已成为现代城市建设的惯常认识。170多年以来，工业化与城市化进程让人们对城乡互补关系有了深刻认识，环城市乡村在城市生态体系中扮演的重要角色已经成为公众的普遍认识。以"反规划"为代表的城市规划理论（俞孔坚、李海龙等，2008），通过景观规划途径，通过优先建设城市生态基础设施应对快速的城市扩张。这一背景下，环城市乡村成为城市生态涵养的重要地域，且城市建成区密度越大，对建成区外的缓冲和保护区域的需求越强。其中，环城绿带作为城市生态基础设施，其价值难以用金钱衡量。

环城绿带（green belt around city）是指在城市周围建设的绿色植被带，是城市绿色廊道（生态廊道）的一种，即在一定规模的城镇或城镇密集区外围，安排较多的绿地或绿化比例较高的相关用地，形成环绕城市建成区的永久性开敞空间（汪永华，2004）。环城绿带成为抑制无限制城市蔓延的一项重要措施。欧洲有丰富的环城绿带发展经验，他们立法确定环城绿带的永久性边界，充分利用社会闲散资金、发行债券等融资方式进行建设，并在绿带范围内开发一定的游憩空间供城市居民旅游、休闲、娱乐。北京在1958年提出在城市中心区与边缘地区设置绿化隔离带。上海在1995年提出在城市外环线外侧，环绕整个城市建500米的环城绿带，该环城绿带内提供了体育、教育、娱乐等多种形式的休闲活动，且很多带有公益性质，大大降低了城市居民游憩活动成本（吴国强、余思澄等，2001）。据测算，上海环城绿带生态系统具有的7项生态系统服务功能，总价值有望达到每年8.99亿元，其中调节温湿度和净化大气环境是最主要的两项，价值合计占 63%[1]。

城市绿化带的建设有利于增强城市的自然生态功能，改善城市大气环境与水环境，保护地表与地下水资源，调节小气候、减少城市周围地区的裸露地面，减少城市沙尘，并可以为野生动植物提供生境与栖息地，提高了城市生物多样性（何星，2007）；通过绿带，营造与当地自然条件相适应的绿地系统，能有效控制城市过度扩张，促进城市可持续发展，将城市与自然生态有机结合起来，促进城市整体的健康发展。

除了成片规划建设的以乔木、绿地为主的城市绿带，环城市乡村通过基本农田保护区政策保护下来的农业土地利用方式，也对城市的健康发展提供了重要生态功能。例如，《北京市土地利用总体规划（2005—2020 年）》根据城市空间发展战略规划，已经在北京市各城市组团（分中心）间划定一定面积的成片基本农田，作为绿色开敞空间保持各组团之间的隔离性。保护基本农田覆盖率，发挥农田的生态服务功能，在"宜居城市"建设中将起到重要作用。在许多城市空气质量严重下降，PM2.5 值偏高以至于影响市民身体健康的情况下，环城市乡村农业可以营造绿色生态景观，降低城市二氧化碳的含量，为城市提供更多新鲜的空气，也为特有生物物种保留了生存空间，维持着城市的生态平衡。

（2）农业用地规划：城市农业与现代农业

农业是乡村地域的基本生产活动，环城市乡村同样没有完全放弃这个传统。不同的是，环城乡村的农业更容易引进现代设施农业理念，并形成与其他地区农业不同特色的城市农业。1977 年，美国农业经济学家艾伦·尼斯发表了《日本农业模式》一文，明确提出了城市农业（urban agriculture）的概念，因为这一概念首先被日本和台湾地区所使用，因而更多被译成都市农业。所谓城市农业是指紧密依托城市并服务于城市、集约经营、具有多元化功能和明显的"城市性"特征的现代农业产业。

与传统乡村农业不同，城市农业是位于城市边缘一定动态范围内的农业地域类型，依托城市经济和社会发展，以生产城市居民必需的农产品（特别是鲜活农产品）为基础，以生态保育、环境保护为重点，具有集高效、集约、生态、产业化、科技化的特点（李洪庆、刘黎明，2010）。工业化大幅提高了农业生产集约度提高，产量增大，农业本身经济方式也已经变化，工业化背景下出现的设施农业、有机农业越来越普遍。由于城市农业位于城市边缘，其边界范围受到诸多压力，因此，城市农业的发展不够稳定。

现代农业更注重新技术、管理方式的应用和经营模式的更新，具有更高的生产

---

[1] 沈敏岚. 申城环城绿带初具雏形. 新民晚报，2012-1-18(1).

效率和产业收益，成为乡村农业转型的主要方向之一。和发达国家相比，国内农业现代化进程较慢，发展水平较低，除去农地产权等方面的问题之外，乡民观念、管理体制、政策引导等方面也相对滞后。近年来，随着城市发展和居民生活水平的提高，对农副产品的需求不断增长，为环城市乡村农业提供了充分的发展动力。在一些大中城市，乃至小城市周边，都出现了不同程度和规模的现代农业作业区。然而，目前的环城市乡村农业大多停留在"大棚经济"层次，需要持续推动产业链的延伸、不断扩展市场，逐步实现规模经营。突破农业产业系统的局限，不仅需要大力借助现代化技术和设施提升农作效率，还需要注重农业"三产化"发展，使农业生产过程成为吸引各类消费人群、产生收益的有效途径。

城郊农业的发展不断受到其他土地利用方式的竞争。随着城市化进程的不断加快，城郊土地价格不断上涨，城郊农业的发展模式如果仅从经济效益来看，很难与伴随着城市扩张而带来的城郊工业、城市开发区、住宅地产等业态的竞争。为了保持环城乡村的生态涵养与平衡功能，提高城郊农业的综合效益，将城市农业与休闲旅游业相结合，大力发展观光农业、休闲农业、乡村度假等经济效益较强，对就业拉动比较明显的新型综合业态，不啻是一项双赢的战略。国家旅游局为了支持、促进农业旅游的可持续发展，专门面向乡村地区设立了全国农业旅游示范点项目。

（3）工业用地规划：城市开发区与城郊工业园

在郊区化过程中，工业由中心城区向外围地区推进，出现了所谓的工业退城入郊现象。计划经济时期的城市内部的国有企业进入市场经济以后，基本方式是工厂退城入郊，就是把市内的工厂搬迁到郊区规划的工业园区，把腾出的土地拍卖盘活，增加企业的货币资本，加快企业改造创新的步伐（张怀文，2004）。城郊地区的土地利用由原来的农业为主，逐步成组团状发展形成城郊工业区和经济开发区。从区位上来看，我国的经济开发区多属远郊型和近郊型，有一些开发区在快速发展过程中逐步在城区外形成了独立的增长极，其功能也由单一工业加工区走向具有综合功能的新城区，并成为许多大城市突破中心城区发展约束的契机（邢海峰，2003）。但在这一过程中，"摊大饼"式城市扩展使城市建成区规模扩展迅速，失去有效的控制。赵鹏军、彭建（2000）指出，我国城市开发区规划仍旧沿用一般的城市规划理论与方法，偏向两个极端——"小而全"的孤岛城区与功能单一的工业区，规划缺乏开发区的特色，这在各地经济技术开发区规划建设中都有不同程度的表现。

生态工业园通过一个区域内物流和能源的正确设计模拟自然生态系统，形成企业间共生网络，达到减少废物，实现园区污染"零排放"的目标，从而成为各国可持续发展的主要模式之一（鲁成秀、尚金城，2004）。生态工业园中的企业改变了污染处理方式：从企业对污染的末端治理为主向全过程污染预防与控制为主，再辅以末端的污染治理方式,能最大限度地减少污染。废物相互利用的企业链将一企业生产的副产品用作另一企业的原料,形成能源的不断循环,实现价值的增值,并减少最终废料的排放量,尽量少破坏环境(埃尔克曼,1999中译本:21-23)。生态工业园强调以生态为中心,工业体系与生态环境相协调,实行循环经济模式(易成栋、罗志军,2002)。生态工业园的规划建设是一项复杂的系统工程,需要借助多学科的理论支持,而且它是在可持续发展成为全世界共识、环境保护得到空前重视的背景下开展起来的,因此,可持续发展理论、工业生态学、循环经济理论以及景观生态学、系统工程学等成为生态工业园区规划建设的重要理论基础(鲁成秀、尚金城,2004)。

在同一经济发展水平上,开发区的土地利用结构、土地开发率、地均投资强度以及开发区的土地市场发育程度和工业用地出让的市场化率是影响开发区土地利用集约程度的重要驱动因素。由于存在功能定位不清、产业结构趋同等问题,开发区的土地浪费与低效利用现象很大程度存在于各个城市郊区开发的新区之中(吴郁玲、曲福田等,2006)。

与老城区相比,开发区市场经济发展的步伐更快,可以说三资企业和私营企业在大部分开发区占据了主导地位,这意味着市场的权力在持续扩张而政府的权力在不断减弱。在宏观层面上,经济权力正在从政府向市场大规模转移,市民社会在城市开发区已经获得了生长的土壤,为市民社会的培育创造了良好的条件(许传新、陈国华,2004)。

(4)服务性基础设施规划:外部交通枢纽与大学城

城市基础设施,尤其是大型基础设施往往布局在与城市距离适中的周边乡村地域。在净空限制和通勤时间的妥协下,距离城市20~40km的地带成为城市对外联系航空机场选址的热点区域。机场作为城市最重要的基础设施之一,具有推动城市经济和提升城市品牌双重意义,是城市重点打造的关键地段之一。以机场为核心,形成包括酒店、餐饮、会展、物流、仓储、商品销售,甚至高尔夫、跑马场、温泉度假、赛车场地等服务设施在内的土地综合开发,是现代空港建设的主流模式。

以高速铁路、城际铁路为代表的现代铁路客站是带动环城市地域发展的另一重要设施。铁路客站通常是酒店、房地产、商业等建设的集聚区,成为城市近郊"铁路经济圈"。如扬州、泰州、常州、苏州等地围绕新铁路客站进行大规模的近郊土地开发,迅速形成新的城市建成区(新市区)。在一些大城市,还出现了交通设施综合体建设倾向,如上海虹桥交通枢纽,集铁路、航空两大基础设施体系于一体,成为带动上海西侧地域、辐射江浙的大型城市发展地段。

21世纪初以来,城市郊区出现了一股城市中心区的大学校园外迁现象。实际上，将大学等教育设施布局在城市周边的郊野地域是欧美等发达国家普遍采用的做法，这种开发方式也被越来越多的发展中国家和地区所借鉴和应用。早期大学城建设规模有限，近来大学城土地利用规模整体上扬，规划面积在50km²以上的大学城屡见不鲜（洪世键、张京祥，2009）。在环城市地域建设大学城，不仅将大量学生、教职员工群体迁往乡村地段，还带动周边地区的商业零售、金融服务、住宿餐饮、娱乐休闲等功能开发，由此引发相应的设施建设及各类土地利用的变化。

(5) 城郊游憩用地规划：休闲与娱乐公园

郊区作为城市的绿色开敞空间，是久居城市的市民向往的旅游去处（吴必虎、黄琢玮等，2004）。城市化速度加快，促使城市居民产生更多的到周边乡村去享受悠闲生活情趣、放松身心的休闲娱乐、旅游度假需求，这既是工业型城市化带来的城市问题的影响，也是进入休闲社会的必然要求。对于城市来讲，乡村是传统的大众化休闲地区，它广袤的乡土空间更是重要的休闲目的地，可为不同层次、不同类型的个性化城市居民户外活动提供场所，乡村休闲目的地多数临近聚落或大型城镇（甘巧林、陈忠暖，2000）。环城市乡村可以为城市居民提供以乡村、自然、农业、民俗等景观为基础的休闲娱乐场所，可以在其中进行各种体育运动、户外游憩、休闲度假等活动。提供更广阔的绿色乡村空间和更多的休闲游憩场所，是提高市民的生活质量的重要手段之一。2008年以来，"五一"黄金周改为了中秋、端午、清明等小假期，城市居民的出游时间随之缩短，出游范围受到限制。大城市周围的环城游憩带这种独特的郊区土地利用模式得到普遍推广，城市周边的乡村也成了市民闲暇时外出旅游休闲的首选之地，形成了特有的环城市乡村旅游。

中国学者对城市居民近程游憩活动的研究集中开始于1990年代末，并提出了环城游憩带（ReBAM）理论（吴必虎，2001）。所谓环城游憩带实际上是一种特殊的城市郊区游憩活动空间：这种游憩活动空间与中心城市交通联系便捷，主要为城市居民提供服务，局部情况下也为一定数量的外来旅游者服务；主要布局于城市郊区，局部情况下也少量见诸城市建成区；既包括各种形态的游憩性土地利用，也包括这些土地之上建设的各种游憩设施和所组织的多种游憩活动，具有观光、休闲、度假、娱乐、康体、运动、教育等不同功能；空间上呈现出处于乡镇景观之中、环城市外围较密集分布的结构。随着中国国民经济水平与城市化水平的提高、国内旅游的迅猛发展，城市居民近距离休闲度假需求迅速上升，占全国城市总量80%以上的各大、中、小城市的居民在城市周边的游憩与旅游活动都得到了广泛开展（吴必虎、俞曦，2010：266-267）。

环城市乡村为城市居民提供了多种形式的游憩方式，市民可以根据自身的旅行成本和出游时间，选择不同的旅游产品类型。党宁（2007）通过实证研究发现，环城游憩带内游憩地主要分为以下五种类型：以主题公园为主的娱乐游憩地；以度假别墅、第二住宅为主的度假住宅游憩地；以休闲农业为主的乡村休闲游憩地；以郊野自然风光为主的自然风景游憩地；以博物馆、纪念馆等为主的历史文化游憩地。北大旅研以杭州、长沙、深圳、西宁4个城市为样本的实地调研和市民问卷调查也发现，在一日之内80%的城市居民在距离城市中心80km以内活动，而两日之内则在150km以内活动，同时150km也是市民游憩活动的密集地带，这一结果小于一般旅游出行300km界限，体现出环城游憩带主要为城市居民近城游憩目的地（党宁，2011：112）。

(6) 房地产布局规划：第二住宅与度假地产

受逃离高度紧张的城市生活动机驱使，城市居民开始在环城市乡村地区置业，大城市外围度假地产正呈现出蓬勃发展的态势（宋丁，2006），以旅游为主题的地产产品快速发展，在环境优美的乡村环境中拥有自己的休闲度假房产成了越来越多城市居民的选择。所谓度假地产是乡村度假开发的重要内容，是指在乡村环境中开发的、在内外空间和主题内涵方面与乡村休闲具有明显联系的房地产项目（孙明泉，2008：234）。

度假地产与旅游地产没有本质上的区别，都是主题性地产开发模式。随着旅游地产的兴起，乡村别墅在环北京乡村地区成为一种新项目。依托丰富的乡村旅游资源，乡村度假地产不仅仅是指建筑在乡村的各种出售或者租赁给城市居民居住的休闲地产，还包括：①乡村休闲景点地产，即在乡村休闲区内为休闲活动建造的各种吸引物性质的地上建筑及其关联空间；②乡村休闲商务地产，即在乡村景区内或著名景区外围提供休闲相关服务的商店、餐馆、娱乐城、游客服务中心、会所、会议场馆、展览场馆等建筑物及关联空间；③出租类休闲度假地产，即为游客或度假者提供的、直接用于休闲度假或商务度假居住的各种类型的房地产，如度假酒店、度假村、出租式度假别墅、产权酒店、时权酒店等；④乡村旅游住宅地产，即与旅游区在功能上和空间上相关联的各类住宅建筑，如销售式度假别墅、度假地公寓（第二居所或第一居所）等（孙明泉，2008：234）。北京周边的乡村别墅有的以小产权对外销售，有的以分时度假形式对外出租。近年来，房地产市场受到政府抑制，推动度假地产转型，形成旅游导向型土地综合开发模式，出现了以"东部华侨城"为代表的大型旅游综合体中的天麓大宅模式的旅游地产新模式。

度假住宅游憩地一般在离城市4小时车程的范围内，但最短距离必须在80公里左右，这样的距离才能有一定的环境转换感（美国都市与土地协会，1992：59），城郊度假地产数量众多，密集分布在具有良好交通可达性，自然游憩禀赋较高、景观优美的区域，如湖岸、河边、海滨、温泉、森林等，或者旅游景区周边。随着度假群体的规模增长和结构分化，公共乡村度假区和私人乡村度假区需要并行发展，乡村度假基地的开发形式也日趋多元化、新型化。

16.3.3 乡村景观保护规划

飞速的城市化和乡村现代化对乡村生态和文化景观带来了前所未有的压力和冲击，如果不加控制与引导，乡村城镇化将会彻底改变中国传统的、美好的乡村景观环境。乡村中修宽马路、建高洋房、田间工程的水泥硬化日益增加；为了提高土地利用率，以及部分设施农业发展的需求，农业生产也追求高标准的设计，在田间铺设大量混凝土路面和沟渠，大面积使用塑料大棚生产高效、反季节果蔬、花卉，追求"田成方、路成网、渠相通、树成行"的标准化农田建设。虽然这些模式使乡村整齐划一，便于田间管理，利于机械化、集约化作业（姜广辉、张凤荣等，2004），但同时也极大地破坏了自然生态系统和传统农业景观。城市园林景观的概念也融入乡村生态环境建设中，许多规则化园林绿化、大量的硬质铺装等出现在乡镇景观形态中，昂贵时尚的外地景观花木也运用到乡镇绿化中来，现代化的设计渗入乡村自然的景观体系中。这些新的变化很难说是一种良好的结局。

乡村景观环境的硬化、规则化并不是唯一的现代化发展方向。景观不仅包括视觉美学方面的含义，更关注地表可见景象的综合并对某个区域形成限定。生态景观是保证乡村现代化可持续发展的环境基础。传统的乡村景观是千百年来人地关系和谐发展的产物，保持着乡村的生态平衡，乡土植物更加适应本地的气候。保存传统乡土景观特色至关重要，过多的硬质铺装切断了乡村生态系统的连通，造成了大地景观的碎片化；另一方面也会导致热岛效应，改变乡村微环境。规模的乡间农业也使乡村大地景观的多样性缺失。原生态的农业生态系统、农业用地、农业聚居地沉淀着景观所在地的历史和传统，有着丰富的生物多样性和特有的乡土生境。独特的自然风景、乡土特色及历史文化构成了魅力无穷的乡村景观。在我国面积广大、环境多样的乡村，长期以来形成了丰富的、值得保护的特殊乡村聚落景观。江南地区的小桥流水、华北平原的大屯小村，多样化的乡村景观中渗透了追求生机、野趣、和谐、格调的中国文化传统和内涵。与格式划一的"新农村"相比，一方山水孕育一方的乡村人与物及地方建筑文化，原汁原味的乡村景观更为珍贵，更值得我们去维护。

乡村景观是与城市景观相对的地域景象，主要包括视觉形态、综合功能和文化意义三方面的内涵。从视觉形态看，乡村景观属于自然景观，具有较好的生态环境特性，从而与充满人造景观的城市地域形成显著反差。利用和提升环城市乡村自然景观，支撑和优化城市发展是城乡统筹发展的重要方面。四川古蔺县双沙镇利用油

图 16-1　古蔺县双沙镇油菜和小麦套种方式形成乡村农作景观（魏凤高摄）

菜和小麦套种的方式 形成各种独具特色的乡村农作景观图案（图 16-1），吸引了城市居民纷至沓来。❶北京市也在乡村景观保护与乡村旅游结合方面作出了有益探索，北京市农委联合北京交通台举办北京最美乡村路评比，以北京最美乡村为切入点，通过京郊最美乡村路的推选，带动沿线乡村美食、山村美景的开发利用，促进北京的民俗旅游经济的发展。❷

在综合功能方面，乡村景观应成为与城市互补发展的异质景观系统。城乡发展应建立合理的互补整合机制，乡村建设不能沿袭城市发展模式，否则可能陷入"同性恋"式的不可持续❸。在文化方面，乡村景观保护的目的之一是承担城市居民的文化教育功能。乡村作为传统文化的基因库，在保存和发扬当地民俗风情、乡规民约、民间传统等方面具有突出地位和作用，既平衡和制约西方文化与意识形态对中国本土文化的"同化"影响，也在很大程度上存续不同乡村地域的传统习俗，为乡村文明的传承和多元发展提供有力保障。农耕文化是中国文化的底蕴，而其传承需要乡村作为载体。物质与非物质乡村景观在特定的农业耕作背景下展示，更能呈现其文化的原有特色，也承载着文化传播的作用。乡村景观保护所具有的科普教育作用同样不可忽视。

---

❶ 海之恋的摄影博客：画里乡村 . 太平洋电脑网 . http://dp.pconline.com.cn/dphoto/2051126.html .
❷ 孙长胜 . 新浪微博 . http://weibo.com/sunworking .
❸ 仇保兴 . 简论村庄整治与城乡协调发展 . 中国建设报，2007-08-11，第 1 版 .

在乡村现代化建设进程中，如何保护好传统乡村景观，"慢城"运动的理念值得借鉴。"保护与维持纯净的自然环境"是国际慢城组织的八大公约之一，也是成为国际慢城的重要条件。韩国国际慢城之一长兴郡是推行环境政策、落实乡村生态景观管理方面的成功案例。长兴郡把区域景观分成为自然生态景观（农地景观、河川景观、山林绿地景观等）；人工景观（生产设施、交通设施、建筑物景观等）；历史文化景观（传统文化、文化遗址等）。根据不同的景观，2007年长兴郡专门制定了针对性的"景观管理规定"，明确了地方官员和当地居民对这些景观所应承担的责任。只有在获得居民同意的情况下，为了提高景观的吸引力、改善居民的生活水平，才能进行当地的景观保护与开发工程。长兴郡最有代表性的景观管理例子是"景观农业"与"韩屋保护建设"行动。通过景观农业形成有地方特色的乡村景观，能够吸引绿色旅游，大幅提高居民收入。2008年景观农业工程开始之后，每年平均300多人的游客增加到5万人（白杜柱，2008）。另外，长兴郡建设了15座韩屋，这些韩屋保护与创建工程有助于传统居住空间的复原及旅游产品化，对区域文化和历史的展示、生活环境与文化价值的提高，都有积极意义。

16.4 环城乡村旅游发展模式

环城市乡村发展涉及多种业态，土地利用已经不再仅仅局限于传统的农业经济。在各种产业布局中，环城市乡村旅游，以及与乡村旅游紧密结合的现代农业、休闲度假和特色购物，形成基于乡村特色风貌的农业、旅业、商业"三业合一"发展模式，近年来已经在一些城市郊区出现，代表着未来环城乡村社会经济发展的一种重要模式。旅游型现代化是乡村地区、特别是环城市乡村地区的一个重要途径。

16.4.1 城郊旅游综合体及其组合格局

（1）城郊旅游综合体

基于物质与产业两个视角，通过赋予旅游综合体物质综合体（土地混合使用）和产业空间集聚（旅游集群）两种属性，提出双重属性的旅游综合体概念。旅游综合体是指以某些资源为依托，将观光、休闲、娱乐、度假、购物、运动、商务、会展、居住等不同功能进行组合，面向公众开放，从而形成一个以旅游为主导的多功能、多业态、集约化混合使用、复杂而统一的地理空间。根据离城市远近可将旅游综合体分为：城市旅游综合体、城郊旅游综合体以及独立旅游综合体。

在以上三种类型旅游综合体中，由于级差地租和旅游成本的刚性约束，大多数旅游综合体常选址于大城市郊区，形成环城乡村旅游综合体。也正是这类存在较多的综合体引起了我们的关注，成为我们的研究对象。城郊旅游综合体（Tourism Complex around City，TCAC），是指位于城市郊区，有一个或多个核心旅游吸引物，围绕核心吸引物形成以旅游业为主体的多业态复合的生产空间和混合土地利用模式。根据核心吸引物属性的不同，可分为文化型城郊旅游综合体、娱乐型城郊旅游综合体、度假型城郊旅游综合体三类。文化型 TCAC 是指核心吸引物基于当地历史文化遗产的活化，与文脉存在密切联系，如西安大唐芙蓉园；或者基于对某种文化要素的高度提炼和深度创意，与当地文化及环境具有某种联系或呼应，如无锡灵山胜境旅游区。娱乐型 TCAC 是指基于传统的主题公园娱乐产品拓展、延伸成为综合吸引物如深圳东部华侨城、马来西亚云顶娱乐旅游区。度假型 TCAC 是指利用滨海、滨湖、温泉等休闲度假资源而进行整体规划开发建设的多功能旅游区，如三亚亚龙湾旅游度假区。

近年来，杭州西溪湿地的西溪天堂等环城乡村旅游度假产品的开发实践，就可视为一种度假型城郊旅游综合体。西溪天堂位于杭州西溪国家湿地公园东南角，占地面积 26.26 公顷，总体定位为杭州最具特色的休闲和度假会议酒店群落，国内外游客在杭州新的旅游休闲产品。整个项目由杭州旅游集团有限公司下属的企业投资管理，以西溪湿地为大背景，包含旅游公建设施、度假酒店集群（高档中心酒店与主题酒店群落）、中国湿地博物馆、产权式酒店、酒店式公寓以及商业综合体。西溪天堂引入喜来登和悦榕庄两个国际知名品牌作为主题酒店群落的龙头，同时开发了全部散售的产权式酒店和酒店式公寓、公益为导向的中国湿地博物馆，是一个保留了较强乡村景观特色的环城市乡村度假发展模式。整个项目通过政府投资和散售物业的回款为项目的流通资金提供支撑，另一方面，通过持有型物业（包括酒店和商业街）来获得长期而稳定的旅游开发投资回报。

(2) 环城市购物中心

一般来讲，商业设施往往通过业态竞争而获得在城市核心区站住脚跟形成 CBD 内的主要店铺占据者，化妆品、时尚服装、奢侈品、烟酒、娱乐、银行、商务酒店等领域成为城市中心区的重点经营商家。但是，出于地价、交通、储运、环境、景观、商品特性等原因，在城市近郊或周边特定的乡村地段也会形成一种特殊的商业形态，一般以乡村销品茂（shopping mall）、奥特莱斯（outlets）、农贸批发市场等形式出现。这些在城市周边出现的乡村购物设施，满足了城乡居民和外来访客的购物、休闲、娱乐及度假需求，是各国城市化历程中经常出现的乡村地域发展形式之一。

按照购物投资主体和发展动机的不同，乡村购物中心可以分为城市扩展型和乡村内生型两种基本开发途径。城市扩展型购物中心优先考虑城市发展和城市建设需要，投资主体常常来自项目所在地的外部。乡村内生型是指乡村地域出于自身发展需要，利用乡村地理、资源和产品等多方面优势，主要依赖乡村内部社会和经济力量，开发各种商业购物设施和项目。在客源结构上，城市扩展型购物设施主要面向城市居民，兼顾乡村居民和其他各种访客。内生型购物设施除了旅游导向型开发之外，大多以满足本地居民的购物需求为主，因而，在开发规模、设施等级和服务水准等方面相对有限。

在乡村发展进程中，还出现了某种或某几种商品集聚而形成的专业市场，成为乡村购物开发的一种特殊模式。购物作为一种基本的商业活动，客源或市场需求具有关键影响。从我国实情来看，乡村居民购买力较为局限，乡村购物发展应高度注重对城市客源市场及其他市场的吸引。从这一点出发，专业市场和旅游市场是乡村购物发展的重要市场渠道。

(3) 环城圈层结构

城郊旅游综合体及其呼应的环城市乡村旅游产品及购物中心，在空间上具有一定分布规律，基本上呈圈层结构。国际经验表明，休闲度假旅游的潮流通常都是由大城市发展和带动起来的，伴随大城市产生的休闲度假黄金圈具有必然性。距离大城市一至两小时车程的外围地带，通常是尚未城市化或者只有轻度城市化的地方，其生态环境通常保持良好，也具有一定的生态旅游资源，是发展生态型休闲度假旅游的优良地带。吴必虎、黄琢玮等（2004）曾对乡村旅游地空间分布进行了研究，发现在距市中心 100km 范围内，旅游地的分布呈现两个相对集中的地带。其中第一个乡村旅游地集中地带在距离城市中心 20km 附近，第二个密集分布带出现在距离城市中心 60～80 km 的区间内。

观光采摘农园、市民农庄、民宿农院、农业会展、休闲度假村和乡村别墅这六种类型的旅游产品也存在着各自的分布特征，在空间上同样存在着距离递减规律，尤其是乡村别墅的居住功能更为显著，所以，对距城中心的距离敏感度更高。由北京市 95 个市级观光农园的分布可知，环北京城市的采摘农园主要集中分布在离开市中心 20～40km 的环带之间，并随着距离的递增，观光农园数量逐渐减少，呈现出距离递减规律，在空间分布上基本呈现出圈层结构（杜姗姗、蔡建民等，2012）。

16.4.2 环城乡村"1+3"产业模式

由于很多乡村地区并不具备发展工业的区位、资源、资本与人才竞争优势，选择其他发展方式和现代化道路显得尤为重要。其中第一产业与第三产业中的乡村服务业结合的"1+3"模式，成为许多地区的地方政府、当地居民和投资企业十分关注的问题。在乡村地区构建第一产业加第三产业的"1+3"模式,尤其适用于交通便捷、景观优美,并具有一定旅游资源的环城市乡村地区。其中第一产业表现为现代农业和观光农业,第三产业为以乡村旅游为主导的现代服务业,这是结合第一和第三产业的高效发展模式。现代化农业生产力显著提高,农村出现大量剩余劳动力,在城市并不能接纳所有涌入的劳动力的情况下,农村就地消化一部分转入乡村第三产业的人口,就显得十分重要。

随着城市化进程的不断加快,城郊土地价格也在不断上涨,传统的农业经济模式不能抵御城市的持续扩张。将传统的农业与现代旅游业相结合,大力发展观光休闲农业、乡村度假等经济效益较强、对就业拉动比较明显的新型乡村产业结构。例如,北京周边的城市农业就十分强调一、二、三产的融合发展,并逐渐向现代服务业延伸。依托于乡村景观,重点发展现代农业、乡村观光与乡村度假、乡村商业三大产业集群,构建稳定而灵活的综合功能开发组合。乡村现代化不同于乡村城镇化,不一定必经第二产业的发展,可以直接从第一产业发展至第三产业的途径,以及第一产业与第三产业并存的方式推动乡村现代化。因此,与主要依赖工业推动、由第一产业逐步发展至第二产业最后到第三产业的发展阶段不同,多途径乡村现代化更加重视现代农业、观光农业、农村现代服务业共同带动的乡村现代化模式,简称"1+3"模式。通过"1+3"发展模式,可以同时实现乡村现代化与保存乡村地方特色的双重目标。

综述文献并观察各地环城乡村旅游与相关产业发展的状况,我们可以构建如图16-2 所示的发展模式。在保护较好的乡村景观背景下,由现代农业、乡村观光、乡村度假和乡村商业四个主要产业部门相互依赖、相互融合,构成了环城市乡村"1+3"产业的整合框架。根据各个城市的规模、社会经济特征、市场需求等情况的不同,各个部门的比重和结构关系会有一定的差异。以北京蟹岛为例,我们可以具体观察一下其内部的各个产业要素的关系,即可反映出其农业加旅游服务业的大体框架。

北京蟹岛度假村位于北京市朝阳区近郊,总占地 3300 亩,集种植、养殖、旅游、度假、休闲、生态农业观光为一体,是典型的一产与三产结合的"1+3"发展模式。蟹岛度假村以"产销绿色"为核心经营理念,农业区和休闲度假区分别管理、独立运营,但同时亦遵循"以园养店、以店促园"的发展思路,将两部分开放对接。农业区融合了种植、养殖和再生能源生产三部分内容,全方位发展绿色循环经济,在农业生产中率先实现"生产绿色"。休闲度假区融合了乡土住宿、健康餐饮、会议聚会和选购有机食品等内容,销售自产的优质农产品,在发展休闲产业时实现了"销售绿色"。整个度假村提供了丰富多样的休闲活动,塑造京郊野趣生活的乡村休闲形象,并融合了时下流行的健康、有机理念,是北京乡村休闲开发的经典案例之一。蟹岛度假村以"两条腿"——农业部分和休闲部分各自发展、盈利。农业旅游双收

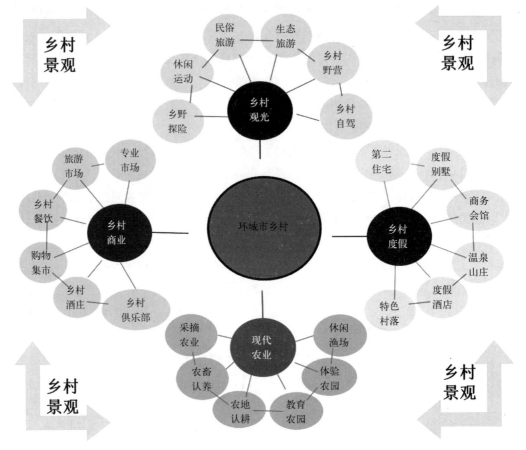

图 16-2 环城市乡村发展 "1+3" 模式

入渠道,降低了风险并互相促进,为双方收入的提高产生乘数效应。

环城乡村地区的旅游导向型现代服务业发展在实际操作中也遇到一些问题。首先是土地问题,一些企业以农业的名义租赁或征地却将土地用来开发房地产。即使真正开发为乡村旅游,其中也不乏利益分配、土地使用权流转等问题。其次,大规模的休闲农业和乡村旅游在环城市乡村地区聚集,旅游产品类型和内容大同小异,同质化现象严重,也这导致产品趋于无分异大众化、游客人均消费不高、产业整体效益较低等问题。为了更好地提高环城乡村经济社会的可持续发展,需要对初现端倪的 "1+3" 产业结构模式进行更多的研究。

(吴必虎、徐婉倩、沈晔、聂淼 执笔)

参考文献

[1] Bird, J.H. The Cult of Apple in China. Time Magazine, 2012, 180 (1).

[2] Briassoulis, H. Golf-centered development in coastal Mediterranean Europe: A soft sustainability test. Journal of Sustainable Tourism, 2007, 15 (5): 441-462.

[3] Chubb, M. & Chubb, H. One Third of Our Time? Introduction to Recreation Behavior and Resources. New York: John Wiley & Sons, 1981.

[4] Clark, D. Urban Decline. London: Routledge, 1989.

[5] Coates, J. F. & Jarrett, J. What Futurists Believe? Bethesda: The World Future Society, Lomond Publications, 1989.

[6] Davis, J. S. & Morais, D. B. Factions and enclaves: small towns and socially unsustainable tourism development. Journal of Travel Research, 2004, 43 (1): 3-10.

[7] Drucker, P. F. Managing for Results: Economic Tasks and Risk-taking Decisions. Harper Colins, 1993.

[8] Edginton, C.R. Jordan, D.J., DeGraaf, D.G. & Edginton, S. R. Leisure and Life Satisfaction: Foundational Perspectives. Chicago: Brown Benchmark, 1995.

[9] Faught, M. C. More Timewealth for You! New York: Pyramid Books, 1969.

[10] Florida, R. The Rise of the Creative Class: and How it's Transforming Work, Leisure, Community and Everyday Life. New York: Basic Books, 2002a.

[11] Florida, R. The economic geography of talent. Annals of the American Association of Geographers, 92 (4): 743-755, 2002b.

[12] Florida, R. Cites and the creative class. City & Community, 2003, 2 (1): 3-19.

[13] Frank, A. G. Capitalism and Underdevelopment in Latin America: Historical Studies of Chile and Brazil. New York: Monthly Review Press, 1967.

[14] Fujita, M., Mori, T. The role of ports in the making of major cities: Self-agglomeration and hub-effect. Journal of Development Economics, 1996, 49 (1): 93-120.

[15] Gladstone, D. Tourism urbanization in the United States, Urban Affairs Review, 1998, 34(1): 3-27.

[16] Gottmann, J. Megalopolis or the urbanization of the Northeastern Seaboard. Economic Geography, 1957, 33 (3): 189-200.

[17] Hall, C. M. Tourism: Rethinking the Social Science of Mobility. London: Pearson Education, 2005.

[18] Hall, P. Cities in Civilization. New York: Fromm International, 1998.

[19] Hambleton, R. Innovation in renovation. Planning Week, 1995, 45 (9): 18–19.

[20] Hao, J., Wu, Y., Fu, L., He, D., and He, K. Source contributions to ambient concentrations of CO and NOX in the urban area of Beijing. Journal of Environmental Science and Health (Part A), 2001, 36 (2): 215-228.

[21] Hennessey, S.M., Yun, D., and MacDonald, R. The economic impact of golf to a tourist destination. Sport Information Resource Centre: Sport Research Intelligence sportive, 2010, (3): 1-15.

[22] Hospers, G.J. Creative cities: Breeding places in the knowledge economy. Knowledge, Technology & Policy, 2003, 16 (3): 143-162.

[23] Jafari, J. (Ed.). Encyclopedia of Tourism. London: Routledge, 2000.

[24] Landry, C. & Bianchini, F. 1995. The Creative City. London: Comedia.

[25] Landry, C. The Creative City: a Toolkit for Urban Innovators. London: Earthscan, 2000.

[26] Law, C. M. Urban Tourism: The Visitor Economy and the Growth of Large Cities. New York: Continuum, 2002.

[27] Levy, M. J. Modernization and the Structure of Societies, Volume One: Aspects of Social Structure in Modernized and Non-modernized Societies, New Jersey: Princeton University Press, 1966.

[28] Maslow, A.H. A theory of human motivation. Psychological Review, 1943, 50 (4): 370-396.

[29] Mayer, H.M. The Port of Chicago and the St. Lawrence Seaway. Development of Geography Research Papers. Chicago: University of Chicago, 1957.

[30] Molitor, G. T. T. The next 1000 years: The big five engines of economic growth. The Futurist, 1999, 33 (1): 6-14.

[31] Mullins, P. Tourism urbanization. International Journal of Urban and Regional Research, 1991, 15 (3): 326-342.

[32] Murphy, J.F. Concepts of Leisure (2nd ed). Prentice-Hall, 1981.

[33] Northam, R.M. Urban Geography (2nd ed). New York: Wiley, 1979.

[34] Oppermann, M. Rural tourism in Southern Germany. Annals of Tourism Research, 1996, 23 (1): 86-102.

[35] Palmer, C. More than just a game: The consequences of golf tourism. In Ritchie, B. W. and Adair, D. (ed.), Sport Tourism: Interrelationships, Impacts and Issues (Aspects of Tourism 14), 2004:117-134.

[36] Patton, D. J. General cargo hinterland of New York, Philadelphia, Baltimore and New Orleans.

Annals of the Association of American Geographers, 1958, 48 (4) : 436-455.

[37] Pieper, J. Leisure: The Basis of Culture. Pantheon Books.1952. (English translation 1963 by Random House; Foreword 2009 by Ignatius Press)

[38] Prideaux, B. The resort development spectrum: a new approach to modeling resort development. Tourism Management, 2000, 21 (3) : 225-240.

[39] Ratzel, F. Anthropogeographie, Oder Grudlage der Anwendung der Anwendung der Erdkunde auf die Geschichte. Stnuttgart: Engleborn, 1882.

[40] Sargent, A. J. Seaport and Hinterlands. London: A. and C. Black, 1938.

[41] Scott, A. J. Creative cities: conceptual issues and policy questions. Journal of Urban Affairs, 2006, 28 (1) : 1-17.

[42] Shin, E. Economic analysis and valuation of urban environmental problems. Regional Development Dialogue, 1994, 15 (2) : 129-142.

[43] Stansfield, C. A. Ricket, J. E. The recreational business district. Journal of Leisure Research, 1970, 2 (4) : 213-225.

[44] Ullman, E. L. Mobile: Industrial Seaport and Trade Center. University of Chicago, 1943.

[45] UNCTD (United Nations Conference on Trade and Development). World Investment Report 2001. New York: United Nations, 2001.

[46] van den Berg, L., van der Borg, J., and van der Meer, J. Urban Tourism: Performance and Strategies in Eight European Cities. Aldershot: Avebury.1995.

[47] Van Donkelaar, A., Martin, R. V., Brauer, M., Kahn, R. et al. Global estimates of ambient fine particulate matter concentrations from satellite-based aerosol optical depth: development and application. Environmental Health Perspective, 2010, 118 (6) : 847-855.

[48] Videira, N., Correia, A., Alves, I., Ramires, C., Subtil, R., and Martins, V. Environmental and economic tools to support sustainable golf tourism: The Algarve Experience, Portugal. Tourism and Hospitality Research, 2006, 6 (3) : 204-217.

[49] Weigend, G. Some elements in the study of port geography. Geographical Review, 1958, 48 (2) : 185-200.

[50] Wheatley, P. European urbanization: origins and consummation. The Journal of Interdisciplinary History, 1986, 17 (2) : 415-430.

[51] Williams, S. Tourism and Recreation. Harlow: Prentice Hall, 2003.

[52] World Tourism Organization. Sustainable Tourism Development: Guide for Local Planners. Madrid: WTO, 1993.

[53] World Tourism Organization. Rural Tourism: A Solution for Employment, Local Development and Environment. Madrid: WTO, 1997.

[54] Wyllie, R.W. Hana revisited: development and controversy in Hawaiian tourism community. Tourism Management, 1998, 19 (2): 171-178.

[55] 埃尔克曼. 工业生态学. 徐必元译. 北京: 经济日报出版社, 1999.

[56] 白杜柱 (백두주). 대안적 지역발전 모델에 관한 연구 -전남 장흥군의 슬로시티 (Cittaslow) 지정지역을 중심으로 -. 한국지역개발학회지, 2008, 12, 20 (4): 111-140.

[57] 白旻. 资源环境约束下中国工业化模式的转换与制度创新. 东北财经大学硕士论文, 2005.

[58] 白雪洁, 王鹏姬. 集装箱多式联运与现代物流. 城市管理 (上海城市管理职业技术学院学报), 2002, 11 (6): 18-20.

[59] 保继刚, 孙九霞. 社区参与旅游发展的中西差异. 地理学报, 2006, 61 (4): 401-413.

[60] 蔡建明. 中国城市化发展动力及发展战略研究. 地理科学进展, 1997, 16 (2): 9-14.

[61] 曹广忠, 刘涛. 中国省区城镇化的核心驱动力演变与过程模型. 中国软科学, 2010, (9): 86-95.

[62] 曹海林. 乡村现代化进程中的人文环境培育. 盐城工学院学报 (社会科学版), 2003, 16 (1): 28-31.

[63] 常冬铭. 宁波市港口与城市互动关系研究. 中国人民大学硕士学位论文, 2008.

[64] 陈波翀, 郝寿义. 自然资源对中国城市化水平的影响研究. 自然资源学报, 2005, 20 (3): 394-399.

[65] 陈波翀, 郝寿义, 杨兴宪. 中国城市化快速发展的动力机制. 地理学报, 2004, 59 (6): 1068-1075.

[66] 陈翠芳. 科技异化问题研究. 武汉大学博士学位论文, 2007.

[67] 陈东杰. 上海虹桥综合交通枢纽超大型轨道交通系统研究. 中国铁路, 2009, (10): 5-10.

[68] 陈航. 海港形成发展与布局的经济地理基础. 地理科学, 1984, 4 (2): 125-131.

[69] 陈航, 栾维新. 港口和城市互动的理论与实证研究. 北京: 经济科学出版社, 2010.

[70] 陈佳贵, 黄群慧. 工业自然资源配置与中国工业的现代化. 经济管理, 2004, (2): 4-10.

[71] 陈佳贵, 黄群慧. 中国工业化与工业现代化问题研究. 北京: 经济管理出版社, 2009.

[72] 陈佳贵, 黄群慧, 钟宏武. 中国地区工业化进程的综合评价和特征分析. 经济研究, 2006, (6): 4-15.

[73] 陈家刚, 李天元. 中国优秀旅游城市空间分布特征及其优化研究. 华侨大学学报 (哲学社会科学版), 2009, (1): 44-50.

[74] 陈杰, 陈晶中, 檀满枝. 城市化对周边土壤资源与环境的影响. 中国人口·资源与环境, 2002, 12 (2): 70-74.

[75] 陈立俊, 王克强. 中国城市化发展与产业结构关系的实证分析. 中国人口·资源与环境, 2010, 20 (3): 17-20.

[76] 陈龙乾, 马晓明. 我国城镇住房制度改革的历程与进展. 中国矿业大学学报 (社会科学版),

2002，(1)：86-93.

[77] 陈明星,陆大道,张华.中国城市化水平的综合测度及其动力因子分析.地理学报,2009,64(4)：387-398.

[78] 陈倩倩，王缉慈.论创意产业及其集群的发展环境：以音乐产业为例.地域研究与开发，2005，24（5）：5-8.

[79] 陈诗一.能源消耗、二氧化碳排放与中国工业的可持续发展.经济研究，2009.(4)：41-55.

[80] 陈信勇，蓝邓骏.失地农民社会保障的制度建构.中国软科学，2004（3）：15-21.

[81] 陈艳.基于LOFT创意园模式的工业遗产旅游研究.南昌大学硕士学位论文，2010.

[82] 陈甬军.中国的城市化与城市化研究：兼论新型城市化道路.东南学术.2004（4）：23-29.

[83] 陈玉光.城市空间扩展方式研究.城市，2010（8）：22-27.

[84] 陈征.社会主义城市级差地租.中国社会科学，1995（1）：39-52.

[85] 陈忠暖，闫小培.中国东南6省区城市职能特点与分类.经济地理，2001，21（6）：709-713.

[86] 陈祝平，黄艳麟.创意产业集聚区的形成机理.国际商务研究，2006（4）：1-6.

[87] 承向军，杨肇夏.基于多智能体技术的城市交通控制系统的探讨.北方交通大学学报，2002，26（5）：47-50.

[88] 程世东，荣建，刘小明，于杰.城市物流系统及其规划.北京工业大学学报，2005，31（1）：55-57.

[89] 仇保兴.紧凑度和多样性：我国城市可持续发展的核心理念.城市规划，2006，30（11）：18-24.

[90] 仇保兴.第三次城市化浪潮的中国范例：中国快速城市化的特点、问题与对策.城市规划，2007，31（6）：9-15.

[91] 仇保兴.我国城市发展模式转型趋势：低碳生态城市.城市发展研究，2009，16（8）：1-6.

[92] 崔功豪，马润潮.中国自下而上城市化的发展及其机制.地理学报，1999，54（2）：106-115.

[93] 崔功豪，武进.中国城市边缘区空间结构特征及其发展.地理学报，1990，45（4）：399-411.

[94] 崔建新.基于系统动力学的长江三角洲港口群物流系统协调发展研究.上海海事大学硕士学位论文，2006.（高兹，1984中译本，海港区位论，经济管理出版社原著：Kautz, E.A., 1934. Das Standortsproblem der Seehäfen. G. Fischer.）

[95] 代明，王颖贤.创新型城市研究综述.城市问题，2009（1）：94-98.

[96] 党宁.环城游憩带空间结构研究.京大学博士学位论文，2007.

[97] 党宁.休闲时代的城郊游憩空间：环城游憩带（ReBAC）研究.上海人民出版社，2011.

[98] 迪马泽迪埃著.闲暇社会学.姚永杭译.国外社会科学文摘，1986，(4)：1-3.

[99] 董恒年，张妙弟，刘运伟.北京郊区休闲度假旅游用地现状及未来趋势研究.旅游学刊，2007，22（4）：48-52.

[100] 董丽晶，张平宇.老工业城市产业转型及其就业变化研究：以沈阳市为例.地理科学，2008，28（2）：162-168.

[101] 杜飞进,张怡恬.中国社会保障制度的公平与效率问题研究.学习与探索,2008(1): 1-22.

[102] 杜姗姗,蔡建民,陈奕捷.北京市观光农业园发展类型的探讨.中国农业大学学报,2012, 17(1):167-175.

[103] 段娟,鲁奇.新型城乡发展观系统解读.农村经济,2005,(10):18-19.

[104] 凡勃伦有闲阶级论.蔡受百译.北京:商务印书馆,2004.

[105] 方创琳.中国快速城市化过程中的资源环境保障问题与对策建议.中国科学院院刊,2009, 24(5):468-474.

[106] 方创琳,刘海燕.快速城市化进程中的区域剥夺行为与调控路径.地理学报,2007,62(8): 849-860.

[107] 方青.闲暇:一种伦理学的分析.安徽师范大学学报(人文社会科学版),1993,21(4): 406-410.

[108] 冯维波.风景区城市化现象的动力机制分析.重庆工商大学学报(自然科学版),2005,22(5): 525-532.

[109] 弗里德曼.世界是平的:21世纪简史.何帆译.长沙:湖南科学技术出版社,2006.

[110] 符松涛.早期罗马帝国城市化的动因.社科纵横,2008,23(10):112-114.

[111] 甘巧林,陈忠暖.从乡村非农化看乡村旅游的兴起.华南师范大学学报(自然科学版), 2000(4):84-89.

[112] 高海珠.西方发达国家现代农业发展研究.吉林大学硕士论文,2007.

[113] 高丽峰,张文超.城市化进程中的生态工业建设.商业时代,2006(28):4-5.

[114] 高文杰.城市中心商务区规划设计.规划师,1995.(3):52-56.

[115] 高向东,张善余.上海人口郊区化与城市可持续发展.中国人口·资源与环境,2002,12(1): 76-80.

[116] 高小真.港、市关系与港城经济发展探析:以我国北方海港城市为例.中国科学院地理研究所博士学位论文,1988.

[117] 高勇.城市化进程中失地农民问题探讨.经济学家,2004,(1):47-51.

[118] 戈比.你生命中的休闲.康筝译.昆明:云南人民出版社,2000.

[119] 葛敬炳,陆林,凌善金.丽江市旅游城市化特征及机理分析.地理科学,2009,29(1): 134-140.

[120] 耿海青.能源基础与城市化发展的相互作用机理分析.中国科学院地理科学与资源研究所博士学位论文,2005.

[121] 工业化(与城市化协调发展研究)课题组.工业化与城市化关系的经济学分析.中国社会学, 2002,(2):44-55.

[122] 古德尔,戈比.人类思想史中的休闲.成素梅、马惠娣、季斌、冯世梅译.昆明:云南人民

出版社人类思想史中的休闲，2000.

[123] 古诗韵,保继刚.广州城市游憩商业区（RBD）对城市发展的影响.地理科学,2002,22（4）：489-493.

[124] 顾朝林.改革开放以来中国城市化与经济社会发展关系研究.人文地理,2004,19（2）：1-5.

[125] 顾朝林,王法辉,刘贵利.北京城市社会区分析.地理学报,2003,58（6）：917-926.

[126] 顾朝林,吴莉娅.中国城市化研究主要成果综述.城市问题,2008,（12）：2-12.

[127] 顾朝林,于涛方,李王鸣.中国城市化：格局、过程、机理.北京：科学出版社,2008.

[128] 顾焕章,王培志.论农业现代化的涵义及其发展.江苏社会科学,1997,（1）：30-35.

[129] 顾益康.新农村新文化建设新论.农村工作通讯,2012,（1）：48-51.

[130] 郭虹.外来经商者与城市商贸市场的发展：兼论流动人口在市场发展中的资源意义.社会科学研究,2002（3）：99-105.

[131] 郭焕成,刘军萍,王云.观光农业发展研究.经济地理,2000,20（2）：119-124.

[132] 郭彦森,王连成.家庭联产承包责任制和农村经济现代化的矛盾.郑州大学学报（哲学社会科学版）,1996（4）：1-5.

[133] 国际现代建筑学会,雅典宪章（Athens Charter）.清华大学营建学系译.城市发展研究,2007,14（5）：123-126.

[134] 国家经济贸易委员会（行业规划司）.我国走新型工业化道路研究.北京：机械工业出版社,2003.

[135] 韩汉君,黄恩龙.城市转型的国际经验与上海的金融服务功能建设.上海经济研究,2006（5）：54-63.

[136] 韩瑾.国内外创新型城市建设述评及其启示.浙江经济,2007,（11）：50–52.

[137] 韩宇.美国高技术城市研究.北京：清华大学出版社,2009.

[138] 郝寿义,陈波翀.开放条件下中国城市化快速发展模型.开放导报,2004（3）：62—66.

[139] 何传启.现代化概念的三维定义.管理评论,2003（15）：8-14.

[140] 何春阳,史培军,陈晋,徐小黎.北京地区城市化过程与机制研究.地理学报,2002,57（3）：363-371.

[141] 何慧丽.是农村城市化,还是城乡一体化？中国农业大学学报（社会科学版）,2000,39（2）：38-41.

[142] 何立胜.我国城乡二元土地产权特性与农民土地权益的制度保障.贵州社会科学,2011（10）：45-51.

[143] 何星.环城绿带建设初探.甘肃科技,2007,23（7）：186-189.

[144] 贺崇明,邓毛颖.广州市内环路建成后对周边地区社会经济影响研究.经济地理,2001,21(4)：435-441.

[145] 洪世键,张京祥.土地使用制度改革背景下中国城市空间拓展：一个理论分析框架.城市规

划学刊, 2009 (3): 89-94.

[146] 洪银兴. 城市功能意义的城市化及其产业支持. 经济学家, 2003, (2): 29-36.

[147] 洪银兴, 陈雯. 城市化和城乡一体化. 经济理论与经济管理, 2003 (4): 5-11.

[148] 胡鞍钢. 城市化是今后中国经济发展的主要推动力. 中国人口科学, 2003 (6): 1-8.

[149] 胡彬. 创意产业促进城市发展的内容与途径. 城市问题, 2007 (7): 2-5.

[150] 胡斌, 易华. 创意城市评价指数述评. 现代管理科学, 2010 (2): 81-83.

[151] 胡千慧, 陆林. 旅游用地研究进展及启示. 经济地理, 2009, 29 (2): 313-319.

[152] 胡向东. 物联网研究与发展综述. 数字通信, 2010, 37 (2): 17-21.

[153] 胡晓鹏. 基于资本属性的文化创意产业研究. 中国工业经济, 2006 (12): 5-12.

[154] 华中煜. 我国城乡二元结构的制度障碍与破解之路. 理论导刊, 2010 (1): 10-12.

[155] 黄国雄, 宋丕丞. 北京建设国际商贸中心城市的分析比较. 北京工商大学学报（社会科学版）, 2010, 25 (5): 1-6.

[156] 黄建军, 廖志明, 彭欢首. 长沙市旅游业发展战略研究. 经济地理, 2001, 21 (6): 766-770.

[157] 黄盛璋. 中国港市之发展. 地理学报, 1951, 18 (1): 21-40.

[158] 黄小晶. 城市化进程中的政府行为. 北京: 中国财政经济出版社, 2006.

[159] 黄序. 法国的城市化与城乡一体化及启迪: 巴黎大区考察记. 城市问题, 1997. (5): 46-49.

[160] 黄艳. 中国物流业与城市化的实证分析. 市场论坛, 2009 (10): 59-60.

[161] 黄震方. 发达地区旅游城市化现象与旅游资源环境保护问题探析: 以长江三角洲都市连绵区为例. 人文地理, 2001, 16 (5): 53-57.

[162] 黄震方, 吴江, 侯国林. 关于旅游城市化问题的初步探讨: 以长江三角洲都市连绵区为例. 长江流域资源与环境, 2000, 9 (2): 160-165.

[163] 计生委（国家人口和计划生育委员会流动人口服务管理司）. 中国流动人口发展报告 2011. 北京: 人口出版社, 2011.

[164] 纪立虎. 关于农村城市化和农村现代化的思考. 规划师, 2003, 19 (3): 17.

[165] 纪晓岚. 英国城市化历史过程分析与启示. 华东理工大学学报（社会科学版）, 2004 (2): 97-101.

[166] 简新华, 刘传江. 世界城市化的发展模式. 世界经济, 1998 (4): 14-17.

[167] 江扬. 浅析海外华人商业网络的特性: 以国家与地区的视角. 南洋问题研究, 2011 (3): 50-60.

[168] 姜斌, 李雪铭. 世界城市化模式及其对中国的启示. 世界地理研究, 2007, 16 (1): 40-45.

[169] 姜广辉, 张凤荣, 陈曦炜, 王玮, 吴建寨. 论乡村城市化与农村乡土特色的保持. 农业现代化研究, 2004, 25 (3): 198-200.

[170] 姜立杰. 匹兹堡: 成功的转型城市. 前沿, 2005 (6): 152-156.

[171] 蒋耒文, 考斯顿. 中国区域城市化水平差异原因探析. 中国人口科学, 2001 (1): 45-50.

[172] 蒋威. 关于加大社会主义新农村建设资金投入的渠道及机制研究. 宿州学院学报, 2008, 23 (1): 15-17.

[173] 金碚. 资源与环境约束下的中国工业发展. 中国工业经济, 2005 (4): 5-14.

[174] 金成一（김성일）. 제주도 골프산업의 현황과 발전방향. 지역개발연구, 2007 (2): 103-118.

[175] 靳玲. 中国城市化对能源消费的影响研究. 大连理工大学硕士学位论文, 2009.

[176] 景普秋, 张复明. 城乡一体化研究的进展与动态. 城市规划, 2003, 27 (6): 30-35.

[177] 景普秋, 张复明. 工业化与城镇化互动发展的理论模型初探. 经济学动态, 2004 (8): 63-66.

[178] 克里斯塔勒. 德国南部中心地原理. 常正文、王兴中等译. 北京: 商务印书馆, 1998.

[179] 科特金. 全球城市史. 王旭等译. 北京: 社会科学文献出版社, 2006.

[180] 蓝庆新, 韩晶. 中国工业绿色转型战略研究. 经济体制改革, 2012 (1): 24-28.

[181] 李博婵. 中国创意城市评价指标体系研究. 城市问题, 2008 (8): 95-99.

[182] 李国平. 我国工业化与城镇化的协调关系分析与评估. 地域研究与开发, 2008, 27 (5): 6-11.

[183] 李洪庆, 刘黎明. 现代城郊农业功能定位和布局模式探讨: 以北京市为例. 城市发展研究, 2010, 17 (8): 62-67.

[184] 李慧欣. 发展乡村旅游的经济学思考. 华中农业大学学报（社会科学版）, 2003 (2): 37-39.

[185] 李磊. 是"假日经济"还是"休闲经济"？有关"假日"和"休闲"的探讨. 自然辩证法研究, 2002, 18 (9): 72-74.

[186] 李磊, 徐辉. 城市化及其对大气环境的影响. 中国环境管理干部学院学报, 2010, 20 (5): 53-56.

[187] 李蕾蕾. 逆工业化与工业遗产旅游开发: 德国鲁尔区的实践过程与开发模式. 世界地理研究, 2002, 11 (3): 57-65.

[188] 李蕾蕾. 文化产业和创意城市的发展策略. 深圳大学学报（人文社会科学版）, 2008, 25 (2): 120-125.

[189] 李明超. 创意城市与英国创意产业的兴起. 公共管理学报, 2008, 5 (4): 93-100.

[190] 李南, 刘嘉娜. 河北省沿海地域城市化的过程、类型与主导模式. 特区经济, 2010 (8): 74-75.

[191] 李强. 当前我国城市化和流动人口的几个理论问题. 江苏行政学院学报, 2002 (1): 61-67.

[192] 李日保. 现代物流信息化. 北京: 经济管理出版社, 2005.

[193] 李曙强. 西方城市化发展历程及对我国城市化道路的启示. 河北建筑科技学院学报（社会科学版）, 2005, 22 (3): 6-8.

[194] 李顺成, 胡畔. 创意城市: 老工业城市的再生之路: 以淄博市东部化工区搬迁改造工程为例. 现代城市研究, 2010, (4): 69-76.

[195] 李万立. 旅游产业链与中国旅游业竞争力. 经济师, 2005 (3): 123-124.

[196] 李文溥,陈永杰.中国人口城市化水平与结构与偏差.中国人口科学,2001(5):10-18.

[197] 李小丽.试论发展旅游与文物保护的关系.山西科技,2008(3):4-5.

[198] 李晓江.中国城市交通的发展呼唤理论与观念的更新.城市规划,1997(6):44-48.

[199] 李亚.提升石家庄市商贸功能对策研究.河北师范大学硕士论文,2008.

[200] 李玉武.德国莱因-鲁尔地区烟雾警报及空气质量管理.环境监测管理与技术,2000,12(1):45-46.

[201] 李振营.美国"钢都"匹兹堡转型战略及政策初探.泉州师范学院学报,2009,27(3):76-80.

[202] 李正图.中国乡村现代化问题.乡镇经济研究,1996(3):8-10.

[203] 李志.荷兰现代设施农业.农村实用工程技术,2003(9):14-16.

[204] 李仲广,卢昌崇.基础休闲学.北京:社会科学文献出版社,2004.

[205] 厉无畏.上海创意产业发展的思路与对策.上海经济,2005(z1):66-71.

[206] 厉无畏.迈向创意城市.理论前沿,2009a,(4):5-7.

[207] 厉无畏.文化创意的产业化与产业创新.同济大学学报(社会科学版),2009b,20(1):41-44.

[208] 厉无畏,顾丽英,严诚忠.创意产业价值创造机制与产业组织模式.学术月刊,2007(8):78-83.

[209] 厉无畏,王如忠.创意产业:城市发展的新引擎.上海社会科学院出版社,2005.

[210] 厉新建等.中国休闲发展报告2007.北京:旅游教育出版社,2009.

[211] 联合国人居中心.城市化的世界:全球人类住区报告1996.北京:中国建筑工业出版社,1999.

[212] 梁栋栋,不同类型旅游地的旅游用地研究.安徽师范大学硕士学位论文,2004.

[213] 梁雨华.文物旅游:文物保护与旅游开发的双赢.文史杂志,2004(4):72-74.

[214] 廖静娴.我国城郊型乡村旅游发展研究.四川师范大学硕士学位论文,2007.

[215] 廖允成,王立祥.设施农业与中国农业现代化建设.农业现代化研究,1999,20(1):4-8.

[216] 林耿,柯亚文.基于行政区划调整的广东省城镇化新机制.规划师,2008,24(9):65-71.

[217] 林坚.2000年以来人口城镇化水平变动省际差异分析:基于统计数据的校正和修补.城市规划,2010,34(3):48-56.

[218] 凌耀伦.论卢作孚的中国现代化经济思想.四川大学学报(哲学社会科学版),1987(3):3-10.

[219] 刘秉镰.港城关系作用机理.港口经济,2002(3):12-14.

[220] 刘德谦,高舜礼,宋瑞.2011年中国休闲发展报告.北京:社会科学文献出版社,2011.

[221] 刘海洲,唐秋生,刘帅.论交通环境改善对区域文化的影响.重庆交通大学学报(社会科学版),2007,7(4):9-12.

[222] 刘红.日本的余暇文化.上海:上海文化出版社,1996.

[223] 刘红艳. 关于乡村旅游内涵之思考. 西华师范大学学报（哲学社会科学版），2005（2）：15-18.

[224] 刘嘉龙，郑胜华. 休闲概论. 天津：南开大学出版社，2008.

[225] 刘俊杰，王述英. 全球性城市的产业转型及对我国的启示. 太平洋学报，2007（1）：84-91.

[226] 刘乐，杨学成. 开发区失地农民补偿安置及生存状况研究：以泰安市高新技术产业开发区为例. 中国土地科学，2009，23（4）：23-27.

[227] 刘丽嘉，李婧，王科. 城市近郊型城镇规划与发展：以乐山市近郊九峰镇为例. 现代经济信息，2011（19）：324-325.

[228] 刘奇志，何梅，汪云，朱志兵. 武汉老工业城市更新发展的规划实践. 城市规划，2010，34（7）：39-43.

[229] 刘青海，张志超，蔡伟贤. 本土市场效应、空间政策和就业增长：基于新经济地理学的角度. 财经科学，2009，16（6）：55-62.

[230] 刘青昊. 关于沪宁城市带的思考. 城市规划汇刊，1995（3）：17-21.

[231] 刘盛和，陈田，蔡建明. 中国半城市化现象及其研究重点. 地理学报，2004，59（z1）：101-108.

[232] 刘松龄. 从 CBD 到 RBD：传统 CBD 发展方向探析. 现代城市研究，2003，18（4）：59-64.

[233] 刘望，宋丽丽. 知识经济对我国就业的影响. 湘潭大学社会科学学报，2003，27（6）：149-161.

[234] 刘伟华，骆艳江，何兴国. 论传统储运企业向现代物流企业成功转型的关键：基于核心竞争能力的物流企业资源整合. 物流技术，2003（5）：6-8.

[235] 刘彦随，邓旭升，甘红. 我国城市土地利用态势及优化对策. 重庆建筑大学学报，2005，27（3）：1-4.

[236] 刘彦随，倪绍祥. 城市土地优化配置的模式、目标及实现途径探讨. 经济地理，1996，16（4）：41-45.

[237] 刘养洁. 全球化背景下的世界地理研究. 北京：中国环境科学出版社，2007.

[238] 刘耀彬，李仁东，宋学锋. 城市化与城市生态环境关系研究综述与评价. 中国人口资源与环境，2005a，15（3）：55-60.

[239] 刘耀彬，李仁东，宋学锋. 中国区域城市化与生态环境耦合的关联分析. 地理学报，2005b，60（2）：237-247.

[240] 刘耀彬，宋学锋. 基于 SOFM 人工神经网络的长江三角洲地区城市职能分类. 云南地理环境研究，2005，17（6）：19-22.

[241] 刘云，王德. 基于产业园区的创意城市空间构建：西方国家城市的相关经验与启示. 国际城市规划，2009，24（1）：72-78.

[242] 刘志强，宋炳良. 港口与产业集群. 上海海事大学学报，2004，25（4）：22-26.

[243] 刘重来. 论卢作孚乡村建设之路. 西南师范大学学报（哲学社会科学版），1998（4）：122-

127.

[244] 龙腾紫. 专业市场的转型升级研究. 浙江大学硕士学位论文，2011.

[245] 娄永琪. 创新之道：创意、创新和城市. 时代建筑，2010（6）：16-19.

[246] 楼洪豪，陈修颖. 义乌市的快速城市化研究. 经济地理，2007，27（5）：790-795.

[247] 楼嘉军. 休闲新论. 上海：立信会计出版社，2005.

[248] 楼嘉军，徐爱萍. 试论休闲时代发展阶段及特点. 旅游科学，2009，23（1）：61-66.

[249] 鲁成秀，尚金城. 生态工业园规划建设的理论与方法初探. 经济地理，2004，24（3）：399-402.

[250] 陆立军. 中国小商品城与农村经济发展的义乌模式. 商业经济与管理，1997（6）：5-10.

[251] 陆林. 旅游城市化：旅游研究的重要课题. 旅游学刊，2005.20（4）：10.

[252] 陆林，葛敬炳. 旅游城市化研究进展及启示. 地理研究，2006，25（4）：742-750.

[253] 路永忠，陈波翀. 中国城市化快速发展的机制研究. 经济地理，2005，25（4）：506-510.

[254] 栾爽. 中国城市化进程中城市立法若干问题思考. 政治与法律，2011（5）：79-86.

[255] 罗明义. 关于"旅游产业范围和地位"之我见. 旅游学刊，2007，22（10）：5-6.

[256] 马惠娣. 文化精神之域的休闲理论初探. 齐鲁学刊，1998（3）：99-107.

[257] 马惠娣.21世纪与休闲经济、休闲产业、休闲文化. 自然辩证法研究，2001，17（1）：48-49.

[258] 马惠娣. 走向人文关怀的休闲经济. 北京：中国经济出版社，2004.

[259] 马惠娣，刘耳. 西方休闲学研究述评. 自然辩证法研究，2001，17（5）：45-49.

[260] 马克思，恩格斯. 马克思恩格斯全集第二十六卷（第二册）. 中共中央马克思恩格斯列宁斯大林著作编译局译. 北京：人民出版社，1972.

[261] 马克思，恩格斯. 马克思恩格斯全集第四十六卷（下）. 中共中央马克思恩格斯列宁斯大林著作编译局译. 北京：人民出版社，1980.

[262] 马克思，恩格斯. 共产党宣言. 中共中央马克思恩格斯列宁斯大林著作编译局译. 北京：人民出版社，1997.

[263] 马克思. 资本论（第1卷）. 中共中央编译局译. 北京：人民出版社，1985.

[264] 马仁锋. 城市观嬗变与创意城市空间构建：核心内容与研究框架. 城市规划学刊，2010（6）：109-118.

[265] 马潇，孔媛媛，张艳春，李杰美，王美娟，苏学影. 我国资源型城市工业遗产旅游开发模式研究. 资源与产业，2009，11（5）：13-17.

[266] 马勇，周青. 休闲学概论. 重庆：重庆大学出版社，2008.

[267] 芒福德. 城市发展史：起源、演变与前景. 宋峻岭，倪文彦译. 北京：中国建筑工业出版社，2005.

[268] 梅森. 自然科学史. 上海外国自然科学哲学著作编译组译. 上海：上海人民出版社，1977.

[269] 美国都市与土地协会. 游憩区开发：度假休闲社区. 刘丽卿译. 台湾：创兴出版社，1992.

[270] 孟明浩，顾晓艳，蔡碧凡等. 城郊型乡村旅游地开发规划研究:以杭州富阳市白鹤村为例. 福

建林业科技，2006，33（4）：225-229.

[271] 米都斯等．增长的极限．李宝恒译．长春：吉林人民出版社，1997.

[272] 米锦欣．国际商贸中心城市的演变路径与特质分析．商业时代，2011（17）：15-20.

[273] 苗力田．亚里士多德全集·第九卷．北京：中国人民大学出版社，2009.

[274] 宁登．21世纪中国城市化机制研究．城市规划汇刊，2000（3）：41-46.

[275] 宁越敏．新城市化进程：90年代中国城市化动力机制和特点探讨．地理学报，1998，53（5）：470-477.

[276] 诺克斯．城市化．顾朝林、汤培源等译．北京：科学出版社，2009.

[277] 欧阳友权，禹建湘．长沙文化产业．北京：中国广播电视出版社，2010.

[278] 裴巧玲．论我国文物旅游资源开发与保护法制的完善．山西大学硕士学位论文，2006.

[279] 彭文启，张祥伟．现代水环境质量评价理论与方法．北京：化学工业出版社，2005.

[280] 钱纳里，塞尔昆．发展的型式：1950-1970．李新华等译．北京：经济科学出版社，1988.

[281] 钱七虎．建设特大城市地下快速路和地下物流系统：解决中国特大城市交通问题的新思路．科技导报，2004，22（4）：3-6.

[282] 钱振明．走向空间正义：让城市化的增益惠及所有人．江海学刊，2007（2）：40-43.

[283] 乔家君，许家伟，李小建．近高校新区型村域商业活动时空演化：以河南大学金明校区为例．地理研究，2009，28（6）：1537-1549.

[284] 秦向阳，王爱玲，文化．创意农业的概念、特征及类型．中国农学通报，2007，23（10）：29-31.

[285] 秦佑国．墨西哥城的教训与"拉美化"的防止．瞭望，2005（23）：52-53.

[286] 卿前龙．城市化与休闲服务业的发展．自然辩证法研究，2006，22（6）：89-92.

[287] 清华大学（社会学系社会发展研究）课题组．走向社会重建之路．民主与科学，2010（6）：39-44.

[288] 人民教育出版社（课程教材研究所、历史课程教材研究开发中心）．历史2．北京：人民教育出版，2007.

[289] 荣跃明．超越文化产业：创意产业的本质与特征．毛泽东邓小平理论研究，2004（5）：18-24.

[290] 邵晖．北京市生产者服务业聚集特征．地理学报，2008，63（12）：1289-1298.

[291] 申小蓉．关于科技型城市几个问题的思考．四川师范大学学报（社会科学版），2006a，33（3）：42-46.

[292] 申小蓉．国际视野下的科技型城市研究．四川大学博士学位论文，2006b.

[293] 盛广耀．城市化模式与资源环境的关系．城市问题，2009（1）：11-17.

[294] 盛垒，杜德斌．创意城市：创意经济时代城市发展的新取向．未来与发展，2006，27（9）：21-25.

[295] 盛垒，马勇．论创意阶层与城市发展．现代城市研究，2008，23（1）：61-69.

[296] 石秀华.国外资源型城市成功转型的案例分析与比较.科技创业月刊,2006(12):105-106.

[297] 石忆邵.城乡一体化理论与实践:回眸与评析.城市规划汇刊,2003(1):49-54.

[298] 石忆邵.创意城市、创新型城市与创新型区域.同济大学学报(社会科学版),2008,19(2):20-25.

[299] 石忆邵,张翔.城市郊区化研究述要.城市规划汇刊,1997(3):56-58.

[300] 史和平.2008长三角地区现代物流联动发展大会成功召开.上海物流,2008(6):6.

[301] 史同广,郑国强,王智勇,王林林.中国土地适宜性评价研究进展.地理科学进展,2007,26(2):106-115.

[302] 舒伯阳.中国观光农业旅游的现状分析与前景展望.旅游学刊,1997,12(5):41.

[303] 斯塔夫里阿诺斯.2005.全球通史:从史前史到21世纪(第7版)董书惠、王昶、徐正源译.北京:北京大学出版社.

[304] 宋炳良.有关港口城市创建与发展的理论研究.上海海运学院学报,2002,23(3):44-49.

[305] 宋成大(송성대).관광지역의 도시화 연구 – 제주시의 사례를 중심으로.경희대학교 대학원,1980.

[306] 宋丁.大城市外围旅游地产发展动向分析.特区经济,2006(9):15-18.

[307] 宋旭光.资源约束与中国经济发展.财经问题研究,2004(11):15-20.

[308] 宋学锋,刘耀彬.基于SD的江苏省城市化与生态环境耦合发展情景分析.系统工程理论与实践,2006.(3):124-130.

[309] 宋耀华,侯汉平.论传统物流与现代物流.北京交通大学学报(社会科学版),2004,3(1):10-16.

[310] 宋正.中国工业化历史经验研究.东北财经大学博士学位论文,2010.

[311] 孙大鹏.浅析创意农业发展的途径.职业时空,2010,6(9):155-156,

[312] 孙海植,安永冕,曹明焕,李定实.休闲学.朴松爱、李仲广译.大连:东北财经大学出版社,2005.

[313] 孙浩.农村公共文化服务有效供给的体制性障碍研究.甘肃行政学院学报,2011(6):59-70.

[314] 孙明泉.乡村体验与环都市乡村休闲.北京:经济科学出版社,2008.

[315] 孙群郎.美国城市美化运动及其评价.社会科学战线,2011(2):94-101.

[316] 孙施文.城市创意与创意城市.瞭望,2008(36):60.

[317] 孙耀州.工业城市转型的动因和路径分析.中共四川省委党校学报,2009(3):73-75.

[318] 孙业红.城乡统筹中旅游发展的几大挑战.旅游学刊,2011,26(10):9-10.

[319] 孙樱.试论新时期城市职能研究的必要性.城市规划,1995(5):22-24.

[320] 谈春成.浅谈发展设施农业的意义及举措.天津农业科学,2011,17(3):122-124.

[321] 覃立,马卫平.对快的叛逆、对慢的向往:"慢生活"运动队休闲体育的启示.体育学刊,2008,15(3),22-26.

[322] 谭术魁, 涂姗. 征地冲突中利益相关者的博弈分析: 以地方政府与失地农民为例. 中国土地科学, 2009, 23 (11): 27-37.

[323] 汤培源, 顾朝林. 创意城市综述. 城市规划学刊, 2007 (3): 14-19.

[324] 唐茂华. 东西方城市化进程差异性比较及借鉴. 国家行政学院学报, 2007 (5): 99-101.

[325] 唐培宏. 农村现代化≠农村城市化. 发展, 1995 (9): 28-29.

[326] 唐勇, 徐玉红. 创意产业、知识经济和创意城市. 上海城市规划, 2006 (3): 25-32.

[327] 陶然, 汪晖. 中国尚未完成之转型中的土地制度改革: 挑战与出路. 国际经济评论, 2010 (2): 93-123.

[328] 汪冬梅, 刘廷伟, 王鑫, 武华光. 产业转移与发展: 农村城市化的中观动力. 农业现代化研究, 2003, 24 (1): 15-20.

[329] 汪芳, 黄晓辉, 俞曦. 旅游地地方感的游客认知研究. 地理学报, 2009, 64 (10): 1267-1277.

[330] 汪亮. 国际贸易中心城市崛起的经验与启示. 城市观察, 2011 (4): 51-64.

[331] 汪永华. 环城绿带理论及基于城市生态恢复的环城绿带规划. 风景园林, 2004 (53): 20-25.

[332] 王长玉. 美丽乡村安吉的旅游经营. 观察与思考, 2010 (9): 60-61.

[333] 王成武, 南剑飞, 赵丽丽. 老工业城市工业旅游研究述评. 开放导报, 2010 (2): 101-103.

[334] 王春光. 农村流动人口的"半城市化"问题研究. 社会学研究, 2006 (5): 107-122.

[335] 王桂新, 魏星. 上海从业劳动力空间分布变动分析. 地理学报, 2007, 62 (2): 200-210.

[336] 王国敏. 城乡统筹: 从二元结构向一元结构的转换. 西南民族大学学报(人文社科版), 2004, 25 (9): 54-58.

[337] 王景新. 村域经济转型与乡村现代化: 上海农村改革30年调研报告. 现代经济探讨, 2008(2): 14-18.

[338] 王君. 我国区域性中心城市发展现状分析. 经济研究参考, 2002 (81): 9-14.

[339] 王骏. 关于中国城市化战略若干问题的思考. 北京大学学报(哲学社会科学版), 2003, 40 (4): 120-127.

[340] 王磊, 伍新木, Michael Latham. 铁路、人口流动与城市化: 略论美国西部开发模式. 城市规划汇刊, 2001 (6): 70-74.

[341] 王明星. 关于温室气体浓度变化及其引起的气候变化的几个问题. 气候与环境研究, 2000, 5 (3): 329-332.

[342] 王娜. 论宪法中的户籍制度. 法制时空, 2010 (3): 79-80.

[343] 王琪延. 北京市居民生活时间分配研究. 管理世界, 1997 (4): 12-18.

[344] 王琪延. 中国城市职工生活时间分配研究. 统计研究, 1998, 15 (6): 10-16.

[345] 王琪延. 建立生活时间分配统计学之构想. 统计与决策, 2000 (2): 8-10.

[346] 王琪延, 侯鹏. 北京居民休假与消费调查分析 // 刘德谦、高舜礼、宋瑞. 2011年中国休闲发

展报告. 北京：社会科学文献出版社，2011：256-268.

[347] 王起静. 转型时期我国旅游产业链的构建. 山西财经大学学报，2005，27（5）：63-67.

[348] 王倩. 我国城乡收入差距的成因及对策分析. 农村经济与科技，2007（4）：38-39.

[349] 王松良，邱容机，朱朝枝. 中国城市化进程反思与战略调整. 农业现代化研究，2005，26（6）：440-444.

[350] 王伟年，张平宇. 创意产业与城市再生. 城市规划学刊，2006（2）：22-27.

[351] 王小映. 我国城镇土地收购储备的动因、问题与对策. 管理世界，2003（10）：50-59.

[352] 王晓磊. 德、法文物遗产保护的借鉴意义. 文物世界，2011（3）：32-33，77.

[353] 王雅林. 信息化与文明休闲时代. 学习与探索，2000（6）：74-78.

[354] 王亚菲. 城市化对资源消耗和污染排放的影响分析. 城市发展研究，2011，18（3）：53-57，71.

[355] 王颖. 再论我国城乡居民收入差距. 理论参考，2005（4）：53-55.

[356] 王远征. 中国城市化道路的选择和障碍. 战略与管理，2001（1）：31-37.

[357] 王志成，陈继祥，姜晖. 基于特征分析的城市创意经济发展支点研究. 财经研究，2008，34（6）：4-15.

[358] 王志成，谢佩洪，陈继祥. 城市发展创意产业的影响因素分析及实证研究. 中国工业经济，2007（8）：49-57.

[359] 王祖强. 专业化交易组织成长与区域经济发展：再论农村市场经济发展的"义乌模式". 浙江树人大学学报，2004，4（2）：25-29.

[360] 维贝尔. 世界经济通史. 姚曾廙译. 上海：上海译文出版社，1981.

[361] 魏小安. 旅游城市与城市旅游：另一种眼光看城市. 旅游学刊，2001，16（6）：8-12.

[362] 魏作磊. 对第三产业发展带动我国就业的实证分析. 财贸经济，2004（3）：80-85.

[363] 邬丽丽. 休闲研究的社会学范式. 安徽师范大学硕士学位论文，2010.

[364] 吴必虎. 大城市环城游憩带（ReBAM）研究：以上海为例. 地理科学，2001，21（4）：354-359.

[365] 吴必虎，董莉娜，唐子颖. 公共游憩空间分类与属性研究. 中国园林，2003，19（5）：48-50.

[366] 吴必虎，冯学钢，李咪咪. 中国最佳旅游城市标准的理论与实施. 旅游学刊，2003，18（6）：40-44.

[367] 吴必虎，黄潇婷. 休闲度假城市旅游规划. 北京：中国旅游出版社，2010.

[368] 吴必虎，黄琢玮，马小萌. 中国城市周边乡村旅游地空间结构. 地理科学，2004，24（6）：757-763.

[369] 吴必虎，宋子千等. 旅游学概论. 北京：中国人民大学出版社，2009.

[370] 吴必虎，徐小波. 休闲与社会治理：一个理论解析 // 刘德谦、高舜礼、宋瑞. 2011年中国休

闲发展报告.北京：社会科学文献出版社，2011：332-341.

[371] 吴必虎，俞曦.旅游规划原理.北京：中国旅游出版社，2010.

[372] 吴必虎，俞曦，严琳.城市旅游规划研究与实施评估.北京：中国旅游出版社，2010.

[373] 吴承忠.中国古代的休闲娱乐.邯郸学院学报，2009，19（2）：58-61.

[374] 吴国强，余思澄，王振健.上海城市环城绿带规划开发理念初探.城市规划，2001，25（4）：74-75.

[375] 吴建厂，詹敬秋.可持续城市化：发展视野中的批判.城市发展研究，2007，14（1）：1-6.

[376] 吴莉娅.生产要素市场化与江苏城市化动力机制演变.地理科学，2006，26（5）：529-535.

[377] 吴俐萍.创意产业发展的政策支撑体系研究.科技进步与对策，2006，23（11）：21-24.

[378] 吴良镛.关于人居环境科学.城市发展研究.1996（1）：1-5.

[379] 吴良镛，武廷海.城市地区的空间秩序与协调发展：以上海及其周边地区为例.城市规划，2002，26（12）：18-21.

[380] 吴松弟.中国百年经济拼图：港口城市及其腹地与中国现代化.济南：山东画报出版社，2006.

[381] 吴郁玲，曲福田，冯忠垒.城市开发区土地集约利用的影响因素分析：以江苏省为例.经济问题探索，2006，（8）：53-57.

[382] 肖光明.观光农业的复合型开发模式初探：以肇庆广新农业生态园为例.经济地理，2004，24（5）：679-682.

[383] 肖三亮，杨家其.论区域物流平台的构建.武汉理工大学学报（社会科学版），2001，14（6）：572-574.

[384] 肖唐镖.从正式治理者到非正式治理者：宗族在乡村治理中的角色变迁.东岳论丛，2008，29（5）：118-124.

[385] 肖雁飞.创意产业区发展的经济空间动力机制和创新模式研究.华东师范大学博士论文，2007.

[386] 谢洪恩，孙林，张世慧.论我国休闲文化生态系统的构建.社会科学研究，2005（3）：182-187.

[387] 谢青玉.谈资源枯竭型城市的经济转型.河南农业，2011（4）：58-59.

[388] 谢秀华.工业社会休闲异化批判：兼论马克思休闲思想及其当代意义.吉林大学博士学位论文，2008.

[389] 邢海峰.开发区空间的演变特征和发展趋势研究：以天津经济开发区为例.开发研究，2003（4）：39-42.

[390] 徐峰.商业与近代中国城市化的启动（1840-1895）.北方论丛，（2）：78-82.

[391] 徐和平.美国城市郊区化与城市功能及空间结构的演变.城市开发，2000（1）：20-22.

[392] 徐红罡.城市旅游与城市发展的动态模式探讨.人文地理，2005，20（1）：6-9.

[393] 徐剑锋.城市化：义乌模式及其启示.浙江社会科学，2002（6）：38-42.

[394] 徐琴.政府主导型城市化的绩效与成本.学海，2004（3）：85-90.

[395] 徐秋艳.城市化水平测度方法研究综述.统计科学与实践，2007（6）：31-32.

[396] 许传新，陈国华.论城市开发区的社会走向：市民社会.成都理工大学学报（社会科学版），2004，12（2）：22-25.

[397] 许继琴.港口城市成长的理论与实证探讨.地域研究与开发，1997，16（4）：11-14.

[398] 薛凤旋，杨春.外资：发展中国家城市化的新动力：珠江三角洲个案研究.地理学报，1997，52（3）：193-206.

[399] 雅各布斯.美国大城市的死与生.金衡山译.南京：译林出版社，2006.

[400] 闫小培，林彰平.20世纪90年代中国城市发展空间差异变动分析.地理学报，2004，59（3）：437-445.

[401] 阳建强.老工业城市的转型与更新改造.城市发展研究，2008（S1：2008城市发展与规划国际论坛论文集）：132-135.

[402] 杨春河.现代物流产业集群形成和演进模式研究.北京交通大学博士学位论文，2008.

[403] 杨德明.农村经济现代化和我国经济发展战略.经济研究，1989（7）：29-35.

[404] 杨俊宴，陈雯.长江三角洲区域协调重大问题的调查研究.城市规划，2007，31（9）：17-23.

[405] 杨萌凯，金凤君.交通技术创新与城市空间形态的相应演变.地理学与国土研究，1999，15（1）：44-47.

[406] 杨荣金，周申力，唐道甫.旅游用地现状特点及发展变化研究：以广安市为例.国土资源科技管理，2007，24（3）：117-122.

[407] 杨文涛.浅析公民参与的困境及路径选择：以公民参与和政治合法性的关系为视角.内蒙古农业大学学报（社会科学版），2010，12（5）：228-230.

[408] 杨新军，霍云霈.旅游交通的环境影响研究.干旱区资源与环境，2006，20（1）：42-46.

[409] 杨亚琴，王丹.国际大都市现代服务业集群发展的比较研究：以纽约、伦敦、东京为例的分析.世界经济研究，2005（1）：61-66.

[410] 杨钊，陆林.国外旅游移民研究综述.地理与地理信息科学，2005，21（4）：84-89.

[411] 杨治，杜朝晖.经济结构的进化与城市化.中国人民大学学报，2000（6）：82-88.

[412] 杨忠臣，陆玉麒.专业批发市场型小城镇的现状与未来.城市规划汇刊，2003（5）：90-92.

[413] 姚士谋，王成新，解晓南.21世纪中国城市化模式探讨.科技导报，2004（7）：42-45.

[414] 叶翠青.城乡差别的财税政策是形成城乡二元社会经济结构的重要经济因素.经济研究参考，2004（85）：2-3.

[415] 叶嘉安，徐江，易虹.中国城市化的第四波.城市规划，2006，30（S1）：13-18.

[416] 叶裕民.中国城市化之路：经济支持与制度创新.北京：商务印书馆，2001.

[417] 叶裕民，黄壬侠.中国新型工业化与城市化互动机制研究.西南民族大学学报（人文社会科

学版），2004，25（6）：1-10.

[418] 易成栋，罗志军.中国生态工业园初探.中国人口·资源与环境，2002，12（3）：113-116.

[419] 尹珊珊.论我国农村金融组织立法存在的问题与完善.怀化学院学报，2010，29（10）：23-25.

[420] 游碧竹，郑宪春.论人类休闲社会与中国休闲产业.湖南商学院学报，2007，14（1）：5-10.

[421] 于光远.论普遍有闲的社会.北京：中国经济出版社，2005.

[422] 于涛方，陈修颖，吴泓.2000年以来北京城市功能格局与去工业化进程.城市规划学刊，2008（3）：46-54.

[423] 于涛方，顾朝林，李志刚.1995年以来中国城市体系格局与演变：基于航空流视角.地理研究，2008，27（6）：1407-1418.

[424] 余美成，高军锋.整合支农资金支持新农村建设.中国财政，2008（21）：54-55.

[425] 余泽忠.城市经济圈的发展与区域经济合作.求索，2004（8）：28-29.

[426] 俞孔坚，李海龙，李迪华."反规划"与生态基础设施：城市化过程中对自然系统的精明保护.自然资源学报，2008，23（6）：937-958.

[427] 俞晟.城市旅游与城市游憩学.上海：华东师范大学出版社，2003.

[428] 袁金辉.中国农村现代化的基本内涵与经验.国家行政学院学报，2005（4）：27-30.

[429] 曾宪平，谭敏丽.家庭、宗族与乡里制度：中国传统社会的乡村治理.重庆交通大学学报（社会科学版），2010，10（2）：35-37，58.

[430] 张超.新中国城市化：历程、问题与展望.西部论坛，2010，20（4）：73-80.

[431] 张丹华.产业集群达到最优规模时城市达到其最优规模：以硅谷为个案.辽宁经济，2007（6）：53.

[432] 张凤武.东北资源型城市转型策略研究.中国矿业，2004，13（7）：31-33.

[433] 张复明.区域性交通枢纽及其腹地的城市化模式.地理研究，2001，20（1）：48-54.

[434] 张广瑞，宋瑞.关于休闲的研究.社会科学家，2001，16（5）：17-20.

[435] 张国平，刘纪远，张增祥.近10年来中国耕地资源的时空变化分析.地理学报，2003，58（3）：323-332.

[436] 张红.从城市体系看甘肃省矿业城市的持续发展.兰州商学院学报，1999，15（4）：27-30.

[437] 张鸿雁.城市形象与城市文化资本论：中外城市形象比较的社会学研究.南京：东南大学出版社，2002.

[438] 张鸿雁.西方城市化理论反思与中国本土化城市化理论模式建构论.南京社会科学，2011(9)：1-10，15.

[439] 张怀文.工厂退城入郊成为大趋势.发展，2004（3）：29-30.

[440] 张建勤.农民现代化是农村经济现代化的关键.湖北大学成人教育学院学报，2000（6）：15-17.

[441] 张锦洪. 中国住房制度改革绩效实证研究. 兰州学刊, 2010 (1): 127-129.

[442] 张景华. 城市化驱动经济增长的机制与实证分析. 财经科学, 2007 (5): 47-54.

[443] 张科静, 陈颖, 高长春. 基于价值链的创意城市竞争力指数评价指标体系研究. 管理科学研究, 2009, 27 (4): 39-42, 47.

[444] 张丽琴. 我国农村城市化建设存在的问题及对策: 兼对我国现阶段农村城市化建设方式的反思. 湖南公安高等专科学校学报, 2007, 19 (6): 18-21.

[445] 张凌云. 试论有关旅游产业在地区经济发展中地位和产业政策的几个问题. 旅游学刊, 2000, 15 (1): 10-14.

[446] 张秋, 何立胜. 城乡统筹制度安排的国际经验与启示. 经济问题探索, 2010 (5): 7-11.

[447] 张润君. 中国城市化的战略选择. 北京: 中国社会科学出版社, 2006.

[448] 张胜冰, 徐向昱, 马树华. 世界文化产业概要. 昆明: 云南大学出版社, 2006.

[449] 张庭伟. 制造业、服务业和上海的发展战略. 城市规划学刊, 2005 (3): 2-8.

[450] 张婷婷, 徐逸伦. 我国创意城市发展理念之反思. 现代城市研究, 2007, 22 (12): 32-39.

[451] 张文茂. 北京郊区都市型农业的发展趋势. // 周远清, 中国特色农业现代化与西部大开发. 陕西: 西北农林科技大学出版社, 2010.

[452] 张小林. 苏南乡村城市化发展研究. 经济地理, 1996, 16 (3): 20-26.

[453] 张艳芳, 李开宇. 中国发展观光农业的资源分析及对策. 人文地理, 1999, 14 (1): 61-63.

[454] 张艳锋. 从废墟到乐园: 德国鲁尔杜伊斯堡 A.G.Tyssen 钢铁厂改造项目的启示. 小城镇建设, 2004 (9): 80-83.

[455] 张翼, 何有良. 中国城市化水平与产业生产率增长的实证研究. 经济与管理, 2010, 24(4): 9-12.

[456] 张忠法, 赵树凯, 崔传义, 吴小华, 张岩松, 徐小青, 李海鸥, 褚利明, 沈和, 李屹. 我国走出城乡二元结构战略研究 (上、下): 新农村建设中农民工及城镇化有关问题研究. 经济研究参考, 2006 (69): 2-48; 2006 (70): 2-48.

[457] 张宗祜, 李烈荣. 中国地下水资源与环境图集. 中国地图出版社, 2004.

[458] 章海荣, 方起东. 休闲学概论. 昆明: 云南大学出版社, 2005.

[459] 赵安顺. 城市概念的界定与城市化度量方式. 城市问题, 2005 (5): 24-27.

[460] 赵明霄. 西部新农村建设中的资金来源问题研究. 兰州商学院学报, 2009, 25 (6): 117-121.

[461] 赵鹏军, 彭建. "边缘城市"对城市开发区建设的启示: 以天津经济技术开发区为例. 地域研究与开发, 2000, 19 (4): 54-57.

[462] 赵曙明, 李程骅. 创意人才培养战略研究. 南京大学学报 (哲学·人文科学·社会科学版), 2006, 43 (6): 111-118.

[463] 赵涛. 德国鲁尔区的改造: 一个老工业基地改造的典型. 国际经济评论, 2000 (2): 37-40.

[464] 赵小芸. 旅游产业的特殊性与旅游产业链的基本形态研究. 上海经济研究, 2010 (6): 43-47.

[465] 赵效为. 大学城与城市互动发展的经济学分析. 复旦大学博士学位论文，2005.

[466] 赵新平，周一星. 改革以来中国城市化道路及城市化理论研究述评. 中国社会科学，2002（2）：132-138.

[467] 赵新正，宁越敏. 中国区域城市化动力差异研究：基于灰色关联分析法的分析. 城市问题，2009（12）：13-18.

[468] 赵兴罗. 制度创新是统筹城乡发展的根本路径. 许昌学院学报，2004，23（4）：14-18.

[469] 赵燕菁. 战略与选择：中国城市化道路回顾. 城市规划，1990（3）：41-45.

[470] 赵莹雪，董玉祥. 旅游用地时空演变及其环境效应研究综述. 地理科学，2009，29（2）：294-299.

[471] 赵章元. 地下水污染不容忽视. 环境经济，2006（4）：37-38.

[472] 赵之枫. 城乡二元住房制度：城镇化进程中村镇住宅规划建设的瓶颈. 城市规划汇刊，2003（5）：73-76.

[473] 甄峰. 城乡一体化理论及其规划探讨. 城市规划汇刊，1998（6）：28-31.

[474] 郑弘毅. 港口城市探索. 南京：河海大学出版社，1991.

[475] 郑利军，杨昌鸣. 历史街区动态保护中的公众参与. 城市规划，2005，29（7）：63-65.

[476] 郑晓东. 创意城市的路径选择. 上海社会科学院博士学位论文，2008.

[477] 郑勇军，邱毅. 政府主导型贸易先导发展战略：义乌现象与义乌模式. 市场营销导刊，2006（5）：13-15.

[478] 中国发展研究基金会. 中国发展报告2010：促进人的发展的中国新型城市化战略. 北京：人民出版社，2010.

[479] 中国物流与采购联合会（何黎明主编）. 中国物流发展报告（2010-2011）. 北京：中国物资出版社，2011.

[480] 钟铭，焦宁泊，王洪伟. 鹿特丹临港经济发展. 水运管理，2007，29（9）：26-28.

[481] 仲小敏. 世纪之交中国城市化道路问题的讨论. 科学·经济·社会，2000，18（1）：38-42.

[482] 周才云. 转型期江西省政府基于高新技术产业的职能分析. 当代经济管理，2007，29（5）：82-85.

[483] 周浩，郑筱婷. 交通基础设施质量与经济增长：来自中国铁路提速的证据. 世界经济，2012（1）：78-97.

[484] 周丽莎. 香港旧区活化的政策对广州旧城改造的启示. 现代城市研究，2009（2）：35-38.

[485] 周天勇. 中国向何处去. 北京：人民日报出版社，2010.

[486] 周艳. 我国三种城市化路径比较研究. 当代经济，2009（15）：30-31.

[487] 周一星. 城市地理学. 北京：商务印书馆，1995.

[488] 周一星，胡智勇. 从航空运输看中国城市体系的空间网络结构. 地理研究，2002，21（3）：276-286.

[489] 周一星，孙则昕. 再论中国城市的职能分类. 地理研究，1997，16（1）：11-22.

[490] 周一星，田帅. 以"五普"数据为基础对我国分省城市化水平数据修补. 统计研究，2006（1）：62-65.

[491] 周英. 城市化模式研究：以河南为例的分析. 西北大学博士学位论文，2006.

[492] 朱传耿. 外商直接投资对城市发展的影响效应研究. 中国软科学，2004（3）：111-116.

[493] 朱竑，贾莲莲. 基于旅游"城市化"背景下的城市"旅游化"：桂林案例. 经济地理，2006，26（1）：151-155.

[494] 朱华晟. 美国硅谷地区住宅供给短缺的成因与对策：兼谈对我国高新技术产业开发区的启示. 财经问题研究，2004（9）：42-45.

[495] 朱杰，管卫华，蒋志欣，甄峰. 江苏省城市经济影响区格局变化. 地理学报，2007，62（10）：1023-1033.

[496] 朱孔来，李静静，乐菲菲. 中国城镇化进程与经济增长关系的实证研究. 统计研究，2011，28（9）：80-87.

[497] 朱磊，诸葛燕. 温州城市化机制研究. 经济地理，2002，22（s1）：166-170.

[498] 朱林兴. 论城乡二元结构与农村城市化. 财经研究，1995（11）：28-32.

[499] 诸大建，黄晓芬. 创意城市与大学在城市中的作用. 城市规划学刊，2006（1）：27-31.

[500] 庄志民. 当代休闲文化透视. 社会，1995，12（9）：18-21.

[501] 邹伟进，刘爱新，柯昌英. 资源消耗与我国工业三化的路径选择. 理论月刊，2005（3）：132-135.